马岛战争

阿根廷为福克兰群岛而战

ARGENTINE FIGHT
FOR THE FALKLANDS

[英] 马丁·米德尔布鲁克 著　俞敏 译

吉林文史出版社
JILINWENSHICHUBANSHE

THE ARGENTINE FIGHT FOR THE FALKLANDS by MARTIN MIDDLEBROOK
Copyright:© MARTIN MIDDLEBROOK, 1989, 2003, 2009, 2016

This edition arranged with PEN & SWORD BOOKS LIMITED.Through Big Apple Agency, Inc., Labuan, Malaysia.Simplified Chinese edition copyright:2019 ChongQing Zven Culture communication Co., Ltd
All rights reserved.

版权所有，翻版必究
发现印装质量问题，请与承印厂联系退换

图书在版编目（CIP）数据

马岛战争：阿根廷为福克兰群岛而战 / (英) 马丁·米德尔布鲁克著；俞敏译. -- 长春：吉林文史出版社, 2019.3

ISBN 978-7-5472-6043-2

Ⅰ. ①马… Ⅱ. ①马… ②俞… Ⅲ. ①马尔维纳斯群岛问题－海战－史料 Ⅳ. ①E561.9②D815.3

中国版本图书馆CIP数据核字(2019)第047763号

中文简体字版权专有权属吉林文史出版社所有
吉林省版权局著作权登记图字：07-2019-0006

MADAO ZHANZHENG: AGENTING WEI FUKELAN QUNDAO ER ZHAN
马岛战争：阿根廷为福克兰群岛而战

著 /[英] 马丁·米德尔布鲁克　　　　译 / 俞敏
责任编辑 / 吴枫　特约编辑 / 印静
装帧设计 / 杨静思
策划制作 / 指文图书　出版发行 / 吉林文史出版社
地址 / 长春市人民大街 4646 号　邮编 / 130021
电话 / 0431-86037503　传真 / 0431-86037589
印刷 / 重庆共创印务有限公司
版次 / 2019 年 4 月第 1 版　2019 年 4 月第 1 次印刷
开本 / 787mm × 1092mm　1/16
印张 / 19　字数 / 289 千
书号 / ISBN 978-7-5472-6043-2
定价 / 89.80 元

目录

前言

为动笔写成此书，我不得不等了整整五年。

当 1982 年福克兰战争结束时，我迫不及待地想要用与我先前写成的所有著作相同的方式来对这一段历史进行全面描述，即尽可能做到不偏不倚，就事论事地描述双方的客观经历。但阿根廷政府驳回了我的签证申请，我的第一本福克兰著作《全体行动》（Operation Corporate），经过修订后由企鹅出版社在 1987 年再版推出平装本，新书名为《特混编队》（Task Force），其中来自阿根廷方面的材料仅有零星片段。我找到一些英方参战部队，并对其进行了采访，还跑去福克兰访问岛上居民，并对当年的战场展开调研，但我始终认为该书存在缺憾。我心里一直存着一个大胆的想法，就是有朝一日亲身前往阿根廷，对那些在马岛战斗过的阿根廷军队指挥官和普通战士进行采访。这个想法到 1987 年才终于得以实现，我拿到了签证，这也是英国军事作家第一次获得这种待遇。在此条件下，便有了此书的付梓。

我来到布宜诺斯艾利斯（Buenos Aires）后才清楚，我是被作为特例对待的，此事主要由阿根廷海军负责运作，他们尽量满足我的采访申请。我甚至还搭乘飞机去到贝尔格拉诺港，那里给我配了两名翻译，在他们的帮助下，我完成了之后所经历的最为紧张、匆忙的三天采访。第一天我采访了海军航空兵部队，第二天是海军陆战队，第三天是舰上官兵。我可以想问什么就问什么，他们也畅所欲言地给予答复，而且这些回答都是由衷之言。虽然采访已过去将近 20 年，我还是要这么说。一开始并没有人刻意要我接受关于阿根廷拥有福克兰群岛主权的观点，但就在我的访问快结束时，他们精心安排了一场会面，非要我就此话题表态，尽管我的个人观点与他们并不一致。我一再强调自己只是个军事史学家，并无政治背景，并表示我所写的书只谈军事过程，在主权问题上秉持中立。

陆军方面同样帮了大忙，曾在福克兰服役的退役高级军官奥斯卡·路易斯·霍夫雷（Oscar Luis Jofre）准将，主动帮我把那些我所想见的人都找了来。另外要说的是，只要是能够找到的人，通常都会露面接受采访。霍夫雷准将还帮我找到了曾参与过福克兰战争的所有主要部队的军官。我还可以与所能找到的每一位退役军官或当年新兵约时间见面。阿根廷空军没有帮忙，尽管我反复提出申请。至于为什么拒绝，他们也没说，这实在让人扫兴，也令我感到失望。不过就整个阿根廷武装部队大力合作的背景而言，这点缺憾确实不算什么。关于1982年空战的书很多，而我从对海航飞行员的采访中也获益良多。同样使我感到庆幸的是，有一名阿根廷空军飞行员在他自己的书中罗列了诸多同僚的个人陈述，并将其译成英文提供给我，这正好填补了我空军资料的空白。

　　能够见到亲历这场战争中重大场面的大多数人对我来说是一种幸运，其中包括：制订与执行福克兰原始登陆计划，参与夺取南乔治亚岛（South Georgia）行动，以及参加造成"贝尔格拉诺将军"号（Belgrano）战沉的海上行动的那些海军高官；"贝尔格拉诺将军"号的舰长和多名部门军官以及士官；用飞鱼（Exocet）导弹击沉"谢菲尔德"号（Sheffield）和打沉"热心"号（Ardent）的飞行员；第一个在鹅原湾展开登陆作战的陆军部队指挥官；负责斯坦利（Stanley）防空的将军；守在斯坦利周边几个山头，参与最后几场战斗的军官和普通士兵。前前后后，我一共完成62次采访。我没能见到加尔铁里（Galtieri）本人以及其他军政府成员，他们在被军事法庭判罪后遭到拘押。我也没能与梅南德兹（Menéndez）准将见上一面，不过我把他的回忆录译成了英文，而且还与他的参谋长进行了谈话，这对我很有帮助。

　　自始至终我都得到阿根廷人非常礼貌的招待，他们也相当配合，为我提供了很多便利。对在战争期间与阿根廷军直接对抗的英军部队的细节，很多专业人士表现出极大兴趣。有几位提出要见见他们的对手——那些英军的连长和排长。"我们什么时候能够见上一面？"有几次就有人这么问我。很少有人对这场战争感到有什么遗憾的。大多数人都对参与1982年一战感到自豪，给我的印象就是不少人很高兴再打一仗。那些至今仍在服役的军人在人群中一眼就能被认出来，阿根廷现役军人的常服上有一种蓝白两色的马岛战役绶带。最大的问题在于，由于部队在战时出现失误，军方有时候夸大其词，军政府有意隐瞒、编造战况，因而有太多的阿根廷人连那些准确无误的基本事实都不肯接受。战后，阿根廷方面的相关书籍似乎抱定宗旨要一错到底，他们宁愿以讹传讹，也不愿将事实公诸天下。这其中掺杂了一种民族自豪感，一种不愿面对 1982 年战败的具体状况的心理，另外对于该如何审视近在眼前的战争历史阿根廷人可能也并不清楚大多数阿根廷作家因此无法找到真相，结果是摆在他们面前的事实让其尴尬不已；而在这方面，英国作家倒是大有可为。对于一些虚构的作战情节究竟如何处理，成了摆在我面前的一道难题，在阿根廷进行采访和后来写书的过程中，我都碰到了这样的情况。

我还要提到两个因语言障碍而产生的小问题。在英文版中，我尽量不把阿根廷军人的军衔写成西语形式。海军和陆军军衔要翻译成读者看得懂的英文，一点儿不成问题，但有些空军军衔让我犯了难。比方说，vicecomodoro 若直接翻译成"飞行大队长"，看上去就会使人觉得别扭，所以我干脆保留了一些军衔的原始形态。另外，"马尔维纳斯"（Malvinas）这个词怎么处理也让我觉得有些棘手。所有的阿根廷人，不管说的是西语还是英语，都把福克兰称为"马尔维纳斯"。原版中我会用"福克兰"的叫法，但如果是直接引用的阿根廷讲述者的原话，我就用他们自己的名称"马尔维纳斯"，这样也就原样保留了他们所强烈坚持的情感表达方式。我不能过于强调阿根廷人民对于福克兰群岛应该属于他们的这一观点是如何的刻骨铭心，但几乎可以说是万众一心；这对于解释我即将讲述的这段战争故事的背景有所裨益。

卵石岛

霍华德港

西福克兰

福克兰海峡

狐狸湾
（西）·   ·（东）

福克兰群岛示意图

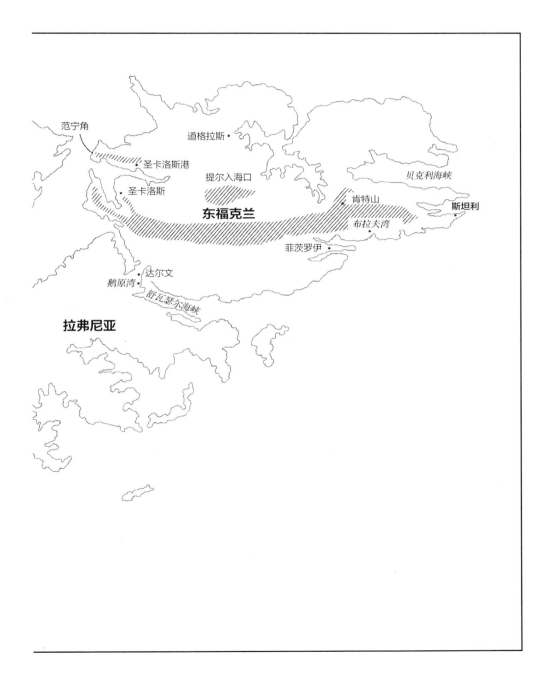

第一章

马岛之年

1981年12月15日周二，霍尔热·阿那亚（Jorge Anaya）海军上将从布宜诺斯艾利斯（Buenos Aires）飞到西南450千米外的阿根廷本土海军基地贝尔格拉诺港（Puerto Belgrano）。他去那里是为了安排胡安·隆巴尔多（Juan Lombardo）海军中将正式就任海军作战部长，这也是例行人事调动程序而已。任命仪式结束后，阿那亚非常平静地向隆巴尔多提出，要他拟定一项占领福克兰群岛的计划。隆巴尔多记得，阿那亚当时说的是"拿下，但不需要守住"。谈话非常简短，阿那亚强调必须绝对保密，之后便返回了布宜诺斯艾利斯。

阿那亚当时是阿根廷海军总参谋长，也是从1976年以来统治阿根廷的军政府成员之一。在列奥巴多·加尔铁里（Leopoldo Galtieri）将军接替健康状况恶化的罗伯特·维奥拉（Roberto Viola）将军出任总统的短短几天后，阿那亚便前往贝尔格拉诺港。这意味着，这位军政府的第一元老将收复马岛作为他支持加尔铁里当总统的前提条件。当然，阿那亚的地位和态度，对于未来的形势举足轻重。他的同僚形容他是一个"独来独往、性格严峻、非常自律的人，和普通的海军军官大为不同"。他和加尔铁里曾经是校友，这层关系也为阿根廷海军和陆军高层建立难得的袍泽之情奠定了坚实的基础。阿那亚在20世纪70年代初曾被派驻伦敦担任海军专员，当时英国政治领导层相对弱势，他对玛格丽特·撒切尔夫人（Margaret Thatcher）知之甚少。他本人是坚定的"马岛主义者"，不过关于他将收复马岛作为支持新总统的条件这一说法，阿根廷的海军上层并不认同。他们相信加尔铁里上台时曾向阿那亚和军政府的空军成员拉米·多佐（Lami Dozo）准将问及，上一届军政府到底在制订什么样的未来规划，并要他们给自己的新政府提点建议。谈话涉及多个政府部门的具体政策，其中外交方面摆在第一位的就是关于解决"马岛问题"所应采取的措施。阿那亚上将的职责至关重要，因为如果要占领并据守马岛，那么他的海军部队至关重要。如果阿那亚不全力支持该计划，那么成功的希望就十分渺茫。然而，阿那亚对该计划十分热衷，他于 1981 年年末时给隆巴尔多将军所下的命令为后来事件的悲剧性结局埋下伏笔。

但是这里必须强调一点，关于动用武力的计划实际上是强行恢复外交主动权的一个备用方案。1983 年 1 月将迎来皇家海军在福克兰驱逐阿根廷总督和原住民，建立英国殖民地 150 周年的纪念。军政府下定决心，要在纪念日到来之前通过某种方式收复马岛；1982 年将会成为"马岛之年"。和英国人的新一轮谈判将从 2 月份开始，谈判详情以及国际舆论动向将被媒体争相报道。如果通过外交手段要回马岛的计策没能成功，那么军政府需要一个即行方案，一旦采取军事行动的条件成熟就可执行此方案。海军舰队总指挥瓜特尔·阿利亚拉（Gualter Allara）少将，很快也会参与到规划中，他谈起当年这一重要转折点的形势：

这不过是个仓促炮制出来的计划。大家都沉浸在谈判毫无进展的负面情绪中。人们相信，随着时机不断成熟，决定性的一天终会到来，到那时就不光是和平谈判这么简单了。其实过去也有过各类相关计划，其中有些纯粹是学术探讨，就像我们军事学院里搞的那些讨论，不过眼下，谈判整整五年未果，我们都感到非常失望。根据某些政治信条，现在有必要给谈判增加点催化剂。于是我们开始制订收复马岛的计划。但是我想再次强调，那时这还完全只是一种意向。

隆巴尔多中将很快决定，他需要对他所下的命令作澄清。对于之后的行动，他所作的描述中出现了一个问题。阿那亚海军上将当时对于拿下福克兰群岛可能还未下定最后的决心，或许还寄希望于英国人主动撤走，阿根廷顺理成章接收马岛：

在接到第一道命令后，我便飞往布宜诺斯艾利斯和阿那亚将军再次会面，我要他做出说明。我就一份手写档案提出我的问题，想要弄清楚这些是不是都算"正式文件"，不过我没备份。我是这么问的：

到底是仅出动海军，还是让海军和其他部队一起行动？

是要夺取并固守，还是拿下后转交第三方？如果真要转交，那么到底是阿根廷出兵，还是国际部队出兵，会是联合国吗？

他能保证整个规划对外严格保密吗？

而我得到的回答是这样的：

会采取多军种联合作战的方式，不过眼下还没有通知其他人。

我当时还不知道加尔铁里和拉米·多佐已经知道阿那亚上将给我下命令一事，但是几天后我就确认了这一点。我将负责拿下马岛，但不用管占领后岛上的防御问题。

关于保密问题，他告诉我说，和我一起制订计划的只有三个人：海军舰队的阿利亚拉、陆战队的卡洛斯·布于瑟尔（Carlos Büsser）和海军航空兵部队的加西亚·波尔（Garcia Bol）。他们都在贝尔格拉诺港，离我很近。

我又去找这三个人谈，他们问了完全一样或者差不多的问题。于是我回到布宜诺斯艾利斯，谈了自己的想法，我坚持认为如果要展开联合行动，海军与其他部队的配合非常重要。阿那亚也同意考虑陆军的奥斯瓦尔多·加西亚（Osvaldo García）参与计划，但又说还没有通知他本人。他一再表示：拿下马岛是海军的一项任务，至于收复后怎么办那是该军政府决定的事情。他们都觉得英国人不会出兵阻挠。

第二个关键问题就是保密，因为如果英国人获悉我们的计划，那么他们只要向该地区派出 1 艘核潜艇，就能让我们整个的海军行动失败。1977 年时，阿那亚是舰队总司令，我是潜艇指挥官，我们买了几艘德国潜艇。阿那亚问我，能不能用这些新潜艇来对付英国人的核潜艇。那时候我就确信他在打马岛的主意。他甚至还给我看了他写给海军总司令的一张便条，说的是必须对马岛采取措施。

其他军种很快也加入进来。他们的工作由某位工党成员负责监督，工党于 1982 年 1 月中旬在布宜诺斯艾利斯的自由者大厦陆军总部召开了第一次会议。到场的三位代表分别是隆巴尔多中将、陆军的加西亚将军和空军的西格浮利多·普莱塞（Siegfriedo Plessl）准将。空军在这一阶段所承担的任务很少，其代表在下文也不会出现。但加西亚将军是个重要人物，他是第 5 军团的指挥官，其指挥部位于布兰卡港（Bahía Blanca），距离贝尔格拉诺港的海军基地不远。军团辖区涵盖阿根廷整个南部地区。初期计划中考虑调动的几支陆军部队都隶属该军团，海军和空军的所有战备行动也将在他的军区展开。一切行动都集中在南部地区，远离首都布宜诺斯艾利斯和人口稠密的北部地区，这对于保密也大有好处。

　　三个军官每人都配有工作小组，由他们具体推进工作进程。阿那亚上将最初所提出的关于只夺取马岛而不必派人驻守或组织防御的计划，在早期阶段便被放弃，转而考虑派出阿根廷军长期驻留。与此同时，大力推进全面军转民的步伐也被阿根廷人看作是 150 年后马岛重新融入祖国怀抱的重要措施。所给出的计划完成期限是 1982 年 9 月 15 日。在这之前不考虑采取任何行动，因为一年中大部分时间要用来充分施展外交攻势。等到 9 月份，最为恶劣的严冬天气就会过去。在南极洲巡逻的英舰"坚韧"号（Endurance），也会随着英国人削减海军开支而被调走。每年年初应征服役的新兵，到那时也训练得差不多了。虽然当时阿根廷人对于英国人不会动武还抱有幻想，但是英国人真要动武的话，9 月份前阿根廷海军航空兵就能完成换装，接收 14 架法制"超军旗"（Super Étendard）飞机和 15 枚飞鱼反舰导弹。

　　作战规划不断取得进展，稳步推进而又并不仓促。大部队登陆的任务将由海军和陆战队完成。登陆部队还将带上少量的陆军分遣队，在他们打退人数不多的英国皇家陆战队后，一整团的步兵就会马上接替上来。而阿根廷空军只需派上几架运输机。早期的大部分规划都由海军陆战队司令卡洛斯·布于瑟尔少将制订，他也是收复马岛行动的积极支持者。他在 1982 年 1 月 29 日接到命令，并于 2 月 2 日在贝尔格拉诺港的小办公室内成立"登陆部队核心组"。之后在隆巴尔多中将的领导下，"海军规划组"也很快成立，除中将外只有两名军官，他们负责制订舰艇支援计划。其中一名军官来自海军情报单位，同时参与两个小组的计划。

　　登陆的主力部队是从第 2 陆战队步兵营中挑选人员组建的，部队后来在巴塔哥尼亚的瓦尔德斯（Valdés）半岛某段海滩延伸段投入两栖战训练。这里的环境与斯坦利①附近的海岸比较接近，纵横交错的道路也和目标岛屿上岸滩、城镇与斯坦利机场之间的道路大体相似。不过，演习区没有城镇，因为搞得太像福

---

　　① 原注："斯坦利"和"斯坦利港"的不同叫法常会令人迷惑不解。邮政系统叫"斯坦利港"，而官方名称不带"港"字，就叫"斯坦利"，本书选择后一种叫法。而阿根廷人一直叫它"阿根廷港"。

克兰的话，弄不好会走漏风声。第 2 陆战营在 1982 年 2 月和 3 月演练过几次登陆，不过全营只有 3 位军官知道这是在为登陆福克兰做准备。

　　《登陆计划纲要》在 1982 年 2 月第三周草拟完毕，3 月 9 日提交军政府。军政当局认可了该项计划，并将其下发给联合武装力量总司令苏亚雷斯·德尔赛罗（Suáres del Cerro）海军上将。他的任务是将该计划与国家总体战略对接，目标之一就是要在 1982 年实现福克兰群岛的回归。布于瑟尔最后表示："我们接到命令，要在当年最后一季度前始终致力于制订规划。我必须强调的是，这是一个真正的国家战略，而不仅仅是军队计划，其重点应始终放在通过谈判收回马岛上。"

第二章

南乔治亚岛危机

　　1978 年 10 月，阿根廷商人康斯坦蒂诺·大卫多夫（Constantino Davidoff），向位于爱丁堡的克里斯蒂安·萨尔维森公司问及，南乔治亚岛（South Georgia）上四个废弃捕鲸点的废旧物资是否出售。这几处中的三个分别位于利思（Leith）、胡斯维克（Husvik）和斯特罗姆尼斯（Stromness），他们都集中在斯特罗姆尼斯湾，但都统称为利思，而第四个在 32 千米外的格里特维肯（Grytviken）。于是到 1979 年 9 月，他们便签署了一份协议，大卫多夫据此可以拆走利思那三个捕鲸点的房子和设备，但格里特维肯不包括在内。大卫多夫同意拿出刚好超过 10 万英镑的费用，并在 1982 年 3 月底前把那些物资搬走。讽刺的是，胡斯维克和格里特维肯的捕鲸点之前一直在阿根廷人手里，只不过那些日子刚被萨尔维森公司买下。可是大卫多夫发现，要隔着万里之遥完成这一计划真是困难重重，于是他只好要求延期。根据其商旅日程安排，他至少要在布宜诺斯艾利斯待到 1982 年 3 月 11 日，萨尔维森公司也同意让他的拆迁队在利思度过整个冬天，不过有几个条件：拆迁队所必需的给养和电力需自行解决，另外不能使用格里特维肯的萨尔维森公司设备，还有就是拆迁队在南乔治亚岛期间，必须遵守英国的规章制度。

　　英国政府一直宣称对南乔治亚岛拥有主权，从 1909 年起就保持事实存在。南乔治亚岛被归为福克兰群岛的附属岛屿，本地的法律规章由一位地方法官执行，同时他也是驻格里特维肯的英国南极考察队成员之一。阿根廷也声称对南乔治亚岛拥有主权，他们觉得英国人的规章制度实在令人恶心。

　　大卫多夫爵士在 1981 年 12 月来到南乔治亚岛，考察他所买下的那些拆卸物资，但是他没去格里特维肯申报。当他返回布宜诺斯艾利斯，打算正式前往时，那边的英国大使馆再三强调，他再去的话必须遵守当地的规定。

　　大卫多夫的工作组在 1982 年 3 月 11 日离开布宜诺斯艾利斯，他们坐"巴伊亚·布恩·苏塞索"号（Bahía Buen Suceso）出海。这是一艘排水量 5000 吨左右的运输船，能够载客 80 人，并带上其他货物。该船隶属阿根廷海军，可用作海军运输舰，但多数时候被用于商业包租，其主要业务通常是沿着海岸开往阿根廷最南端。该船每年夏天还会载上游客到阿根廷位于南极大陆的各个科考站参观。后来，该船被大卫多夫租下，始发港改在了布宜诺斯艾利斯，船长和船员都是阿根廷的商船队水手，没有配备阿根廷海军人员。船上有大卫多夫自己的设备，以及工作组的 41 个民间工人，另外还带了一些普通货物，那是打算回来时给乌斯怀亚的阿根廷港捎去的。乌斯怀亚位于火地岛，是世界最南端的一个小镇。

"巴伊亚·布恩·苏塞索"号从布宜诺斯艾利斯起航时，大卫多夫爵士不在船上，拆卸队由他的一个工程师管理。大卫多夫向布宜诺斯艾利斯的英国大使馆通报了此次航行，但是没来得及拿登陆许可，他准许拆卸队派一名代表到距离利思 32 千米外的格里特维肯的英国南极考察站大本营报到。大使馆对此并未提出反对意见。之后所发生的事情，船上的大副奥斯瓦尔多·聂利亚（Osvaldo Niella）是这么说的：

此次航行一切正常，天气好得出奇，只不过最后 24 小时起了雾。我们 1982 年在 3 月 16 日晚抵达斯特罗姆尼斯湾附近，在我们驶入海湾并打算在利思停靠时却起了雾，因此我们不得不等到天亮再继续航行。后来，为了下锚停船，我们还得小心翼翼地把捕鲸点的老码头给修好。工人们为这忙了整整两天，为卸下设备又花了两天时间。除他们外，那里也找不到别人来帮忙。

大卫多夫的高级工程师在这段时间并没有四处走门路来获得格里特维肯当局的登陆许可。一名在野外调查的英国科研人员在 1982 年 3 月 19 日这天，即阿根廷人抵达的第三天，正好到了利思，他看到一面阿根廷国旗在那里飘着，还听到枪声，而这些都是当地英国法规所不允许的。就此我问了聂利亚上校，他说：

没错，工人们竖了根临时搞来的 3~4 米高的旗杆，然后把阿根廷国旗挂了上去。这个跟我没半点关系。大家来到这里，都非常开心。跑一趟可以挣不少钱，远离故土心里总会有点家国情怀，特别是当你来到某个你觉得应该属于自己国家的地方，这种想法就更为强烈。他们白天干活很辛苦，所以晚上没事就搞个聚会，站在国旗下喝点酒跳跳舞什么的。

　　说到开枪嘛，确实有，可能是我们队里的几个人吧。我们在乌斯怀亚的时候，他们就常去海边打气枪，那里比这儿还要远。我想，当时没人会想着英国法律这档子事。

　　格里特维肯的英国法官通过电台将阿根廷人的违规行为上报给了福克兰的英国总督雷克斯·亨特（Rex Hunt）。亨特在 1982 年 3 月 20 日答复那些科学家，他们会通过电台和阿根廷人沟通，敦促他们取下国旗并前往格里特维肯获取登陆许可。国旗倒是降下来了，不过没人去格里特维肯。第二天，大卫多夫的所有设备，以及足够过冬的食物和其他补给品都被运了来，"巴伊亚·布恩·苏塞索"号于是驶离。跟一些资料所说的情况不同，并没有任何一名拆卸工随船离开，他们统统留在了利思。该船驶往乌斯怀亚，船长和船员也都没有意识到，这次上岛会引发严重的外交摩擦。

　　到了 1982 年 3 月 20 日，也就是"巴伊亚·布恩·苏塞索"号从利思开走的前一天，此事便作为内部事件到此为止了。亨特总督将该事件的来龙去脉，以及后来阿根廷人没有去格里特维肯走必要程序的这一情况报告了伦敦方面。同时他还错误地表示，阿根廷军事人员已经上岸，并言之凿凿地说阿根廷海军正利用拆卸废旧金属的工人上岛，这造成阿根廷人在南乔治亚岛的既成事实。英国政府于是通过外交和联邦办公室向阿根廷政府提出正式抗议，要求"巴伊亚·布恩·苏塞索"号返航，并带走所有阿根廷人员，否则"英国政府将被迫采取任何必要行动"。就在这天，英国海军派出"坚韧"号军舰，搭载了 22 名皇家陆战队员从斯坦利起航，这一举动被阿根廷航空公司的官员发现，并报告给了阿根廷当局。伦敦先是提出这样的要求，接着又派出"坚韧"号，这两件事起到了推波助澜的作用，事件彻底升级。最后不是英国人做出让步，就是阿根廷方面屈从英国的要求。这一天确实是转折性的一天。

　　次日，也就是 1982 年 3 月 21 日，阿根廷政府通知伦敦当局，在"巴伊亚·布恩·苏塞索"号起航的当天上午，所有的阿根廷工人就已经随船离开。气氛有所缓和，"坚韧"号便朝福克兰掉头返航。不过到了 3 月 22 日，南乔治亚岛的英国人报告称工人还在岛上，而且直到现在还没办理入境签证。于是，英国外务大臣卡灵顿（Carrington）勋爵在 3 月 23 日向布宜诺斯艾利斯方面发出措辞更为强硬的照会：如果"巴伊亚·布恩·苏塞索"号没有奉命接走利思的工作组，那么皇家陆战队就会出面代劳，强行将他们带上"坚韧"号。与此同时，"坚韧"号再次接到出航命令，朝着南乔治亚岛驶去。它在3月24日抵达格里特维肯，并在那里随时待命。

不过阿根廷方面对英国人的要求完全置之不理，他们也正采取军事行动，想要与英军抗衡。隶属阿根廷南极分舰队的"巴伊亚·帕拉伊索"号（Bahía Paraíso），当时已经在南奥克尼（South Orkney）群岛附近例行训练。卡灵顿于1982年3月23日发出的最后通牒让阿根廷军政府忍无可忍。"巴伊亚·帕拉伊索"号因此奉命开赴福克兰群岛。3月24日，"坚韧"号将22名皇家陆战队员送到格里特维肯。而"巴伊亚·帕拉伊索"号凑到的士兵人数却很少，只有14人，该舰在25号抵达利思外港，第二天就把这批武装士兵送上了岸。

对于来到利思的阿根廷方面的人员规模，英国方面存在一些误解，经常会说是"一大批陆战队员"，人数在100左右。实际上，这支部队由14人组成，一部分是水手，一部分是陆战队员，而后者又都是战术蛙人水下爆破组的成员。指挥官阿尔弗雷多·阿斯提兹（Alfredo Astiz）的军衔也被错误地报道为"海军少校"或者"海军上校"，实际上其军衔和英国的海军中尉相当。

南乔治亚岛事件至此可以告一段落，两方武装人员在相距32千米的地方各自登岸。双方其他地方的人员正在做重要决定，很快就会调集大批部队前来。回忆起我访问阿根廷的那段日子，我最强烈的感受之一就是，英国人对此次事件的处理方式确实不妥。"巴伊亚·布恩·苏塞索"号的船长聂利亚或许一直在有意误导我，但我跟这样的人打交道都快20年了，我相信他对于事件的描述还是真实可信的。

在他的口中，这次行动是纯粹的商业航行，不存在大卫多夫事先就对拆卸队面授机宜，有过特别嘱咐之类的事情。"国旗事件"看起来也不过是工人们一时兴起的无心之举，并且后来也根据英国要求把国旗降了下来。放枪也确有其事，而且必须承认，在英国人第一次抗议后，工人们又开过一次枪。（打死的那头鹿，一开始就是放到岛上让人练气枪的）而争执不下的焦点在于，英国人坚持要求阿根廷派人前去格里特维肯拿登陆许可。可海上来回这么一趟得有

64千米。"巴伊亚·布恩·苏塞索"号只来了4天，期间每个人都干得很卖力。这段时间内还下过一次暴雨。"巴伊亚·布恩·苏塞索"号驶离后，大卫多夫的团队就只剩下2辆LCVP登陆艇了。这些都是英国人发出最后通牒之前的事情，而去格里特维肯拿张登陆许可在当时看起来也不是什么大不了的事。

不可否认的是，聂利亚船长在回答我关于电台信息的问题时有点含糊其辞。他说他的船在福克兰战争中受损，后来有些材料就丢失了，他还特别强调说，当时每个人都忙得团团转，又是刮大风又是下大雨，电台信号很不好。"对我来说，"他再三表示，"这不过是一次再平常不过的航行，和我平时出海没什么两样。"

聂利亚船长和南乔治亚岛的其他阿根廷人，说不定是阿根廷政府精心布下的棋子，其目的是削弱英国人在当地的主权统治，只是这些阿根廷人自己不知道罢了。不过，在上半年过早地引发紧张气氛，与阿根廷正在筹措的"国家计划"在时间上有所冲突。我不能百分百地说这场危机绝非故意营造，但我个人认为确实不是。我觉得这就是一次普通的商业航行，结果却遭遇现实阻力，再加上阿根廷人对于英国规章制度的愤恨情绪，最后便和英国人的过激反应迎头相撞。回过头来看，英国本来完全可以保持理智。就因为那个分不开身的阿根廷工头不愿跑上64千米去拿一纸证明，真的就会威胁到英国人的主权吗？英国的南极考察团肯定还有灵活变通的办法，因为利思一直在他们的监测范围内。考察队拿上文件去一趟利思，让他们签个名不就完了吗？这么一来对方也不会拒绝。

第三章

迈向战争的步伐

从"巴伊亚·帕拉伊索"号上所派出的分遣队，以及登陆南乔治亚岛的小股兵力来看，阿根廷军政府对于工程人员被英国皇家陆战队强行驱离利思，事先并无思想准备。阿根廷做出派兵前往南乔治亚岛的决定是在 1982 年 3 月 23 日，这一天被他们称为"卡灵顿通牒"。军政府的人没有想到会在南乔治亚岛遭受羞辱，但后来他们会以这次严重事件为借口出兵占领福克兰，并希望国际舆论能对他们的行动持认可态度。阿根廷要想夺回福克兰，这是再好不过的机会了。但这个精心策划的远期外交攻略后来还是被放弃了，天下人所看到的是一个既成事实。同样是在 1982 年 3 月 23 日这一天，两支一直在规划长期军事行动的部队被问到，出台一个近期规划最快需要多长时间。担任登陆部队指挥官的布于瑟尔少将说道：

我们在 1982 年 3 月 23 日晚被问及，完成一项联合规划至少需要多长时间。与会人员都离得很近。隆巴尔多、阿利亚拉和我在贝尔格拉诺港，加西亚将军在布兰卡港的第 5 兵团总部，两地相距仅 37 千米。

我马上提出，想要增加我参谋部的人数，我们当晚研究了所有方案，之后的两天也一直在加紧工作。我们在 1982 年 3 月 25 日拟定了一个方案上报军政府。我记得隆巴尔多当时应该是去了布宜诺斯艾利斯，跟他们说了我们所制订的计划。我们认为在 1982 年 4 月 1 日登陆马岛是完全可能的，南乔治亚岛行动也在同一天。我们的舰队必须在 1982 年 3 月 28 日做好出航准备。

在这之后，行动步步升级，朝着爆发战争的方向发展。军政府认同隆巴尔多中将的时间表，于是很快下令让相关人员积极准备。一是在福克兰群岛登陆，二是从"巴伊亚·帕拉伊索"号上派出小股增援部队赶到南乔治亚岛。福克兰计划是为夺取斯坦利做准备，部队必须抢占那里的机场和皇家陆战队兵营，然后攻占福克兰群岛中定居者最多的鹅原湾。从"巴伊亚·帕拉伊索"号上派出的 14 人接到命令，要他们尽快在利思登岸，保护那里的阿根廷施工队。阿根廷还将派出"盖雷科"号（Guerrico）护卫舰，由它搭载一批陆战队员去增援阿斯提兹中尉所部，并抢占格里特维肯，那里是英国在南乔治亚岛唯一的永久控制区。

一直有个误传，说是还有2艘阿根廷军护卫舰，即"德鲁蒙德"号（Drummond）和"格兰维列"号（Gránville），南下进入南乔治亚岛水域，实际上并非如此。阿那亚上将确实发了信号要求两舰南下，但遭到隆巴尔多中将的拒绝，后者声称自己要把两舰留着用到福克兰群岛这一主战场上。英国人截获原始信息，认为"德鲁蒙德"号和"格兰维列"号已经赶往南乔治亚岛，但实际上这两艘舰从没离开过阿根廷本土舰队。在阿根廷海军中，它们和"盖雷科"号一样，都被归为轻型护卫舰，但其他国家通常将其归为护卫舰，在这里提一下很有必要。

作战计划几乎全都交给了阿根廷海军来完成。这在一定程度上是由两栖作战的性质所决定的，就好比后来的英军特混编队都是由皇家海军来指挥操控，而英军战斗部队则是来自皇家陆战队。不过就阿根廷军所制订的行动规划来说，阿根廷海军指挥官们对于夺回福克兰，与英国人争夺南大西洋主权，为阿根廷进军南极扫除障碍，抱有执着的追求。

阿根廷海军制订了多项计划。下图所显示的是战役行动的组织架构表。但实际上，该图所反映的是第一阶段后的状态。福克兰的陆战队登陆力量在完成各项目标后便可撤走，可能的话只需要几个小时，之后将由空运到斯坦利的一个陆军步兵团和一个工程连来接替他们。而这一点也最终解释了去年12月，在阿那亚上将第一次让隆巴尔多中将考虑福克兰作战问题时，中将所问到的那个问题。如果实施这次登陆行动，并在外交上主动出击、体面撤退，那么这就不再是象征性的事件了。行动的最终目的是要实现全面占领。阿根廷人当时寄希望于英国人不予回应，但如果英国人真的决定动用武力远征南大西洋，那么阿根廷要么撤兵，要么和对手一决高下。阿根廷陆军和海军都将全力投入；空军也会部分参与，马上会派出运输机，要是英国人也作出回应动用武力，空军还将派出作战飞机。

但阿根廷方面尚未决定是否调动舰艇分队，即使最终决定派出去，要想改变主意重新召回也还来得及。隆巴尔多中将记得："直到1982年3月底，我们被多次问及取消所有行动的最后期限是哪天。我们和智利关系不睦已经10年，经常兵戎相向，然后各自撤退。"

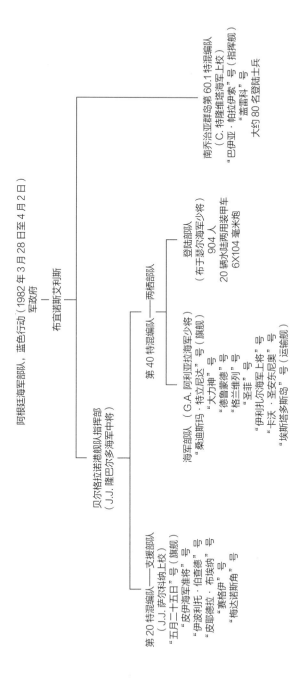

阿根廷海军部队，蓝色行动（1982 年 3 月 28 日至 4 月 2 日）

布宜诺斯艾利斯

贝尔格拉诺港舰队指挥部
（J.J. 隆巴尔多海军中将）

第 20 特混编队——支援部队
（J.J. 萨尔瓦科纳上校）
"五月二十五日"号（旗舰）
"皮波海军维将"号
"伊波利托·伯查德"号
"皮耶德拉·布埃纳"号
"赛格伊"号
"梅达诺斯角"号

第 40 特混编队——两栖部队

海军部队（G.A. 阿利亚拉海军少将）
"桑迪斯玛·特立尼达"号（旗舰）
"大力神"号
"德鲁蒙德"号
"格兰维列"号
"圣菲"号
"伊利扎尔海军上将"号
"卡沃·圣安东尼奥"号
"埃斯塔多斯岛"号（运输舰）

登陆部队
（布于瑟尔海军少将）
904 人
20 辆水陆两用装甲车
6X104 毫米炮

南乔治亚群岛第 60.1 特混编队
（C. 特隆维诺塔海军上校）
"巴伊亚·帕拉伊索"号（指挥舰）
"盖雷科"号
大约 80 名登陆士兵

阿根廷的参战舰艇和部队有两天左右的时间做准备。1982 年 3 月 26 日至 27 日，也就是周五和周六两天时间，外交方面可以说是风平浪静，焦点仍是南乔治亚岛。英舰"坚韧"号上的直升机正在监视"巴伊亚·帕拉伊索"号，但是英国人所期待的关于英军舰艇将利思剩余的阿根廷人统统赶走的消息却没有传到伦敦。卡灵顿爵士和他的顾问得出结论："坚韧"号应该直接开进港内，将阿根廷人强行驱离。英国人并未意识到，14 人的阿根廷武装部队正带着一批废旧金属回收工人登岸。

阿根廷海军中几乎所有能派上的军舰都将参与这次行动。"五月二十五日"号（Veinticinco de Mayo）航母将会担任第 20 特混编队的旗舰，该编队将为这次登陆行动提供远程支援。人们不免会认为，第 20 特混编队出战主要是为了显威风、秀存在；实际上基本不需要这些战舰冲锋陷阵。阿根廷部队唯一可能碰上的英舰就是装着 2 门 20 毫米博福斯炮（Bofors），搭载 2 架"黄蜂"（Wasp）轻型直升机的"坚韧"号。离得稍远的是英国驻扎在中美小国伯利兹的少量守军和 1 艘舰船，以及正在大西洋摩洛哥外海演习的某舰群。被阿根廷派去福克兰，后来成为俘虏的某位陆军高级将领，跟我说过这么一番话：

> 两栖作战搞这么大阵仗实在没必要，只要 3 架满载士兵的运输机就能轻松完成任务，可他们把整支舰队都派上去了。整件事就是脑子有病的人搞出来的一场疯狂的远征闹剧。跟英国这种大国硬碰，又得不到国际舆论的支持，真是愚蠢至极。他们就是拿着军舰和部队去炫耀武力，其实根本没必要。

实际上，被派去登陆的部队是第 40 特混编队。所辖舰船由瓜尔特·阿利亚拉少将负责指挥，这人个子不高，总是乐呵呵的，去年的时候是驻伦敦的海军专员。他辖下的舰艇为 2 艘 42 型驱逐舰、2 艘护卫舰、1 艘潜艇、1 艘极地船和 1 艘运输舰，而其中最重要的一艘是两栖登陆舰"卡沃·圣安东尼奥"号（Cobo San Antonio）。阿根廷海军中最现代化的舰艇，都集中在这支编队。2 艘 42 型驱逐舰由英国人设计，"大力神"号（Hércules）由英国船厂建造，而"桑迪斯玛·特立尼达"号（Santísima Trinidad）是阿根廷船厂特许完工的。关于 42 型驱逐舰的合同，阿根廷政府当时还欠伦敦银行 380 万英镑的贷款；这笔账在战争结束后不久，便悄然了结。

　　编队中这些舰艇的任务是为脆弱的"卡沃·圣安东尼奥"号保驾护航，如果有必要，还要为登陆部队提供火力掩护，但大多数舰艇上都载有直升机和少量士兵，他们也会加入登陆行动。对比最初设想的福克兰计划，第40特混编队缺少了2艘舰，这是因为"巴伊亚·布恩·苏塞索"号运输舰和"巴伊亚·帕拉伊索"号极地船已经卷入南乔治亚岛冲突。这两艘舰的缺阵使登陆舰队无法接纳4架"美洲豹"（Puma）直升机，而武装人员也只能尽量挤到其他船上，尤其是"卡沃·圣安东尼奥"号。

　　最忙碌的是陆战队成员，以及必须整顿行装从各自驻地登上指定舰艇的登陆部队。能在规定时间内完成上述行动，这在很大程度上证明阿根廷海军陆战队效率不低。阿根廷在很早的时候就开始积极准备，最先是一小批为福克兰战役制订前期计划的军官，在贝尔格拉诺港的第2陆战队步兵营总部开了一个例会。下面是根据几个与会者的描述所写的一段记录：

　　那是在25日的上午。布于瑟尔海军少将冲进会场说："瞎扯！你们可以把这些琐事扔到一边，我们将谈正经事。我们必须做好准备，在72小时内派船出海。"他告诉我们，军政府并不是让我们一定要登陆，但是要在谈判的过程中，派船前往目标海域。

　　我们这些计划制订组的成员，这段时间一直没睡。大体计划算是有了，但后勤保障方面还没有充分细化。我们必须想尽办法让那些被派去执行任务的武装人员认为，那只不过是一次例行训练。接下来是通信计划、登船计划和登陆行动的收尾步骤，这些都将在同一间屋子里制订。但我们必须增加人手，规划组的军官人数要达到20人才行。到最后，我们总算把这些问题都解决了。作为陆战队军官，我们非常自豪，我们是一支随时待命的队伍。如果我们能一直准备到原先所设想的最后期限1982年9月，那么我们就能集中更多的专家意见，但遗憾的是时间极为紧迫。

　　卡洛斯·布于瑟尔作为阿根廷海军陆战队和实际登陆作战的主要谋划者之一，有幸成为行动的总指挥。部队的核心是他的陆战队步兵营。第1营和第2营都驻扎在贝尔格拉诺港，为了配合舰队行动，他们接受过专门培训。最后选定第2营，这可能是因为该营在5个月前和美国陆战队在巴塔哥尼亚搞过一次联合演习。自20世纪70年代卡特总统搞长期"人权"禁运以来，这可能是阿根廷和美国的第一次联合行动。第2陆战队步兵营接受过相关培训，其装备也为这次特别演习进行过优化，因此才被选来福克兰作战。第 1 营得到的安慰是抽调一人担任布于瑟尔的作战指挥官，预留一连参与福克兰战役，并另抽一排兵力搭乘"盖雷科"号前往南乔治亚岛对付皇家陆战小分队。下面列出了将要被部署到福克兰的所有陆战队单位：

总部和通讯单位：42 人

第 2 陆战队步兵营：387 人

两栖战车营：20 辆水陆两栖车、5 辆轮式 LARC 运输车、101 人

两栖突击连：92 人

战术蛙人部队（滩头侦察）：12 人

陆战队野战炮兵营（小分队）：6 门 105 毫米炮、41 人

预备队：陆战步兵营 65 人

后勤部队：84 人

陆军中仅第 25 团一个 39 人的排参与其中。该团将被派往被夺占后的斯坦利接替登陆部队，并承担永久驻防的义务，而这个排就是其先头部队。它也是登陆部队中唯一一个不在始发港贝尔格拉诺且距离较远的单位。这些人从阿根廷丘布特省（Chubut）克罗尼亚萨尔缅托（Colonia Sarmiento）的军营坐上飞机，向南千余千米抵达战区。登陆部队中的最后一批人由民事军官和士兵组成，总共 41 人，负责在福克兰成立阿根廷相关行政机构。登陆斯坦利的阿根廷士兵总数将达到 904 人。此外，第 25 团的 2 个排也会来这，并在夺占斯坦利之后被送往鹅原湾。这些部队乘坐多艘舰船，其中"卡沃·圣安东尼奥"号所搭载的人员最多。船上的每个角落都塞满了人。海军运输舰"埃斯塔多斯岛"号（Isla de los Estados）只运送补给品不搭载部队，主要是给守岛士兵和岛上居民送去食品。可一旦登岛，后面会遇到什么情况还很难说。

最后做好出发准备的舰船航行时间最长。"盖雷科"号护卫舰当时还在贝尔格拉诺港的干船坞内，匆匆休整后，便带上第 1 陆战队步兵营的一个加强排赶赴 2253 千米外的南乔治亚岛，盼着能在福克兰战役打响的那一刻和那里的英国人干上一仗。

整个过程没有遇到太大的麻烦。1982 年 3 月 28 日星期天上午 8 点，部队在

贝尔格拉诺港开始登船。行动一直都严格保密。没有将军动员，也没有对航空服务造成太大影响，但一些部队的调动还是被英国人发现。阿根廷通过报纸宣称他们的军队要和乌拉圭海军搞一场联合反潜演习。阿根廷陆战队也接到通知，要在巴塔哥尼亚和军官学员搞一场演习。不过，并非所有的参战人员都相信这些解释。阿根廷军运来那么多弹药，还从巴塔哥尼亚空运来一个陆军排，加上这么多媒体都在报道阿根廷人和英国人在南大西洋所发生的冲突。这自然引起一些人猜想此行的真正目的，他们都对此感到兴奋。布于瑟尔少将对此有过详细描述：

我们中那些知道去往何地的人都感到十分自豪。能被选中已是幸运，而有机会前去收复马岛更是让人感到荣耀至极。那些对目的地百般揣测的士官拿到了很多阿根廷国旗，预备到了那里就把它们插在各处。每个人都觉得自己正在参与一场历史性的运动，他们还在自己背包下面绑了一面国旗。

那是星期天。我们的牧师还开玩笑地对战士们说，今天早上的弥撒就不用去了。这倒没什么，我们当晚在"卡沃·圣安东尼奥"号上做了弥撒。装船进行得很顺利，到中午就结束了。那时阳光明媚，太阳亮得刺眼，好一个无风无浪的秋日良辰①。那年的 4 月令人陶醉。

舰队起航了。每条船上的部队军官都在这天午餐时收到了关于目的地的通知和第一次任务指示，而其他人还没有接到他们要去福克兰的通知。根据计划，他们要沿着阿根廷海岸南下，从福克兰边上驶过，然后再从南面掉转身来驶抵该岛。不过到了第二天，也就是 1982 年 3 月 29 日星期天，海上风雨大作，肆虐了整整 48 小时，导致计划彻底泡汤。船底宽扁的"卡沃·圣安东尼奥"号最惨，它设计载员 450 人，现在却搭载 880 人，横摇达到 44°，很多人严重晕船。

1982 年 3 月 31 日周三上午，距离计划中的登陆时间不到 24 小时，之前的时间表显然是赶不上了，即使舰队从北边直接驶向福克兰。于是，舰队决定把登陆时间推迟一天，改为 4 月 2 日周五。这一决定是加西亚将军和阿利亚拉少将做出的，两人都在"桑迪斯玛·特立尼达"号上。加尔铁里总统任命加西亚

---

① 译注：阿根廷地处南半球。

将军为马岛战区行动的总指挥。第二天风暴平息了，但现在需要对登陆计划做一些细节上的调整。当时他们接到一条消息，说是有两支皇家陆战队驻守在斯坦利，其总督在获悉阿根廷军即将发起攻击后便开始组织防御，将机场和靠近滩头的区域视作阿根廷军主要的登陆场。这条消息可说是千真万确。驻福克兰的英国守军的年度换防，受南乔治亚岛的影响已经发生变化，斯坦利现在有 70 名陆战队士兵和 11 名武装水手。英国情报部门截获了阿根廷军发给其潜艇的无线电指令，要它对登陆滩头区域展开侦察，这一消息已经上报给亨特总督。皇家陆战队很快进入警戒状态，在各处建立起武装守备点，包括机场和设想中的登陆滩头。亨特总督通过广播向当地居民发出警告，并要求封锁机场跑道。这条最新消息无疑是从斯坦利内部发出的，几乎可以肯定是来自当地的阿根廷国家航空公司办公室。福克兰的空中交通由阿根廷国家航空公司提供，它是阿根廷空军的下属机构，负责运营非盈利性的政府航班，是福克兰与外界唯一的空中通道。国营航空军官厄克托尔·基洛维尔特（Hector Gilobert）准将，几周前刚刚结束其 12 个月的任期离开斯坦利，却没料想阿根廷军部又偏偏在这时让他返回斯坦利，说是要他审核一些财务报表。这名军官之前对当地情况比较了解，可能就是他给登陆部队透露的消息。

　　布于瑟尔少将从 1982 年 1 月开始就一直在研究登陆福克兰可能遇到的问题："我的整个计划，就是要出其不意地攻占政府大楼和穆迪布鲁克（Moody Brook）的皇家陆战队兵营，最好能做到兵不血刃。为此我决定从多个方向发起进攻，以压倒性优势一举拿下。我期待着这次行动能产生一种势不可挡的效果。"布于瑟尔的初始计划是让两栖突击连于夜间在斯坦利 3.2 千米外的海滩登陆，然后一路进发占领穆迪布鲁克的英军兵营和城中的各个重要据点，而登陆主力部队在清晨时分从机场北侧的岸滩进入，并迅速派出陆军排前去占领政府大楼，与此同时陆战队完成对斯坦利的占领。一旦确定万无一失，本土就会派来一架小飞机，而占领军则清理机场以接应陆军主力分遣队，分遣队上岛后会接替登陆部队组建第一支守备军。斯坦利地区的行动展开的同时，另两个陆军排将会从"伊利扎尔海军上将"号（Almirante Irizar）上乘坐直升机前去占领鹅原湾－达尔文地区。

　　不过，几个新出现的情况造成布于瑟尔的计划有多处难以达成。行动最终

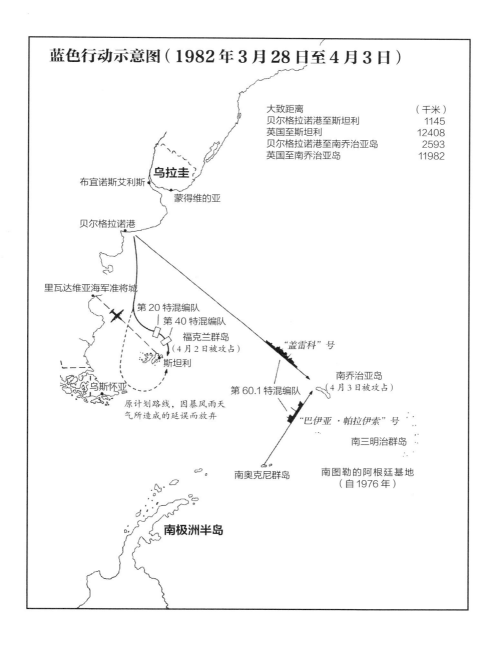

蓝色行动示意图（1982年3月28日至4月3日）

大致距离	（千米）
贝尔格拉诺港至斯坦利	1145
英国至斯坦利	12408
贝尔格拉诺港至南乔治亚岛	2593
英国至南乔治亚岛	11982

乌拉圭

布宜诺斯艾利斯

蒙得维的亚

贝尔格拉诺港

里瓦达维亚海军准将城

第20特混编队

第40特混编队

福克兰群岛
（4月2日被攻占）

斯坦利

乌斯怀亚

原计划路线，因暴风雨天气所造成的延误而放弃

"盖雷科"号

南乔治亚岛
（4月3日被攻占）

第60.1特混编队

"巴伊亚·帕拉伊索"号

南三明治群岛

南奥克尼群岛

南图勒的阿根廷基地
（自1976年）

南极洲半岛

无法做到攻敌不备。阿根廷军所选择的主要登陆场可能有英军驻守，机场跑道也被关闭。还有就是，暴风雨来袭使机库中的系留装置松脱，导致"伊利扎尔海军上将"号上的"美洲豹"直升机受损无法起飞。布于瑟尔只能乘坐"卡沃·圣安东尼奥"号上的直升机到"桑迪斯玛·特立尼达"号上和阿利亚拉少将讨论计划中需要修改的地方。两人算是多年好友，在 1947 年同一天进的海军军校。布于瑟尔在早上 9 点 40 分登上旗舰。阿利亚拉告诉他，为了避免进一步的延误，必须在上午 10 点 15 分之前制订出新的决策。加西亚将军也加入两人的讨论，他们很快就制订了一个新计划。他们把主要登陆滩头放到了更加靠西面的一个叫作尤克湾（Yorke Bay）的地方。从本土直飞机场的计划被取消。原先被安排去攻占政府大楼的陆军排，现在被调去夺取机场并清理跑道。原先负责拿下斯坦利几个关键位置的两栖突击队现在不必行动了，因为奇袭的时机已经丧失，他们现在的任务是攻下政府大楼。鹅原湾 – 达尔文行动也因直升机受损而取消。2 个可以从行动中脱身的陆军排，加入到斯坦利预备队中。这样一来，阿根廷军将以大约 940 人对阵 81 名英军陆战队和水兵。

　　由于上述决策过于匆忙，因此新计划有一个明显的弱点。之前受命攻占政府大楼的陆军排大约 39 人，他们对任务进行了充分研究，并制订了详细计划。而现在，这项任务由佩德罗·加奇诺（Pedro Giachino）海军少校带领的仅仅 16 名两栖突击队员完成。初始计划建立在能够出奇制胜的基础上，且政府大楼应该无人防守。虽然现在阿根廷军获知的情况是英国人已经采取戒备措施，但他们还是没有给加奇诺增兵支援。事实上，由于先前被指派这一任务的部队当时在另一条船上，因此加奇诺对于他所接受的任务的相关情报，可以说知之甚少。忧心不定的加奇诺也只好就这么带着小股部队，直奔福克兰的英国政府所在地。

　　整个行动要在下午 6 点 30 分登陆开始之前取消，还是来得及的。[①]载着滩头侦察部队的"圣菲"号（Santa Fé）潜艇，到时候将会下潜并切断与外界的联系。关键时刻终于来了，军政府没传来任何暂缓行动的命令。"收复"福克兰的行动将会继

---

① 原注：阿根廷所用的时间比英方晚 3 小时。

续推进，成功与否在当天夜里见分晓。阿根廷方面拒绝使用"入侵"一词，他们将这次行动视作"收复"本国领土。布于瑟尔少将对6点30分这一时间点记得很清楚：

我们没有接到取消行动的命令。那真是一个令人难忘的时刻，对我整个一生都至关重要，也正是那样的时刻才能够让我清清楚楚地发现：我到底是一名优秀的战士，还是一个可耻的逃兵；作为一名指挥官，我到底是尽职尽责，还是徒有虚名。在我的头脑中，收复马岛的想法从没这样强烈过，这个念头在我的心中已经萦绕许久。

天气大大好转，海面平静了许多，有一名军官甚至说："在这样的海上航行就像是在游泳池里开船。""卡沃·圣安东尼奥"号登陆舰上的每个人都洗了个热水澡，有的还冲了淋浴，然后美美地吃了一顿，从产生风暴到现在还是第一次像这样。到了晚上7点，布于瑟尔对着喇叭发表了一通讲话，其他舰上也转发了这段发言：

诸位受命运的抉择，要来完成阿根廷人民心中的这一迫切愿望——光复马尔维纳斯群岛。这些年，大家苦练不懈、矢志弥坚，就是要为此一战。待到明日，你们就能向世人证明，我阿根廷军到底是何等威武之师。但愿各位英勇战斗，尊重对手，赢要赢得慷慨大度、光明磊落。我有言在先，如有谁对敌军滥行杀戮，或凌辱妇女、劫掠财物，本将必会严惩。明日一战，你们必须令行禁止、恪尽其职。最后，一定要不负人民所托，胜利归来。天佑阿根廷！

"卡沃·圣安东尼奥"号上的官兵一时间"炸开了锅"，就像是"足球队在一场球赛中进了球！"士兵们奉命在晚上9点上床睡觉，起床的号角将会在凌晨4点30分吹响。

英国政府基本上可以肯定，阿根廷军即将发起登陆。这样就得指望里根总统出面干预了。里根试图通过电话和加尔铁里总统讨论此事，不过一开始加尔铁里不接电话。在里根的一再要求下，两位领导人终于通了话，但没能谈出什么结果。到了此时，加尔铁里即使想收手也来不及了，何况没有证据表明他想放弃。阿根廷人所谓的"蓝色行动"，此时已经开始。该行动在筹划阶段被称作"罗萨里"，不过后来被改为"蓝色"，这源自贞女玛丽的长袍，计划的制定者们想让这一行动在阿根廷士兵和民众眼中成为带有某种宗教色彩的一次远征。

第四章

蓝色行动

    1982 年 4 月 1 日晚 9 点 30 分，在里根总统与加尔铁里总统成功通话的半小时前，42 型驱逐舰"桑迪斯玛·特立尼达"号在福克兰岛南岸 1.6 千米的海面停航。21 艘充气橡皮艇被放入海中，两栖突击连的陆战队员被送上小艇。[①]橡皮艇装满人员用了一个半小时。贝尔纳德·施韦泽（Bernard Schweitzer）中尉所带领的先头部队走在前面，主力部队则一直在"桑迪斯玛·特立尼达"号上等着，直到腾出最后一艘橡皮艇。

    当主力登陆部队向前挺进的时候，他们要格外留意才能找到通往哈列特港（Port Harriet）的入口，然后从这里去往穆雷特河（Mullet Greek）的登陆场。不幸的是，小艇稍稍向北偏离了一段，开到长着密密匝匝海藻的浅滩上去了。当地岛民被称作"采藻人"，就是源自这些巨藻。橡皮艇的推进桨被海藻缠住，无法转动，大家一时都弄不清是怎么回事。发动机加速运转所产生的噪音让皇家陆战队的一个哨兵听了个清清楚楚，他把此事报告了指挥官。因此，后来英国人相信第一批登岸部队是坐直升机来的。有一些小艇因为发动机熄火，所以只好让其他小艇来拖着走。有人想要划桨航行，拨开海藻驶抵海岸，但后来放弃了，因为速度实在太慢。每条橡皮艇都拼命地想要挣脱出去，但后来登陆部队还是决定找最近的海岸登陆，不去硬着头皮找穆雷特河了。当时已经是晚上 11 点。

    92 名陆战队员都在一起，他们脱掉橡胶防水外套，从防水背包中拿出武器

---

    ① 原注：由于阿根廷媒体出了差错，因此两栖突击连在这次行动中没能赢得应有的荣誉。索莫斯杂志社急于在第一时间首发，抢占斯坦利的报道，于是他们从一名曾在战术蛙人部队服役的海军军官那里获取了一些消息。战术蛙人部队是专门从事水下爆破和海岸侦察的，部队规模很小。但这名军官在向报社透露的消息中暗示战术蛙人部队在行动中扮演了极其重要的角色，于是索莫斯赶紧对外报道，将主要功劳归为了战术蛙人部队，甚至把官方所公布的所有伤亡人员都归入战术蛙人部队。而挑大梁、承担了所有人员伤亡的两栖突击连却未被提及。索莫斯的这一失误自此以讹传讹，弄得全球皆知。

和其他装备准备出发。由加奇诺海军少校带领的小队人马负责攻占政府大楼，他们要走的路最短，向北 4 千米就到了。而主力部队要到达目的地穆迪布鲁克兵营需要翻过一座山，走上约 9.7 千米。我们还是从主力部队的进军路线来说比较好，连队指挥官桑切斯·萨巴罗特斯（Sánchez Sabarots）少校谈到了这次行军：

当晚能见度很好，明月当空，但几乎一直有云层遮挡，我们比预定时间晚了几分钟，所以现在得加紧赶路。我们没有走最短的直线距离，因为那条路上没地标。我们沿着海岸走到穆雷特河，再从那里出发，沿着地图上所标示的警戒线一直向北走。

让我们非常意外的是，地面坑坑洼洼的，很不好走。侦察拍照所显示的"草地"，实际上是一座很大的山丘。背着这么重的装备走这么一段路可真是吃不消，我们热得出了一身的汗。最终，我们分成了三个小组。我们手里只有一副夜视仪，由带队的阿里亚斯中尉戴着。一辆车沿着我们要穿过的小路开了过来，结果有一组人和我们走散了。我想那是巡逻兵的车吧。不久，另一组人也失去了联系。而第三次出现掉队是因为有人走太快了。这使得我的副指挥霍尔热·巴尔迪（Jorge Bardi）中尉只能脱离大部队。他的脚踝出现骨裂，疼得不行。我们只好把他留下，并找了个人来照顾他。除巴尔迪和照顾他的那个人外，我们也是想了各种办法才抵达目的地，我想这也多少算是运气。我们在清晨 5 点 30 分到达穆迪布鲁克，正好赶在规定时限内，不过原本所打算的花一小时侦察地形的计划，现在已经来不及了。

这支队伍在夜幕中花了整整六小时才在崎岖艰难的福克兰岛上行进 9.7 千米左右。这也是上岛以来，阿根廷军第一次发现地图上的那些距离标注真是骗人不浅，这种事情后来所有的阿根廷士兵都会碰到。巴尔迪中尉走得脚踝骨都裂开了，他算是战争中的第一个伤员。

阿根廷人照着既定方案继续行动，可后来发现已经被英国人察觉，但他们还是幻想着穆迪布鲁克兵营里的皇家陆战队员在呼呼大睡。阿根廷军很快就确定英国人没有安排士兵守在瞭望哨。有一间屋子亮着灯，后来发现是皇家陆战队指挥官的办公室，除此之外，没有人住的迹象。后来的事情，桑切斯·萨巴罗特斯少校是这么说的：

当时天仍是一片漆黑。我们打算用催泪瓦斯把英国人从房子里赶出来，然

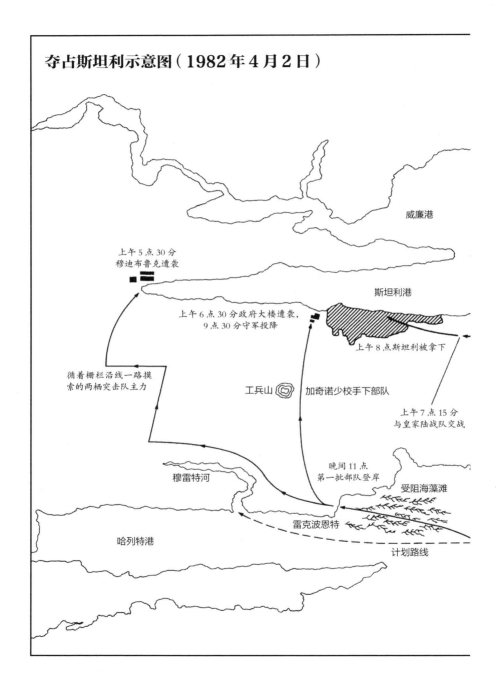

夺占斯坦利示意图（1982年4月2日）

威廉港

上午5点30分
穆迪布鲁克遭袭

斯坦利港

上午6点30分政府大楼遭袭，
9点30分守军投降

上午8点斯坦利被拿下

循着栅栏沿线一路摸
索的两栖突击队主力

工兵山

加奇诺少校手下部队

上午7点15分
与皇家陆战队交战

穆雷特河

晚间11点
第一批部队登岸

受阻海藻滩

哈列特港

雷克波恩特

计划路线

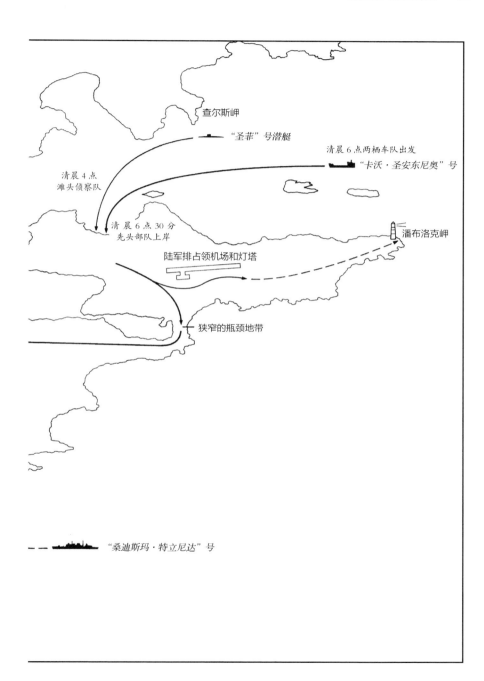

后好俘虏他们。上头下了命令，尽量不要造成伤亡。这也是我们任务中最让人头疼的地方。我们学过的所有突击作战训练，都是要主动出击，把敌人打得越惨越好。我们和机枪组一起，包围了兵营，只在斯坦利港北部沿着半岛留出一条逃生路径。这样一来，如果有谁逃脱，他也别想回到城里跟那里的英军会合。接下来我们朝每幢房子里都扔了催泪弹。结果没听到任何动静，原来这是一座空营。

萨巴罗特斯之前接到过命令，指挥官让他们火力全开，声音搞得越响越好，这也是布于瑟尔少将全盘计划中的一部分。加奇诺的部队应该已经在攻打 3.2 千米外的政府大楼了，主力部队想必也已顺利登岸并抵达东滩，这一切都是同步进行的。布于瑟尔希望通过这种三路同时杀到的方式，摧垮固守政府大楼的英军指挥官的心理防线，迫使其尽早投降。可是萨巴罗特斯没听到大楼里传出任何声响，远处的楼区也是一片寂静。他命令士兵拿着机关枪朝军营开火，但不要打坏营房，毕竟接替登陆部队的陆军还要住在这里，可曳光弹闪过之后，军营又回归了寂静。第一次开火后不久，有人看到斯坦利半岛的灯光都熄灭了。穆迪布鲁克的阿根廷士兵安顿下来打算休息，直到晨曦来临。

佩德罗·加奇诺和他人数较少的手下已经抵达政府大楼，不过没能展开部署，也没能在计划中的清晨 5 点 30 分时投入战斗。政府大楼里皇家陆战队所写的日志记载，加奇诺最早采取行动是在清晨 6 点 15 分。加奇诺手底下仅有 16 人，要想完成这一目标确实有难度。1982 年初的时候，一名阿根廷游客来拜访亨特总督，说自己是一个建筑师，想要一份政府大楼平面图的影印件。"我就像个傻子一样给了他"，亨特后来说道。但加奇诺手里没有那些平面图，它们可能在原计划中负责攻打政府大楼的陆军部队长官那里，或者是在登陆部队的另一条船上。加奇诺从距离内陆不远的一座小石丘抵近目标。他将小股部队分成两组，一组从大楼侧面包抄，另一组绕到房子后面。天色慢慢亮了起来，他能看到房子周围和屋内有人在来回走动，有些车子也开了过来。尽管穆迪布鲁克的开火声已经完全暴露了阿根廷军的登陆行动，但加奇诺还是要按照原计划完成自己的任务。一方面要出奇制胜，另一方面要兵不血刃；这确实有点难度。他带了 4 个人绕到大楼背后，试图冲进后门，让里面的总督投降。

缺乏详细的平面图，使得行动从一开始就遭遇挫折。加奇诺和他的手下找到后门，将它砸开后冲入楼内，不过这里只是一个独立的小楼，里面都是仆人的房间，而且空无一人。这5个阿根廷人于是又冲了出去，朝着主楼后面跑。他们不知道的是，政府大楼是英军防御的重点。大楼内有31名皇家陆战队员、11名皇家海军武装人员，以及一个陆战队员出身、挎着步枪的当地人。亨特总督有一把手枪，专车司机也配了霰弹枪。一时之间，房子背后的守卫部队朝着加奇诺和他的手下一通狂扫。加奇诺跌倒在地，子弹打穿他的动脉，顿时血流如注。身边的奇洛加中尉也中了两枪，一枪打在手臂，一枪打在胸前。万幸的是，军服的胸前口袋里有把瑞士军刀，结结实实地替他挡了这一枪，他这才没有受重伤。另外三个阿根廷士兵躲进仆人的房间，但后来还是被皇家陆战队员俘虏。加奇诺大声呼救让手下过来帮忙，另一组的急救队员乌尔比纳（Urbina）跑了过来。结果他也被英国人的榴弹打伤。阿根廷人后来在说起这些的时候，并没有因为乌尔比纳挨了枪而怪罪英国人，当时四周还很黑，他小挎包上的红十字根本看不清。

加奇诺的"奇袭队"就这样被一网打尽。加奇诺独自暴露在外，鲜血直流，他握着手榴弹，保险销已经被拔下。其他几支部队已经和英军士兵交上了火，政府大楼被多次击中，但并无英军士兵伤亡。当枪声渐渐平息的时候，英军士兵对加奇诺喊话，要他扔掉手榴弹，这样他们就能帮他一把。之后的事情，一直有两种说法。英国方面说，加奇诺同意让英国人过去锁上保险销，只要他们给他疗伤。但阿根廷方面却说，英国人根本没施救，就是让他躺在那儿。皇家陆战队指挥官诺曼（Norman）少校当时就在现场，他对阿根廷方面的说法坚决否认，声称加奇诺当时拼命喊叫，摇晃着手榴弹，所以只能让他躺在那儿。在对峙的紧张时刻，双方存在语言交流上的问题，产生某种误解也是完全可能的。而接下来的两个半小时，政府大楼不会再有什么事情发生了。

加奇诺带的人在政府大楼外遭到火力压制的时候，阿根廷主力登陆部队正在抢滩上岸，但登岸的地点距离东岸有6.4千米之遥，起码要两个小时才能赶来支援加奇诺。登陆部队中领头的是由"圣菲"号潜艇送上岸，由战术蛙人组成的小股海滩侦察队。这批人在清晨4点30分抵达预定位置，准备引导大部队登陆。当他们展开行动时，两支两栖突击队也正分头赶往政府大楼和穆迪布鲁克。

布于瑟尔少将通过电台和三支部队保持着联系，他们用英文语音代码进行简短对话，"尽管我们的人英语不太流利，我也不清楚这招是否管用，但是没出什么毛病。带领这么一支训练有素的队伍，我真是走运。三支队伍的行动步调一致，他们都是真正的职业军人"。

"卡沃·圣安东尼奥"号登陆舰在护卫舰"德鲁蒙德"号的护航下抵达岸边。布于瑟尔估计这两艘舰会被英方雷达发现，但这正是他计划中的一部分。他希望雷达发现东部两艘舰的报告、西部穆迪布鲁克的开火行动和攻击政府大楼的行动同时发生，这样就能产生一个叠加效应，摧垮英国守军的士气。阿根廷舰艇确实被发现了，它们最先出现在本地的一艘小船"福雷斯特"号（Forrest）的雷达上，之后被潘布洛克岬（Cape Pembroke）的灯塔瞭望员目击。"卡沃·圣安东尼奥"号停在离岸3.2千米的地方，此时正好快到清晨6点，舰上的两栖车辆都已经整装待发。一共是20辆美制 FMC 水陆两用装甲运兵车，还有一些是未配武器的 LARC 运货车。发动机被调到最大运转速度，在封闭的甲板室内隆隆作响，车辆和车辆之间只能通过电台交流。所有车辆在检查完毕并一切正常后可以上路。于是早上6点整，艉门打开，刚好能看到昏暗的陆地轮廓。水陆两用车车长马里奥·佛尔比斯（Mario Forbice）中尉，为了使队伍时刻保持精神下了很大力气，对于当时的情景他记忆犹新："每个人都情绪激昂。这是我们第一次投身一场真正的战斗，为解放马岛而打响的战斗。对于陆战队员们来说，这一刻让他们倍感自豪，因为每个人都接受了战斗训练，这也是我们的第一次作战行动。我们要去收复属于我们的领土，拿回那些属于我们的东西。"

两栖车辆被分成三组。第一组是由4辆水陆两用车组成的先头部队。第二组是由14辆水陆两用车组成的主力部队，包括布于瑟尔少将和第2陆战队步兵营指挥官阿尔弗雷多·维恩斯塔布尔（Alfredo Weinstabl）中校所部，登陆兵力中他们占了大多数。第三组包括副指挥所在的营、1辆水陆两栖修理车和1辆 LARC 运货车。每辆两栖车下水后都要马上向左右两边分开，以便后续车辆跟进。当舰内指挥员看到前方的红灯变成绿灯时，下一辆水陆车就朝前开动。平均每辆车驶出船舱用时30秒。

水陆车辆朝着海滩辚辚而进，"卡沃·圣安东尼奥"号的雷达引导它们避开露出水面的礁岩。滩头侦察部队打出红灯，表明这是登陆的最后一段。这次行动完成得非常顺利，部队士兵可以说是训练有素。

第一辆车的登岸时间设定在清晨 6 点 30 分，再过半小时天亮。时间表已经提前半小时，因为阿根廷人得知英国人已经察觉他们的舰艇正在靠近。行动时间和地点的变化，意味着距此 1.2 千米远的另一边海滩上的皇家陆战队不会发现两栖车辆的到来。指挥先头部队的雨果·桑蒂良（Hugo Santillón）少校，当时就坐在引导车内。他是这么说的：

进展情况和我们在巴塔哥尼亚搞的演习一模一样。我的呼号是"阿尔博拉达"，意思是"黎明"，很有诗意的一个名字。我们组的四辆水陆两用车排成菱形队列朝着海滩开进。如果我安全登岸，那么其他人就会排成纵队跟在后边；如果我陷在泥沼里出不来，或是碰上别的什么意外，那么后边的车辆就向右绕开，领着全营在紫滩（Purple Beach）登陆，同时做好在那里杀开一条血路的准备。

在感觉到车辆触到水底时，我通过电台发报"落地"，当时正好是早上 6 点 30 分。这是"卡沃·圣安东尼奥"号上用无线电引导我们登陆的士兵的功劳。10~15 秒钟后，驾驶员给履带挂上挡，我在电台里报告说地面坚实，履带运转良好，没有发现敌人。之后，我下达命令"大家向前冲！"三个前舱盖打开，一个是我头顶的，一个是驾驶员的，还有一个是炮长的。之后，两侧的舱盖也都被放下，好让陆战队员们拿上自己的武器。

一切都进行得有条不紊。海滩看着特别的白，让我意外的是，距离水线 10 米处出现一个陡坡和几块大石头。水陆两用车尺寸庞大、无处可藏。我想，当车开上斜坡时我就成了个活靶子，好在这里是一片被废弃的空地，一个人都见不着。等我爬上坡顶后，维恩斯塔布尔中校打开电台跟我说他能在夜视仪中看到我，正跟在我身后。我一路朝南开，过了一片开阔地，之后从一道仅 200 米宽的峡谷内穿过，另外 3 辆水陆车排成纵队跟在我身后。路面遍布着乱石，车没法开快。我想皇家陆战队真是精明，故意留这么个口子放我们登滩进来，然后好在峡谷中设下天罗地网，现在我觉得自己又成了活靶子。

我开到路上，现在能看清地面，因为天开始亮了。今天天气真不错，没有风，很暖和。我发动履带车，转弯后朝东边的机场驶去。我能看到大部队正跟在我身后。

20辆水陆两用车都上了岸，搞笑的是，偏偏就布于瑟尔少将的指挥车"查理一号"（Charlie One）出了毛病。他的车刚开到水里，推进器后控制水流的一副偏流板就被卡住了，这么一来，车子一打前进挡就原地打转。驾驶员只能改用倒挡，这位阿根廷军队指挥官就这样拖了福克兰攻略的后腿，直到车子登上海滩，能够开上路为止。

一辆载着陆军排的先导水陆两用车被派去占领机场跑道。这批人由穆罕默德·阿里·塞内尔丁（Mohamed Ali Seineldin）中校带队，他的第25团的大部分人会在这天晚些时候搭机进机场。其他3辆水陆两用车各自占据支援阵位，塞内尔丁的车以最快速度在坎坷不平的路面行驶着，车内架起的机枪随时待发，步枪兵在两边跑步前进。机场已经被废弃，但旧汽车和水泥墩之类乱七八糟的东西把跑道给堵死了。因此，阿根廷军又派出一个陆战连前去清理路障。

两栖车队沿着通往斯坦利的道路继续前进，但首先得穿过一条狭窄的岔道，阿根廷人称之为"脖梗子"。英国人可能在那里伏兵守候，可结果还是没有遇到英军。卡洛斯·布于瑟尔给我看了当时他在纸条上所作的记录：

5点25分——注意观察！搜索敌人。

6点45分——敌人在哪儿？

阿根廷军又走了4千米，在斯坦利外围终于碰上英军，一小股皇家陆战队员正把守着通往镇上的入口，他们手里端着机枪，背上挎着反坦克火箭筒。此时是上午7点15分，两栖车队直冲过来。当时仅带着3辆先导车的桑蒂良中校描述了这场遭遇战：

我们开到通向斯坦利的道路末尾的垂直岔道口。我看到一辆黄色修路车，它好像出了故障，停在弯道口，把路挡了一半。我们当时开得很快，我想让驾驶员们都当心点，路上可能埋了地雷，那辆修路车停在那儿可能就是引我们上钩的。我还没来得及发出消息，大约500米开外的三幢白色房子中的一幢里面就突然射出机枪弹，打中右边的车辆。这几枪打得非常准。之后，对方火箭筒连射数枚，响起一阵爆炸声，不过都没准头，落在离我们很远的地方。

我们照着标准作战程序，首先采取了机动规避。右侧的水陆两用车开火反击，然后有些沮丧地隐蔽起来。等它脱离危险后，我马上下令让三辆车放下所有载员。

我需要对眼前形势作一番评估。我让副指挥报告他们所能看到的情况。同时我用电台和营长取得联系，营长要我先别动手，等他的部队赶到。过了不久，他带人来了。他让我就地建立一个火力点，这样另两个连就能向北展开，绕道攻入城中。

此时这支皇家陆战队又开始朝我这边开火，不过射得都不准，没人被打中。维恩斯塔布尔和我下决心，一定要打得英国人主动后撤。我下令让无坐力炮小组朝着机枪弹射出的房子屋脊发射一枚空心装药弹，只要"嘭"的一声就行，不要炸开。我们还是遵循先前的命令，避免造成伤亡。第一发打在目标百米开外，第二发击中房顶。英国人于是扔了一枚紫色发烟弹，我猜想这是他们打算撤退的信号。对方停止了射击，于是维恩斯塔布尔开始行动，让两个连包围了这里。一幢房子里的几个步枪手于是开火，这让人非常不舒服。我没法估测他们的准确位置，但我手下的另一辆车可以，车长请求用迫击炮还击。我批准请求，但只能打三发，而且只能打屋顶。其中有两发打得太近，但第三发打中屋顶中央。这真是不可思议，这一下英国人哑火了。

第2陆战营当天的唯一一次战斗就这样结束了。英国人看到没人从第一辆水陆车里出来还击，这让英国人以为，一定是他们有一发火箭弹击穿阿根廷的装甲车，又有好几发机枪弹从打穿的弹孔射入，造成大批车内人员伤亡。一些在现场看到整个过程的民众，后来也乐观地同意这一看法。但实际上，火箭弹没有打中目标，只不过有97道机枪弹痕。阿根廷仅有一名陆战队员被金属碎片割伤了手。

布于瑟尔少将对政府大楼的战况非常担忧，他已经好几个小时没有收到加奇诺他们的消息了。他下令让两栖车队冲入斯坦利，炮兵部队把6门炮都派上去，并让步兵预备队也全部登岸。两栖车辆开过斯坦利，履带砼砼作响，引擎也这么隆隆运转，这样就能达到他计划中所追求的心理威慑效果。上午8点过后，市区被成功占领。炮兵很快上了岸，停在尤克湾附近，飞机也将大批后续部队运到机场。先头部队的水陆两栖车沿着政府大楼外侧的海岸公路隆隆开过，他们想去看看穆迪布鲁克到底情况如何，结果在半道上碰见精疲力竭的两栖突击队。这些突击队员是要赶去斯坦利，支援那些在政府大楼激战的兄弟们。

亨特总督认定，继续抵抗也是徒劳。于是，他带上几个驻岛的阿根廷人跑去见已经被关了一晚上的国营航空公司负责人基洛维尔特副准将，请他从中斡旋。之后，他通过无线电和"桑迪斯玛·特立尼达"号取得联系，草拟了一份停火方案，转发给了斯坦利的布于瑟尔少将。布于瑟尔在圣玛丽天主教堂前召开集会，这里距离政府大楼一头的滨水区不远。布于瑟尔对当时所发生的事情作了一番描述：

　　我们都已经准备好了，我下令把一面白旗包好。但当我让负责此事的军官去拿时，他却没找到。他一定以为这道命令纯属玩笑，所以根本没去打包！我只好从一辆两栖车里找了一个白色的垃圾袋。我走过好几条街才到会场。我们这里一共有三名军官，都没有携带武器，目的就是要让人们看看，我们对于胜利是何等自信。可是人一个都没到。我们等了几分钟，之后我看到一小群人沿着海边的公路走了过来。我见过亨特总督的照片，但人群里没有他。我本想拒绝谈判，但很快我认出其中有一人是厄克托尔·基洛维尔特。基洛维尔特告诉我，我们的人在政府大楼外负了伤，于是我们都朝那里去。四处还有零星的枪声，不过我已经命令我的人不许开火。

　　我走进政府大楼。第一个碰到的是一名英军士兵，他的枪指着我的肚子。我没带武器，转瞬之间，要么做个得胜将军，要么沦为阶下囚。我想最好还是冷处理，于是我自报家门，并主动伸出手去。他显然是惊到了，不过还是和我握了手，接着他身后的一排士兵也都上来握了手。接着我又见到了其他人。我认出了总督和努特少校。我上去和努特少校以及新上任的陆战队指挥官诺曼少校分别握了手，不过总督拒绝了。他说我是侵略者。

　　我要求他投降，他有点不大情愿。我告诉他，我们的军队势不可当。我还跟他说，他有他的责任，我也有我的使命。他的责任就是不让我的部下将他们悉数歼灭，我的使命则是不让英军士兵打死我们的人，哪怕只有几个也不行。我要求他尽到一个总督的职责。我还斩钉截铁地告诉他，他们没有翻盘的机会。我们已经占领机场，增援部队也已经赶来，而且我们还拿下了穆迪布鲁克和市中心，如今他们只剩下政府大楼。总督于是问两名皇家陆战队军官是怎么想的，我觉得他们什么也没说，只是用眼神作了回应。总督同意投降。于是我就想，还是早点把事情了结，我知道我们有几个人受了伤，得去照顾他们。

　　现在关注点转到了加奇诺少校和其他几个受伤的阿根廷士兵身上，他们已经在大楼外边的地上躺两个多小时了，有人拿来了毯子和绷带，加奇诺的状况很糟糕。布于瑟尔描述了双方军人惺惺相惜的这一动人时刻：

> 我们把加奇诺抬起来裹进毯子，然后送到医院。我拎着毯子的一边，但加奇诺块头很大，重的很，突然有人朝我这边伸过一双手来帮我抬。原来是诺曼少校。我对他印象非常不错，他的那副神态令我终生难忘。

加奇诺因为失血过多最后还是死了，他所接到的任务几乎是无法完成的。国家追授他"阿根廷英勇作战国家勋章"（Cruz-La Nación Argentina al Heroico Valor en Combate），这是最高荣誉，另外还追封他为海军中校。他的遗体被飞机运回大陆，葬在其生前部队所在的马尔德普拉塔（Mar del Plata）。另两个受了伤的士兵，后来都活了下来。

战斗算是结束了。到处都见得到兴奋不已、豪情满怀的阿根廷陆战队员，带来的国旗很快便被插了起来。加西亚将军和阿利亚拉少将坐着直升机来了，降落在政府大楼附近的足球场上。布于瑟尔少将和他们碰了头，三个人一块儿沿着城市的滨海大道走着。布于瑟尔说："此时我感到无比激动，我们实现了我们的目标。我们有一人牺牲，两人负伤，没有给皇家陆战队和平民带来伤亡。"半岛的机场上，陆军排拿下机场后，在开阔的地面一路东扫，占领了灯塔，那里只有巴希尔·比格斯（Basil Biggs）一个当地人，他已经值了一晚上的班，阿根廷舰队朝政府大楼驶去的消息就是他通报的。比格斯先生描述当时的情况说，有一名阿根廷军官在灯塔顶上的槽子里插了面国旗，还下令不能去碰。

比格斯先生说："没事儿，反正也就几天。用不了多久英国人就会把这些东西清理干净。"

"不，不会的，"那名阿根廷军官说，"会一直插着的。"这里所提到的军官可能是罗伯特·雷耶斯（Roberto Reyes）少尉。

陆军第 25 团的余部已经从本土的里瓦达维亚海军准将城坐飞机赶来接替陆战队登陆部队，在这之后还会有工程连。这两支部队将组建成福克兰最早的守卫部队。第 3 攻击机群的 4 架"岩堡"（Pucarás）飞机作为空军代表，在降落前还搞了一次通场飞行。关于阿根廷选择第 25 团作为守备部队主力，这里需要解释一下。一些出版物声称这是一支"象征国家"的部队，士兵都是从全国各地挑选出来的，通过这种方式组建的部队才算是回归领土的守卫部队。部队士兵所佩戴的绿色贝雷帽据信就是表明其高出其他团队一筹的标记。这显然是误解。选中第 25 团的因素只有一个，那就是其驻地在阿根廷版图中的地理位置。该团隶属第 9 旅，基地在丘布特省，距离福克兰很近。在阿根廷步兵单位中，第 25 团没什么特别，当然不乏职业军官和士官，但团中的列兵都是刚刚入伍的。之所以有"国家形象部队"的说法，可能是因为丘布特省人口稀少、本地兵源不足，因此需要从人口密集的北方省份招兵。实际上，这算是一项长期政策，但这么一来可能就容易让人觉得，守在福克兰的是所谓的"国家部队"。绿色贝雷帽也没什么特别的意义，不少部队都有选择个性化帽子的自由。有一点很清楚，那就是除了少数知道内情的人之外，在克罗尼亚萨尔缅托驻地的大多数军官在接到命令，让他们在里瓦达维亚海军准将城坐上运输机飞往 965 千米外的南大西洋，为重新成为阿根廷一部分的群岛驻守时都大感诧异。

在这天结束前，海军与陆军完成了福克兰的管辖权交接工作。当时令人稍感担心的是该海域可能有英国潜艇游弋，因而大多数陆战队员坐陆军部队手里的运输机返回本土。战术蛙人部队和两栖突击队先离开，其中很多人在天黑前直接回到了往北千余千米的马尔德普拉塔的军营。加西亚将军也回到大陆，指挥官阿梅里科·达厄尔（Américo Daher）准将留了下来，登岛部队就是从他的第 9 旅中抽调出来的。当晚，达厄尔手下只有 630 人，却要负责守护总面积相当于整个威尔士的岛群，但这是事先定下的，因为阿根廷军方认为英国人不会采取反制措施。

英国的官方机构很快被解散，皇家陆战队中的大多数人很快也被集中囚禁起来。诺曼少校说，那些起初抓捕他和他手下的两栖突击队员对他们还算客气，但第 2 陆战队步兵营的那些人却摆出一副"胜者为王"的架势，他们根本就没和英国人交过手，却跑来羞辱被俘的皇家陆战队员。英国陆战队士兵可以三五成群地去往穆迪布鲁克，把个人物品整理打包，但令他们不满的是，很多私人物品——钱、照相机和录音机等，都被偷走了。他们当晚被送上 1 架 C-130 "大力神"（Hercules）运输机，飞到里瓦达维亚海军准将城。亨特总督及其家人和其他高官也在同一时间坐上福克 F-28 飞走。这两拨人先是飞到布宜诺斯艾利斯，之后辗转去了蒙得维的亚（Montevideo），再从那里回到英国。有 6 名皇家陆战队员没有立即被捕。

他们当时在靠近斯坦利港的入海口战位上，后来撤到开阔地带，试图躲避追捕，维持英国的军事存在，哪怕他们的力量微不足道，但总之能拖多久算多久。这也算是豪勇之举，不过他们所属的陆战队分遣部队刚来这座岛不久，人地生疏，因此最后也只能投降。也有人替他们说话，称他们在港区入口用一枚火箭弹击穿一艘阿根廷登陆舰，后来那艘舰就沉了，不过这纯属无稽之谈。

阿根廷想要在攻占福克兰的当天就拿下南乔治亚岛是不可能的，一则本身准备十分仓促，二则海上刚刚出现风暴。"盖雷科"号护卫舰抵达利思，使担任警戒的阿斯提兹中尉所部的力量有所增强。"盖雷科"号带着第 1 陆战队步兵营的一个排，这些人和阿斯提兹的手下于 1982 年 4 月 3 日坐"盖雷科"号前去攻占格里特维肯的英军基地，那里由 21 个皇家陆战队员守着。"盖雷科"号的舰长卡洛斯·阿方索（Carlos Alfonso）负责指挥整支登陆部队，船上还有阿根廷南极海军中队的指挥官恺撒·特隆贝塔（César Trombetta）上校。

这一仗三言两语就可讲完。阿根廷军拥有的火力是"盖雷科"号上 99 毫米的舰炮，还有两架直升机，分别是 1 架"美洲豹"和 1 架"云雀"（Alouette），阿根廷军以此构成机动力量。英国人打得不错，一发火箭弹正中"盖雷科"号舷侧，其他武器也都击中该舰，另外还用轻武器迫降了"美洲豹"直升机。机上所搭载的一名"盖雷科"号上的水兵和两名陆战队新兵丧生，其他几人受了伤。不过，后来皇家陆战队还是被迫投降，最后被送回英国。

1127 千米外的福克兰群岛上，阿根廷人这天正加固据点。几支先头部队都坐着直升机去了鹅原湾和狐狸湾（Fox Bay）。守卫两岛的大部队后来坐船赶到。第 9 工程连去了狐狸湾，这也是西福克兰这个大岛上唯一的部队，而第 25 团的两个排被派去了鹅原湾。狐狸湾的部队后来基本没参战，但那些被派到鹅原湾的，注定要比其他任何一支阿根廷部队经历更多战火熏陶。该部队的指挥官是卡洛斯·埃斯特万（Carlos Esteban）中尉[1]，当时他并未意识到此去鹅原湾将开启一

---

[1] 原注：鹅原湾的定居点负责人埃里克·戈斯（Eric Goss），把埃斯特万中尉描述为一名"真正的战士"，但戈斯先生却以埃斯特万的英文名字"斯蒂芬"来称呼他，这使我产生了误解，在我早期的福克兰著作中也叫他"斯蒂芬"，并且误以为他已经战死疆场，因为战俘名单中找不到斯蒂芬中尉的名字。

段波澜壮阔的历史。埃斯特万时年 27 岁，毕业于陆军学院，在班上 250 人中以第二名的优异成绩毕业；他的父亲是一名空军士官。而实践证明，让他担任独立指挥官可谓再合适不过了。他很快便和当地民众开始接触。他在拜访住在达尔文附近布鲁克·哈德卡索（Brooke Hardcastle）府上服务全岛的福克兰岛公司总经理时看到一张照片，照片中有他的妻子薇薇安和哈德卡索的女儿，当年她们是科尔多瓦（Córdoba）寄宿学校的同学。

　　军队调动的同时，阿根廷人也忙着在当地建立政府机构。登陆那天，加西亚将军，作为马岛、南乔治亚岛和南三明治群岛的联合总督来到岛上，并通过当地电台对外发表了一系列公告。但加西亚很快回到本土，马里奥·梅南德兹（Mario Menéndez）准将于 1982 年 4 月 3 日到达，出任阿根廷所谓的第八任马岛总督，之前的七任总督在岛上任职的时期是 1821 年至 1833 年。全部由军官和士官组成的多达 41 人的民事工作组已经提前抵达，但梅南德兹行政团队的高级成员要晚些才到。他们是被紧急召集至此的，由此也可看出登陆行动是何等仓促。

　　团队中第一个从原先的岗位被调来的是卡洛斯·布鲁梅尔－李维（Carlos Bloomer-Reeve）准将，他之前是驻波恩的空军专员。1982 年 3 月 26 日，军队以"紧急任务"的名义将他召回阿根廷。他熟悉福克兰的情况，7 年前他在斯坦利担任过国营航空公司办公室的负责人，而现在他成了梅南德兹的主任秘书。空军军官吉列莫·门迪维瑞（Guillermo Mendiberri）准将负责情报工作，来自陆军的奥斯卡·奇尼（Oscar Chinni）上校担任财务主管，曼努埃尔·多雷戈（Manuel Dorrego）上校则接管政府工程的工作。[①]最后一个职位留给了团队中的唯一一名海军军官，巴里·墨尔本·乌塞（Barry Melbourne Hussey）上尉，由他主管教育和公共卫生事务。乌塞没有参与福克兰行动，也没有什么过硬的条件，不过上面告诉他，派他来是因为他英语水平高，熟悉英国的人情世故。早在军校就读期间，乌塞就得到"英国佬"的诨号，他的朋友还半开玩笑地预测，说他会

---

　　① 原注：吉列莫·门迪维瑞准将之前在里瓦达维亚海军准将城的突击队服役，奥斯卡·奇尼上校之前在布宜诺斯艾利斯的总参谋部担任会计，曼努埃尔·多雷戈之前是陆军兵工厂工程师。

当上下一届的阿根廷驻马岛总督。当我问他到底有多少英国血统时，他说"也不太多，就和艾森豪威尔身上的德国血统差不多"。在布宜诺斯艾利斯开过几次情况通报会后，团队成员于 1982 年 4 月 4 日来到斯坦利。他们搬进被送回英国的福克兰岛政府前主任秘书的住所，工作场所则在秘书处大楼。他们相信现在的工作都是过渡性的，之后全部都会由民间人士组成的行政班子接替。布鲁梅尔 – 李维被告知，他在斯坦利只待四天，之后就重返德国担任原职。

　　与当地官员头几次的会谈进行得并不顺利，他们对阿根廷所提出的离职邀请没有作出回应。其中一些人是福克兰土生土长的，还有一部分是移居英国后签了合同来这里工作的。奇尼上校接管财政的时候，盘点了保险柜中所有的票据和现金，然后将它们交还给了哈罗德·罗兰兹（Harold Rowlands），这位福克兰本地官员同意为了民众的利益继续留任，但也只是暂时。罗兰兹头发乱蓬蓬的，阿根廷人因此给他起了个外号叫"贝多芬"。当时阿根廷还颁布了一条法令，要求马路上的所有汽车从原先的靠左行驶改成靠右驾驶，这引发了岛上居民的抗议。乌塞为此给出了一个解释，说是为了民众的安全。"要么我们那些 18 岁的新兵学着在马路左边开大货车，要么你们改道向右开小汽车，你们到底更喜欢哪个呢？"阿根廷还从福克兰群岛公司买了一批物资，公司高管要求阿根廷方面开具证明，表明公司提供物资和服务是由于被逼无奈。这项要求后来成为该公司备受指责的原因，但民间团体（他们在布宜诺斯艾利斯全体会议上和我谈过）都认为，如果公司不卖这些东西，那么"就等于要正式打仗了"。这就等于是物资征用吗？"没错！"

　　在第一批阿根廷突击队登岛的四天时间，整个福克兰岛和南乔治亚岛都处于阿根廷人的占领和管理之下。阿根廷人 1976 年在库克岛上悄然设立一个由海军建造的小型基地，而库克岛属于英国人宣称拥有主权的南三明治群岛（South Sandwich）的一部分。英国人发现了该基地，阿根廷则表示这纯粹是一个科考站，同时还声称阿根廷也拥有群岛主权。当时的英国政府最后决定不派军队拆掉科考站。有此背景，加上最近一段日子的一系列举动，让阿根廷将英方先前在南大西洋上控制的所有岛屿都夺占到手。这些岛屿的背后是同样被两国各自宣称拥有主权的大片未开发的南极属地。

第五章

英国人来了

阿根廷的欢天喜地没有持续多久。1982 年 4 月 2 日，也就是阿根廷登陆福克兰的当天，英国驻联合国代表向纽约安理会提交相关议案。第二天，安理会就英国人的解决方案进行讨论。当表决进行到一半时，突然传来阿根廷军进攻南乔治亚岛的消息。激烈争论之后，各成员国开始投票表决，安理会 502 号决议最终得以通过，内容如下：

安理会对阿根廷方面于 1982 年 4 月 2 日发动的武装入侵深感不安，并认定阿根廷破坏和平的行为在福克兰群岛（马尔维纳斯群岛）地区确实存在：

1. 需要立即采取行动结束敌对状态

2. 要求阿根廷军立即撤离福克兰群岛

3. 呼吁两国政府寻求政治途径解决争端，尊重联合国宪章的宗旨和原则。

安理会 10 个成员国投票支持英国，仅有巴拿马投票反对，另有 4 国弃权。对于阿根廷来说，这真是一个无比糟糕的结果。阿根廷根本无法得到多数国家支持它出兵的表态，而且最关键的是美国也投票反对。尽管西班牙算是铁杆盟友，但也只不过是弃权。

之后直至月底的这段时间，双方针锋相对、动作不断，但并未兵戎相见。不过这期间所产生两个因素，使 1982 年 5 月和 6 月的战争悲剧注定无法避免。似乎得到全国人民支持的阿根廷军政集团，拒绝接受联合国方面要求其从福克兰撤军的呼吁，反而向该岛不断增兵。英国政府也派遣军队南下大西洋开赴 1.3 万千米外的福克兰，解救那些以英国公民自居的当地人。英国国内当然也有人反对这次拯救行动，但始终是极少数。1982 年 4 月围绕解决该问题而展开的外交斡旋也非常频繁，不过这些都无济于事。当然也就不在本书的描述范围之内。

阿根廷新组建的第一批部队是第 8 团，联合国讨论结束仅过 3 天，该团便于 1982 年 4 月 6 日从里瓦达维亚海军准将城出发，搭乘飞机前往福克兰。第 5

陆战队步兵营、陆战队野战分遣队和防空炮兵部队随即也接到出发命令，于是这些部队都在 1982 年 4 月 8 日登岛。第 8 团被派到西福克兰的狐狸湾居民区，第 5 陆战营和炮兵部队则被部署在斯坦利周边地区。军政府的本能反应就是要展示阿根廷坚守福克兰的决心，从而吓退英国人，防止他们采取军事反制措施。

不过这套策略并未成功。8 艘英军战舰、1 艘供应舰以及 1 艘油轮已经做好南下准备。这几艘舰之前一直在靠近南非的大西洋海域演习，当然这里距离福克兰还有好多天的行程。关于这些舰 1982 年 4 月 3 日南下的命令并不是英国人下达的，但 2 天之后，大批"海鹞"（Sea Harrier）战机和直升机摆满"竞技神"号（Hermes）和"无敌"号（Invincible）的甲板，它们在一场公众展示活动中从朴茨茅斯起航远征。四天之后，"堪培拉"号（Canberra）班轮奉调开赴前线，它也是在高调的公众展示中起程的，舰上搭载着 4 支突击队和伞兵精锐部队。英国人以这种方式向阿根廷发出明确信号：英国已经做好为群岛一战的准备。

阿根廷军政当局和其他军事指挥官都颇感震惊。他们原本以为靠着全球舆论的支持能夺回福克兰，并幻想英国会消极应对，但现在希望彻底落空。我问过隆巴尔多中将，他的上司当时到底作何反应，他说：

他们无法相信英国人竟然大动干戈，调来这么多军舰，还改造大批商船和客轮派到马岛这么个小地方，这似乎是不可想象的事情。举例来说，在梅南德兹领着一大帮高官和政客接管马岛时，没人告诉他，守卫马岛也是他的职责。我在 1982 年 4 月 8 日给他捎信，告诉他我想来看看他到底是怎么处理岛上防务的。梅南德兹回答说："你瞎扯啥呀？"那会儿他要操心应付的只有那些当地人。

隆巴尔多接着说，那段时间布宜诺斯艾利斯充斥着人们的一种不切实际的幻想，大家都感觉英国人的这些举动纯粹是吓唬人。但是英国所派出的四个营的兵力，全都是根据北约标准长期服役的职业军人，他们背后还有负责支援的强大战舰和飞机，并已经全部出动。阿根廷在福克兰仅有三个营的兵力，并且大多数都是服役不到一年的新兵。隆巴尔多打了个比方，说军政府的应对措施就像是"把下一轮的王牌提前押上"，一边"加大赌注"，一边还在"自曝底牌"。我们对扑克牌都不太懂，也不知道这样的说法是否合适。阿根廷军政府决定在福克兰增加一倍的兵力，于是下令派出新组建的一个整编步兵旅。满载部队的

"堪培拉"号正一路赶来，而阿根廷军政当局决定增派一个旅，这两件事的发生，使潜在冲突的性质发生了改变。阿根廷海军对于夺取福克兰最为热衷，但现在双方都调集重兵，因而陆军不得不承担最主要的作战任务。

　　阿根廷陆军拥有 9 个一线旅。他们没有师级编制，全国划分为多个军区，驻军都以旅为单位。当时已被派往福克兰的陆军主力为第 25 团和第 8 团，他们隶属丘布特省的第 9 旅。而奉命支援福克兰卫戍部队的是第 10 旅①，该部队原先驻扎在布宜诺斯艾利斯。该部队装备精良，配有装甲运兵车，下辖 1 个装甲车分队，不过该部队缺乏在寒冷天气下作战的经验。部队指挥官奥斯卡·路易斯·霍夫雷准将高大魁梧、性情冷峻，加之是个大长脸，因此人送外号"马王爷"，其实大家也是喜欢他才这么叫他的，他在部队里似乎也挺有威望，连那些征募来的新兵都对他充满敬意，这在阿根廷军官中可不多见。该旅下辖第 3、第 6 和第 7 团，分别驻扎在梅赛德斯（Mercedes）省的拉塔布拉达（La Tablada）和拉普拉塔（La Plata）。这些驻地位于布宜诺斯艾利斯周边，很多新兵都是从那里征募的，这和英方报道中阿根廷军政府由于怕首都人民不满，因而只从边远地区抽调部队前往福克兰的说法大相径庭。

　　这里我们要先介绍一下阿根廷的征兵制度，因为那些新兵的战场经历成了战争中非常有趣的话题。每个年满 19 周岁的阿根廷人都需要承担在军队服役 12 个月的义务，之后进入预备役编制，只要国家需要，就有义务应召归队。阿根廷人服兵役是从每年一月开始，职业军官和军士也要在这时做好接受新兵的准备，而诸如常备列兵是不存在的。通常要 2 月份之后，步兵团里的 600 名新兵才算完成接收。应征者在之后数月会接受训练，不过在这之后就到了年底，第一阶段的退役也就开始了。新兵的实际服役期仅有 10 个月。当兵也不算很艰苦，年轻人一般都在本地服役，多数人周末都能回家，平常有时候晚上也能回去。不过他们级别很低，也得不到提升。年轻士兵可以选择延长服役期，最多延长 7

---

　　① 原注：应该叫第 10 机械化旅，但所属大部分运输机都被留在了本土。所以为叙述方便，在描述福克兰战争时，去掉了该旅所属团部前的"机械化"二字。

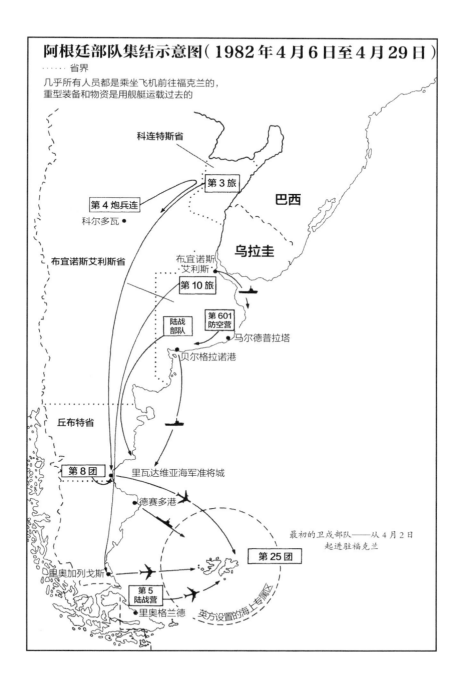

阿根廷部队集结示意图（1982年4月6日至4月29日）

‥‥‥‥ 省界

几乎所有人员都是乘坐飞机前往福克兰的，
重型装备和物资是用舰艇运载过去的

科连特斯省

第3旅

巴西

第4炮兵连

科尔多瓦 ●

乌拉圭

布宜诺斯艾利斯省

布宜诺斯
艾利斯 ●

第10旅

陆战
部队

第601
防空营

马尔德普拉塔

贝尔格拉诺港

丘布特省

第8团

里瓦达维亚海军准将城

德赛多港

最初的卫戍部队——从4月2日
起进驻福克兰

第25团

里奥加列戈斯

第5
陆战营

里奥格兰德

英方设置的海上专属区

年，但是福克兰战争爆发后发现，陆军部队中大多数都是 1963 届的士兵。阿根廷征兵制度的弱点在于，部队等于是个年年轮转的训练中心。虽然有不少由职业军官和士官组成的核心骨干，但是年初那几个月，陆军的作战能力非常低下。这就是为何福克兰长期作战计划从不考虑在 9 月前采取行动。

霍夫雷准将在 1982 年 4 月 9 日凌晨 1 点被电话铃吵醒，军部通知他，他的旅部将被派往福克兰。"军部在前一周提醒我可能要我去防守整个第一军团区，但新命令完全出乎我的预料，不过我倒一直盼望着能有机会去往前线。"之后几天，霍夫雷忙得焦头烂额，制订各种决策，采取各项备战措施。装甲运兵车不会派往福克兰，但会调动潘阿尔装甲车分队和一些军用卡车。军政当局花大力气拼命征召预备役军人，搞得热火朝天，想让上一年受过全面训练的老兵替换掉当年的新人。第 3 团作战军官吉列莫·贝拉扎伊（Guillermo Berazay）少校这样描述他听到这个消息时的情景：

当时我正在靠近埃塞萨（Ezeiza）国际机场的郊外，和一些刚开始接受训练的新兵在一起。我的指挥官在凌晨 4 点通过电台和我联络，让我把所有士兵叫醒。我们必须在 36 小时内赶到马尔维纳斯。于是我们返回拉塔布拉达，开始召回预备役老兵。一些人通过无线电联系，一些通过电报，还有一些派车上门通知。就没碰到打回票的，个个都激情踊跃，占领马岛的消息一时间在电视和报纸上铺天盖地，很快获得积极响应。我们成功地换下三分之二的新兵，接着便开赴前线。甚至在出发前一刻，我们都还在办理预备役军人的归队登记。我记得一长队的卡车装着士兵去了埃尔帕洛马尔（El Palomar）机场，预备役军人还在不断赶来，匆匆脱下便衣换上军装，然后直接跳上车。很多老百姓站在从兵营通往埃尔帕洛马尔的公路两侧，又是欢呼又是鼓掌。那种发自军人内心的自豪，从他们身上能够真切地感受到。

还有一件事情必须要做，那就是把军火库里所有的重武器都带上，包括机枪、迫击炮、反坦克炮。新兵还没怎么学会使用武器，因此现阶段只能用步枪。从军械库里拿出来的这些重武器，统统发给了预备役老兵。

阿兰·克莱格（Alan Craig）就是被征召的预备役军人之一，他回忆说：

我完成兵役后，仅一个月就被召回。一开始我并不打算去，我对英国军队非常了解，知道将要面对的会是怎样的对手。我父亲二战时期在皇家空军开过

"蚊"式（Mosquito）飞机。我祖父一战期间曾经是苏格兰卫士，并获得过"优异服务勋章"（DSO）。我母亲是瑞士人，因此我算是家里的第一个阿根廷人。可是我父亲非要让我去，于是我就去部队报到。

第 10 旅几乎将所有新兵都换成了预备役军人，仅有少量新兵被派到福克兰，并且没将他们布置在一线，因此战争中该旅无新兵阵亡。来到福克兰的先遣部队则没有机会老兵换新兵了，不过陆战队实行的是为期两月的新兵招收政策，并没有搞所谓的"全进全出"，所以能够派上清一色的 1962 届老兵。这可能是因为第 10 旅的驻地靠近布宜诺斯艾利斯，便于从驻京各戍所抽调将官和装备，及时弥补实力缺损。想被派去福克兰的将领大有人在。在埃尔帕洛马尔的军校，见习军官高级班的 260 名学员都获准提前服役，授予陆军少尉军衔，之后他们被编入各个部队。经过选拔后，前往福克兰的不超过 20 人，其中有 6 人因为作战英勇而获得勋章，另有 1 人阵亡。

第 10 旅的第一支部队，也就是第 3 团的先遣队，在 1982 年 4 月 11 日清晨搭乘阿根廷国营航空公司的波音 –707 飞离埃尔帕洛马尔机场。为了获得最大载运量，班机上的所有座椅都被拆光。飞机中途在国境南部加油后继续飞行，在天将破晓之时抵达斯坦利，机长对这条难看的短跑道显然不大满意，但好在还是平安降落了。贝拉扎伊少校也在飞机上，他说："我看到马岛的第一感觉是我们穿得有点太单薄。其次，我们从没有在这样的地方搞过野外训练。这里缺乏掩蔽物，连一片林子都没有，地面防御工事也不太好挖，要想守住这里实在太难了。"在之后的 5 天里，旅部的其他人员陆续抵达。包括炊事工具在内的随军辎重，要等到 1982 年 4 月 22 日才能搭船运到斯坦利。对阿根廷军而言，艰难的日子才刚刚开始。全旅部署到斯坦利周边各区域，处于开阔地带。战士们慢慢习惯了福克兰群岛的严酷气候和坑洼潮湿、乱石遍布的泥煤地，他们在这里挖了几个地洞，有的还搭起了帐篷，这就是他们今后两个月的家了。

第 10 旅的进驻也给斯坦利的军事指挥出了个难题。现在这里有 3 位准将：梅南德兹、达厄尔、霍夫雷。达厄尔的旅辖参谋部人数不齐，而霍夫雷手下相对完整。实际上步兵人数并不少，编成两个旅都绰绰有余，可能也有人提出过这个想法，但很快就放弃了。梅南德兹稳坐军帐，算是统御一方。可是地面部队指挥官达厄尔却发现自己旅部下辖单位还没霍夫雷新来的部队多。达厄尔提出，地面部队指挥官只能由一人担任，要梅南德兹在他和霍夫雷里选一个。梅南德兹选了霍夫雷，理由是他带来的部队更多，指挥部人员更齐整。达厄尔于是回了老家，倒不是看不惯霍夫雷这个人，只是不甘心干得好好的指挥官位子就这么丢了，手里的两个团还得交给别人。不过他很快就回来了，上级同意他回到斯坦利给梅南德兹当参谋长。这下子梅南德兹和霍夫雷算是各安其位，可以把精力放在决策上了。从布宜诺斯艾利斯发来的一份评估报告提到英军特混编队可能会在 1982 年 4 月 18 日抵达马岛。霍夫雷下令让全军抢在这天前修筑完所有的防御工事，以抗击登陆的英军。他的 6 个步兵单位中有 5 个都部署在斯坦利周边，扼守着被视作英军登陆最大障碍的天险阵地。不过，他们与第一批英军士兵遭遇还早着呢，要等上好多天。

卷入冲突的部队数量仍在不断增加。许多高官接连到访斯坦利，一般都要待上一整天。海军上将阿那亚是 1982 年 4 月 19 日来的，拉米·多佐准将是 4 月 20 日，尼古拉德斯将军是 4 月 21 日，他们可能是在替加尔铁里将军打前站，搞实情调查。仅过了一天，加尔铁里本人就来了。这天是 1982 年 4 月 22 日星期四，发生了许多重要的事情。

我们不妨把时钟拨回 1982 年 4 月 18 日中午，当时布宜诺斯艾利斯获得可靠消息，说是一支英军舰队已从阿森松（Ascension）岛南下。阿根廷所有的商船和民用班轮都接到了帮军方盯紧英舰动向的任务。一艘叫作“里奥德拉普拉塔”号（Río de la Plata）的商船，当时正在正常航行，突然接到阿根廷海军的特别命令，要它在阿森松周边游荡。商船上的大副卡洛斯·本奇特里特（Carlos Benchetrit）和其他高级主管之前参加过一场海军联络培训。本奇特里特观察到英舰从阿森松起航，并将这一消息上报，后来他因立下这一大功而得到嘉奖。接下来就该阿根廷空军上场了，他们派出几架不带武器的波音 –707 运输机前去探测英军特混编队的航程。阿根廷方面确实并未得到苏联的任何帮助，尽管当时苏联的多艘商船和图波列夫“熊”式（Bear）侦察机在跟踪英国舰队。由霍尔热·里卡迪尼（Jorge Ricardini）担任机长的第 1 架波音 –707，幸运地发现了英军舰队的踪迹，位置在南纬 19°39′，西经 21°35′。此时正是 1982 年 4 月

21 日午后不久，该机进入目视追踪。英方舰群从阿森松赶往福克兰，此时已经走了三分之一的路程。机组数清舰船数量后，通过电台发回报告"2 架轻型航母，8 艘驱逐舰或护卫舰"，很快对方派出 1 架"海鹞"杀了过来。阿根廷飞机带着空军的涂装标记，显然是来侦察敌情的，不过英军并未得到可以开火的命令，于是双方飞机互相拍照后，波音 –707 便飞回布宜诺斯艾利斯。

加尔铁里在波音 –707 完成这次航行后的第二天来到斯坦利等于表明，英国人的意图非常明确，绝非虚晃一枪。因此福克兰的卫戍部队必须在几天内做好防御准备，而不是几周后。阿根廷人现在对通过海运抵达的英国部队的构成情况终于有了一定了解。斯坦利的任何登陆行动，都将会是英军 4 个营的职业军人和阿根廷军 6 个营的新兵对打。而英军的第 5 个营通常是伞兵部队，他们已经整装待发，并将在 1982 年 4 月 26 日登船离开英国，不过阿根廷方面并不知道这些。

那天，加尔铁里和梅南德兹、霍夫雷一起坐上直升机远赴福克兰进行实地调研，商讨究竟应该在岛上布置多大一片防御区。之后，他们在穆迪布鲁克召开了一次重要会议。对于磋商内容，霍夫雷是这样说的：

大家一致认为，英军有那么多直升机，因此对他们来说不管怎么打都可以。他们的主攻方向很可能在斯坦利南部或者东南部海滩，而在其他方向他们可能会搞登陆佯攻来分散我军注意力，甚至有可能在斯坦利西北方约 19 千米的贝克利海峡乌拉尼海滩发起进攻。这样一来，斯坦利可能在南面、东南面、北面和西北面等多个方向遭到进攻。我们认为仅凭我们现有的兵力无法阻截从这些方向登陆而来的英军。有人提出在圣卡洛斯设防，但这很快就被放弃，因为实在太远。

于是我们决定，主力部队还是驻守斯坦利周边地区，当主力部队与即将出现在斯坦利附近的英军交火时，特种部队对其他方向的登陆进行骚扰。加尔铁里说，我们没有足够的预备役军人，这一点我们必须承认。我们仅有 2 个步兵连作为预备队，除此之外，只有一些直升机和 12 辆装甲车。加尔铁里提议再派 1 个团的步兵。梅南德兹和我都表示同意，只要他能解决现有部队和新团的后勤问题。我们是坐飞机过来的，而炊事用具要 12 天后才能装船运到。当时我手里储存在斯坦利港福摩萨（Formosa）的口粮和弹药仅够维持 15 天。

加尔铁里回去了，当天晚上 11 点半左右，第 5 兵团司令部传来一份电话打印件，说是本土刚刚派出一个整编旅。我有点疑惑，心想一定是说一个团。结果不是，真的是一个整编旅，还加上我们要求配备的直升机。我倒不是说增派这么多人我不乐意，我只是觉得麻烦事儿还在后头，最令人头疼的是后勤保障问题。如果是一个团的兵力，这倒是能帮上大忙；给我们一支可以搭载直升机的精兵，就能控制外围的几个防区了。

现在阿根廷陆军得做出决定，到底把哪个旅派出去。阿根廷国内还有 7 个满编的步兵旅，不过都靠近前线，军方也不想动他们。最适合周转调派的是奥马尔·帕拉达（Omar Parada）准将的第 3 旅，该旅和小国乌拉圭相邻，而乌拉圭和阿根廷关系不错，实际上最后被派去福克兰的正是该部队。该旅辖下多个单位的兵员都是从科连特斯省（Corrientes）招募的。阿根廷让其余几支前线部队按兵不动，这是为了让装备精良的第 6 和第 8 山地步兵旅能够正对安第斯山对面的智利，而驻地最靠南、配发寒区作战装备的第 11 旅也能盯防着智利。智利和阿根廷长期不睦，两国围绕火地岛比格尔海峡内两座小岛的归属权问题一直龃龉不断，于是只好将最擅长岛屿作战的福克兰卫戍部队调去守这两个岛。第 3 旅来自阿根廷北部的亚热带地区，根本不适合去守卫福克兰，而且其驻地离斯坦利市镇很远，附近也很少有人居住。

倒霉的第 3 旅，注定会在此战中遭受最为惨重的伤亡，他们是从 2092 千米外的驻地被调到这里的。这次调动从 1982 年 4 月 16 日开始，3 个团拔营起程，坐上火车，之后由飞机载往丘布特省，这里现在被看作是阿根廷境内防守最薄弱的地区，因为本地旅部已经把 2 个团送去了福克兰。第 3 旅当时正要被调往西线加强防守，以防智利轻举妄动，同时还要在海岸线上展开行动，以防英军针对阿根廷本土发动袭击。但就在这时，该旅却意外地接到调令，要他们去守卫福克兰。第 12 团的一个连在 1982 年 4 月 22 日晚动身赶往西部阿根廷与智利的边境，却被一辆带着新调令的警车拦下。全旅大多数士兵只能坐飞机去福克兰，单兵装具也只能带一部分。算上新兵和应征老兵，该部队刚好满编。他们刚到福克兰时装备严重不足，大多数的支援武器、无线电、车辆和其他设施，甚至像铲子、步枪通条和备用弹药这些东西，都要靠"科尔多瓦城"号（Ciudad de Córdoba）商船运来，可是这艘舰艇最终没能抵达福克兰。被空运到前线的部队只好去本地的店铺买来铁锹，然后带上飞机。人员运送是从 1982 年 4 月 24 日开始的，部队抵达福克兰时，正赶上斯坦利机场又是雹子又是雨的，当晚风也特别猛，帐篷都搭不起来。到 1982 年 4 月 29 日这天，兵员的运输总算完成。最后一支飞越海峡的部队是第 4 团。他们的运气倒是不错，当天有不少可用的飞机，所以该团带上了重武器。

来到福克兰的部队如此庞大，因此不能都驻扎在斯坦利附近，于是有一旅被拆解开来，分散到各处防守。多数部队都要派出排级或连级小分队去执行其他任务，他们也因此吃过一些苦头。第 4 团也加入斯坦利的防御，被部署到西侧的一个新阵地。这样一来，海岸防区就进一步延伸了。第 12 团被派到鹅原湾，增强正在建设中的空军基地的守备力量，不过该团必须把它的 B 连留在斯坦利外围的山区，作为直升机预备队。第 5 团，也就是梅南德兹之子马里奥·梅南德兹少尉所在的部队，布防到霍华德港（Howard），这里是西福克兰岛的一个居民区。

第 3 旅的到来同样给阿根廷军造成指挥上的麻烦。现在一共是两个旅级参谋部，其中一个由当时担任地面部队指挥官的霍夫雷指挥。于是军方后来决定，由梅南德兹准将担任地面部队指挥官，由霍夫雷准将分管斯坦利战区，也就是现在阿根廷港集群的所有部队。新到的帕拉达（Parada）准将负责指挥包括东福克兰岛西部（鹅原湾也在其中）和整个西福克兰在内的大片外围防区，这片区域当时被划为濒海集群。按照帕拉达原来的设想，他应该会把指挥部搬到鹅原湾，但实际上没有这么做。旅部的组织架构现在已经形同虚设。帕拉达把自己的一个团给了霍夫雷的指挥部，但得到了狐狸湾的第 8 团，这个团不到一个月就已经是第三次易主了。

除这些步兵团外，福克兰的其他部队也需要重点提及。这里先讲一讲三个炮兵单位。首先抵达的是陆战队第 1 野战炮兵营的 B 炮连，该连装备 6 门意大利造奥托·梅莱拉 105 毫米野战炮。这个炮兵连一直和陆战队第 5 步兵营配合，1982 年 4 月随该部队远道而来。霍夫雷的第 10 旅作为第一个满编旅抵达岛上，但并没有把自己辖下部队第 1 炮兵团[①]带来，因为该团的老式美制 105 毫米炮看

---

① 原注：阿根廷陆军炮兵以 "群" 为单位，通常每群下辖 3 个炮兵连，相当于其他多数国家的炮兵团，因此在本书英文原版中使用 "团" 一词。

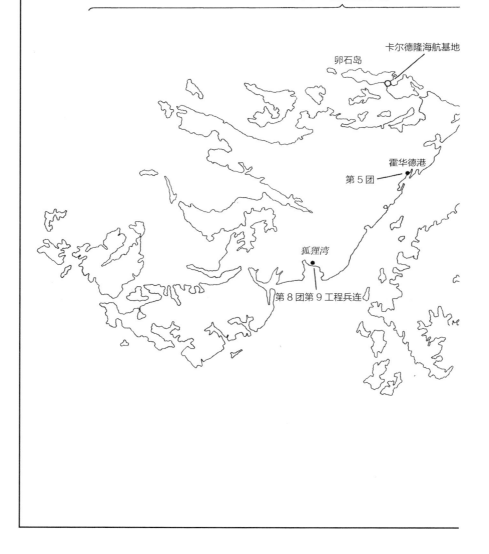

福克兰的阿根廷部队位置示意图（1982 年 4 月 30 日）

斯坦利防区（阿根廷港集群）
O.L. 霍夫雷准将

马尔维纳斯空军基地

斯坦利

康多尔空军基地

鹅原湾　第 12 团，第 25 团 C 连

扇形防区边界

斯坦利地区部队：

第 3、第 4、第 6、第 7、第 25 团
第 5 陆战队步兵营
第 3 炮兵团
第 4 空中机动炮兵团
第 1 陆战队野战炮兵营 B 炮连
第 601 防空团
第 101 防空营 B 炮连
陆战队防空营部分兵力
第 10 装甲汽车分队
第 601 战斗航空营
第 10、第 601 工程兵连和陆战队工程兵连

起来老掉牙了，而且太过笨重，很难在福克兰战场机动部署。于是从第 3 旅调来第 3 炮兵团，连同其 18 门现代化的奥托·梅莱拉 105 毫米炮一起装机空运，跨海抵达福克兰。这些火炮可以沿着斯坦利周围各条道路灵活机动，快速部署到位，能够抵达该镇的最南端，与预料中在此登陆的英军正面对抗。第 3 旅上岛的时候，同样需要借调一支炮兵部队，于是把第 4 旅的第 4 空中机动团给了它。该机动团拥有 18 门同型号的 105 毫米炮，这使得福克兰的阿根廷军手里的火炮比英军最终带到岛上的火炮数量要多。

抵达的第一支防空部队同样来自陆战队，该部队配属 12 门西斯巴诺－苏伊扎（Hispano Suiza）30 毫米高炮和 3 具英制虎猫（Tiger Cat）导弹发射器。接着上岛的是陆军第 601 防空团，配属 12 门雷达制导 35 毫米厄利空双管炮、3 门莱茵金属 20 毫米高炮、3 具虎猫导弹发射器和 1 具罗兰（Roland）双联导弹发射器，最后这种导弹是一种高效能的现代化武器，后来极大地影响了英军在斯坦利地区的空中战术。团长厄克托尔·阿里亚斯（Hector Arias）中校说道："真可惜，我们只有一套罗兰导弹。"阿里亚斯的部队在将装备运到福克兰的过程中，遭遇了极大的困难。火炮被装上"科尔多瓦城"号运输舰，但该舰始终没起航，后来只好卸下，改用飞机分批装运。直到 1982 年 4 月末，也就是英国第一波空袭前夕，该部队才完成部署任务。2 支配备厄利空双管炮的部队抵达鹅原湾，另 2 支部队去了穆迪布鲁克。陆军和陆战队剩余的防空武器，都被集中用来保护斯坦利的城镇、港口和机场了，从而形成一个综合化的防御屏障。第 101 防空团也被派了出去，不过该团是通过海运抵达的。英国人发动第一波攻击时，该部队尚未进入战斗状态。

在列举福克兰小规模的下级部队时，阿根廷海军陆战队的任务多样性，展现在布于瑟尔少将访问斯坦利西部山丘第 5 陆战队步兵营后所采取的措施中。布于瑟尔认为该部队由于不在常规武器的射程范围内，因此很容易遭受搭乘直升机的登陆部队攻击。他回到阿根廷，匆匆组建了一个连，装备至少 27 挺 12.7 毫米重机枪，其中有些还配有红外夜视镜。不过布于瑟尔的担心是多余的，英国人并未发动直升机攻击。这些机枪后来被分发给了守卫斯坦利其他据点的士兵，这让硬着头皮攻拔这些据点的英国步兵颇为忌惮。同时还有一个陆战队工程兵连，该连早在 1982 年 4 月就被派上前线，是抵达福克兰的唯一一个满编工程兵部队。之后陆军也派了两个工程兵连，第 10 和第 601 连，但因为海上封锁，所以大多数的装备都没能被捎上。其中的很多陆军工程兵，因为没有足够的专业装备，所以只能干步兵的活。陆战队工程兵接到坚守斯坦利周边岸滩的命令，不过他们对此提不起劲头。他们都有两栖作战经验，认为海滩空间有限，英国登陆大部队在这里无法展开，因此他们认为主要的威胁一定是来自其他方向。于是他们把主要精力放在了斯坦利西面入海口，在那里挖了一片反坦克和反步兵的混合雷场，这在某种程度上可真算是未雨绸缪，后来这被证明是很有价值的一步棋。①

福克兰的阿根廷军队指挥官所奉行的策略是，英军在斯坦利以外任何地方登陆，阿根廷都要从斯坦利派出直升机步兵预备队和特种部队加以骚扰。然而问题是，战争一旦爆发，斯坦利就没有特种部队了。阿根廷在 20 世纪 70 年代早期就成立了多个突击连，但早已解散，据说是因为军政府担心有了这么一支训练有素的部队，说不定哪天他们就会参加反政府叛乱。连队是 1975 年时为了应对内战而组建的，但后来就解散。1978 年阿根廷世界杯锦标赛期间，为了满足安保需要，连队暂时又恢复了编制，但球赛过后他们又各自归队了。福克兰战争催生了一部分接受过培训的突击队员，有人说他们"老兵精神仍在"，但他们都被分散到陆军各部队，而且已经有一阵子没接受过突击训练了。这些人被匆忙召集起来，成立了第 601 和第 602 突击连，每连大约 40 人，之后他们就被派到了福克兰。② 为他们提供支援的是阿根廷特别能打的一线警察，即从国民宪兵队中抽调出来的一支小分队。

一些空中部队也应召前来。在斯坦利被攻下的当天，空军从第 3 攻击机群中调来 4 架"岩堡"螺旋桨对地攻击机，一个礼拜后又派来 8 架。海军当时派出 6 架马基航空的 MB-339A 轻型喷气飞机，在 1982 年 4 月 24 日又调派了 4 架

---

① 原注：陆战队两栖工程兵连指挥官路易斯·曼奇尼（Luis Menghini）少校，针对雷场发表了一番言论。让他感到恼火的是，在美国召开的一次会议上，一名英军军官声称，阿根廷并未移交雷场的"细节"。他在福克兰时于阿根廷军投降的第二天就把手下布设地雷的全套详细资料交给了皇家工程兵部队的罗德里克·麦克唐纳（Roderick MacDonald）少校，完整地履行了《日内瓦公约》的要求。如果英国人真的没拿到详细资料，"那么肯定是被他们自己给弄丢了"。但他也承认，陆军工程兵部队在埋雷的过程中有时候不够仔细，漏掉记录也不是没有可能。

② 原注：第 602 突击连的指挥官是阿尔多·利克（Aldo Rico）少校（后来晋升中校），20 世纪 80 年代后期他曾带头发动几次针对阿根廷民选政府的小规模兵变。

由螺旋桨驱动的"涡轮导师"（Turbo–Mentors）。多数飞机停在斯坦利机场，就是后来的马尔维纳斯空军基地；一些"岩堡"飞机去了鹅原湾草地机场，就是后来的康多尔（Condor）空军基地；"涡轮导师"飞机被部署到卵石岛（Pebble Island）的草地跑道机场，即后来的卡尔德隆（Calderón）海航基地。从三军现役中挑选出来的 26 架各型直升机，以及海警的 2 架"空中货车"运输机，都已转到福克兰。这么一来，到 1982 年 4 月末，福克兰地区的阿根廷飞机总数为 50 架。海军并未派出战舰协助防守于月初夺占的该岛，而本土仅派出 2 艘装备机枪的海警小艇"伊瓜苏河"号（Rio Iguazú）跟"马岛"号（Islas Malvinas）。当地的两艘船，"福雷斯特"号和"季风"号，也都被征调为运输舰，负责在各个守备点之间运送军需物资。还有一艘小型油井修理船"叶温"号（Yehuin），被政府征用后调去福克兰执行同样的任务。本地的空军和海军指挥官分别是路易斯·卡斯特利亚诺（Luis Castellano）准将和安东尼奥·莫扎雷利（Antonio Mozarelli）上校，但到 4 月末，莫扎雷利便被埃德加多·奥特罗（Edgardo Otero）中将接替。

　　截至 1982 年 4 月底，除个别地方外，守卫福克兰的阿根廷部队基本部署到位。当地总兵力将近一个师（尽管阿根廷陆军并无师级编制）。部队人数在 13000 人左右，其中有四分之三都在斯坦利地区。原本是 1 名士兵保护 3 名平民，而阿根廷攻占该岛后，军人和当地百姓的比例变为 7:1。该岛上阿根廷士兵的数量几乎是随第一批特混编队登岛的英军数量的两倍，后者大约是 7300 人。当然，英国当时也在不断调整，后来又增派了一个旅，大约 3200 人。

　　梅南德兹准将和他的指挥官们，现在只需坐等英军前来，给他们一些厉害瞧瞧。阿根廷方面兵强马壮，又有驻地空中支援，还能依托本土海空军配合作战。只可惜他们的防御策略建立在了两大误判之上：其一是认为英军主力登陆部队是由特混舰队带来的，其二是认为英军的登陆行动会靠近斯坦利。当然，要想击败英军，阿根廷还存在其他不足之处。所有的阿根廷部队都是以募兵制为基础的。几乎所有部队的编制都有相同的困扰，即辖下部队被调派他用，分散各处。比如鹅原湾的陆军守卫部队，他们在大战中会是首战部队；鹅原湾守军是第 12 团，但少了 B 连，后者被调到斯坦利附近作为机动预备队；第 25 团的 C 连，也就是鹅原湾最早的守备军；另外还有来自第 8 团的一个排，不知怎得也被抽调走了。

像这种士兵们不得不和陌生友军协同作战的例子，可以说不胜枚举。原因之一是阿根廷部队平时缺乏调动，常年不挪窝，而各个守备点之间也没有公路连通。英国人杀过来时，海上人员机动必然风险重重，26 架直升机也必须精打细算，省着点用；最后英军特混编队上阵的直升机超过 200 架，即便这样，飞机数量在某几场战役中还是捉襟见肘。由于英国人之后实施海上封锁，因此阿根廷军出现武器和设备供应短缺的问题。其中有一些部队，士兵到了前线，可迫击炮、机枪和电台，乃至锅碗瓢盆这些东西，统统落在本土没能带来。阿根廷士兵一直在说，连无线电和擦拭枪炮的润滑油这些基本配置都没有。士兵防身用的手枪，子弹最多就 6 颗；一些新兵手里的步枪根本不能用；一些干脆连单兵武器都没有。

尽管如此，1982 年 4 月的最后几天里，阿根廷军的士气依然高涨。其中有一名士兵，说他在每个战友身上都能感受到一股子的"马岛精神"；还有一名士兵，说他觉得阿根廷军在 4 月 2 日就已经赢得胜利。第 12 团的中尉伊格纳西奥·格里提（Ignacio Gorriti）则说，当最后一批增援部队从阿根廷出发时，就已经"无须多说，从一开始我们就知道马岛是何等的重要。这是一种挚爱，我们就要去保卫属于我们的某个地方了"。

加吉斯恰（Giaigischia）上校是一名"支奴干"（Chinook）直升机驾驶员，他说：

当我从直升机雷达屏幕上看到马岛的那一刻，真是激动万分。不一会儿，我们就到了，我就在群岛正上方。我驾机飞在马岛上空，底下是数百万阿根廷同胞，此时我的内心被深深触动了。我真希望能和我的入学老师分享这一刻！这些潮湿的低洼地、湛蓝的大海与青黄斑驳的泥土错杂交映，还有数千条溪流纵横流淌，三五成群的白羊仰秣欢奔！

我们来到阿根廷港，很清楚地知道，我们现在是这场战争的主角。我们的蓝白旗帜在旗杆顶上高高飘扬，此时此刻，我感觉自己仿佛置身梦中。①

---

① 原注：这段话以及其他空军人员的类似表述，都摘自帕布洛·卡瓦利奥（Pablo Marcos Carballo）所撰写的《上帝与鹰》一书的英译版，卡瓦利奥是空军"天鹰"飞行员，他在书中罗列了空军战友们的一些陈述。卡瓦利奥上尉（现在是少校）还非常热情地送了我该书的英译影印版。在得到他的允许后，我对这些陈述的内容做了一些改动。

奥古斯托·拉马德里（Augusto La Madrid），一个被紧急征召而来的军校学员，随第6团来到福克兰：

直到我们坐飞机离开里奥加列戈斯（Rio Gallegos），我才意识到这是真的要去马岛了，然后我们就在猜，到底会被派去哪里。像我这样的初级军官，没人告诉我这些。人人都喜气洋洋，根本没去想什么生死安危。每个人心中都洋溢着浓浓的爱国热情。大家争先恐后地要上前线，都不想留在后方。

来到这里，我十分激动。首先，作为一个阿根廷人，我是来保卫马岛的；其次，我听到有人在说英语，我从小在家中就听惯了。我想跟这些人聊上两句，但是只有小孩跟我说话。我给了他们一些糖果，但他们的妈妈看到了，就会把糖拿开，把孩子拽回家。我记得我母亲说过，英国人都很高傲，他们不会接受我们占领马岛的现实，也绝不会对我们报以宽容。她还告诉我说要保持警惕，懂得保护自己。我母亲是所谓的"斯宾塞－塔尔博伊人"（Spencer-Talbois），也就是最早定居阿根廷的那批英国人。我的曾祖父参加过克里米亚战争，他是基钦纳（Kitchener）和布勒（Buller）的亲戚，战后不久便来到阿根廷。我的祖父曾经投身一次大战，在法国堑壕里中过毒气。

可是我的头脑中并没有什么马岛冲突。我为自己是一个阿根廷人感到骄傲，我也完全相信，这些岛屿属于阿根廷人。

第3团的吉列莫·贝拉扎伊少校对未来却抱着一种更为现实的看法：

我从一开始就觉得，战争迟早要来，而且我也预料到，我们会是输家。跟世界排名第三或第四的军事强国开战，我们是打不赢的。所以说，当英国人真的派兵前来时，我就知道我们很多人都会战死疆场。我在收音机里从头到尾地听了谈判过程，可英军特混编队还是来了。当我们获悉舰队已经抵达阿森松岛的时候，我就意识到，他们最终会拿下马岛。从那时候起，我就觉得我们与马岛渐行渐远了。

只要有一线希望，我们就要为之一战。为此我们要等上很久，对我们来说，这是最糟糕的一点。

第六章

远程作战

完成 1982 年 4 月 2 日最初的登陆后，阿根廷海军舰队便返回母港，对于这样一支夺回马岛的部队，阿根廷连个像样的欢迎仪式都没搞成，联合国作出呼吁其撤军的决议，另外有传言说英国正派出一支特混编队，气氛就这么被搅了。起码有两个星期的时间，在英军编队抵达之前，阿根廷海军没什么事情可做，因此所有舰艇都在补充休整，海军在抓紧时机维修缺损的机械。英国政府宣布将以福克兰群岛为中心建立一个 370 千米范围的"海上专属区"。在 1982 年 4 月 12 日以后试图进入该海域的任何阿根廷舰船，都有可能遭到攻击。英国人的这一举动，以水下续航力近乎无限的核潜艇为依托，给阿根廷巩固岛上军事存在的举措造成一定削弱。其中的 2 艘核潜艇，"斯巴达人"号（Spartan）和"辉煌"号（Splendid），在英国人察觉阿根廷部队即将夺岛的同时，于 1982 年 4 月 1 日奔赴南大西洋。英国媒体甚至认为，第 3 艘潜艇也已经于 1982 年 4 月初进入南大西洋，这消息把阿根廷人搞得很紧张，但实际上是误传。"斯巴达人"号和"辉煌"号直至 1982 年 4 月 12 日，也就是海上专属区刚刚建立并落实的时候，都还停在港内。阿根廷人并不知道，当时英国潜艇指挥官尚未接到攻击舰船的命令，英国方面对于通过谈判劝说阿根廷从岛上撤军仍抱有希望。因此，海上专属区在当时基本上是吓唬人，可问题是阿根廷高层心里没底，不敢放手赌一把。

仅靠空运是不可能实现对福克兰的物资补给的，而阿根廷在英国人眼皮子底下搞的所谓的"打破封锁行动"可以分成三个阶段。在海上专属区开始执法之前，海上一共有 4 艘船在航行。装运空军物资的"辛瑟尔河"号（Rio Cincel）和"阿根廷湖"号（Lago Argentino）送完货后，可以在 1982 年 4 月 12 日前返回本土。"卡沃·圣安东尼奥"号和"巴伊亚·布恩·苏塞索"号运送的主要是海军物资，以及岸上陆战队所用的车辆和设备，它们刚好赶在 1982 年 4 月 12 日前抵达斯坦利。不过斯巴达人没有发动攻击，该船后来也安全返回阿根廷本土。

"巴伊亚·布恩·苏塞索"号被留在了斯坦利，一方面船上可以住人，另一方面能用来在岛上各个守备点之间运送物资。

不过，英国人建立海上专属区后，倒是把还留在阿根廷本土港口的另外 4 艘舰船给逮了个正着。首先是运送陆军口粮和第 10 旅重型装备的"福摩萨"号（Formosa），第二艘是运送陆军武器和物资的"卡卡拉尼亚河"号（Rio Carcaraña），还有一艘是为第 3 旅运送装备的"科尔多瓦城"号，最后是运送陆军物资的"埃斯塔多斯岛"号。阿根廷军政府命令这几艘船暂缓出航。这么做也很合理，因为一旦其中的某艘船被击沉，就会造成不小的损失，而且必定会遭国内舆论痛批；而如果这些舰船抵达目的港，英国人得知马岛守军获得了如此充沛的补给物资，那么在当下的谈判中，必定更不会给阿根廷人好脸色看。

但是福克兰的指挥官们却焦急万分地盼着补给物资尽快运到，尤其是食物供应，福克兰部队的粮食储备一度降到只够维持 48 小时，因而人均配给只能减少。无奈之下，军政府只能下令让 4 艘船解缆起航。舰船分头行动，没有军舰护航，当时阿根廷人料到英国人不会攻击手无寸铁、独自航行的商船，因为谈判还没中止。"福摩萨"号首先出发，并安全抵达斯坦利，带去了足够维持 15 天的口粮，但很快第 3 旅也被派去守岛，能够维持的天数顿时减半。第 3 旅的装备都在"科尔多瓦城"号上，但一直没送到，该船在出发不久后便触礁，所以只能折返。"卡卡拉尼亚河"号和"埃斯塔多斯岛"号最后出发，两舰在双方开战前成功抵达斯坦利，但无法很快卸货，因此一直被困在岛上。

有一件事能很好地说明当时的情况。这是商船队船长、"卡卡拉尼亚河"号的大副埃德多·德列里西内（Edgardo Dell' Elicine）说的，福克兰局势发生变化时他正在海上航行。他的雇主是阿根廷海运集团公司（Empresas Lineas Maritimas Argentinas），以下简称 ELMA。这是一家大型的国有企业，拥有 50 多艘货轮。上文所提到的"辛瑟尔河"号、"阿根廷湖"号和"福摩萨"号，都是阿根廷海军从 ELMA 租来跑福克兰货运的。德列里西内是这么说的：

我在 1982 年 4 月 2 日志愿报名参军，想知道自己到底能为马岛做点什么。我在 4 月 13 日被叫到营业部经理办公室。我觉得军队要维持后勤支援，没船是不行的，因此肯定需要 ELMA 帮忙。我也知道，那些私营船主对此不太上心。我被问到，是否还是想去。现在回想起来，我想我犯了个大错，不过已经没法回头了。

我受命前去接管"卡卡拉尼亚河"号，这艘船已经停航将近一年，他们觉得也派不上什么用场。我得先把船拾掇一番才能出航，总算在48小时内，一切准备就绪，可以开船了。我去过海军总部好几次，但每次我都没得到起航的命令，只能空手而回。直到19号，外边乱哄哄的，我得到当晚出发的命令。当时我手底下还没有船员，货也都还没装船。到了20号，水手基本到齐，船开出码头，完成装货。运了不少卡车，油罐也都装得满满的，有的装着航空燃料，有的装着柴油。另外还有集装箱，其中起码有一箱是给当地土著捎去的电视机，作为一个阿根廷人，我对此难以理解。另外还有200吨冷冻新鲜食品。在马岛的军人那里，吃的东西最受欢迎。

我们是在22号起锚的。上面有命令，不允许我对目的地透露半个字，对船员也不能说，但布宜诺斯艾利斯全港上下都知道，我们是给马岛运送物资。我们一路上很顺利，我改变了原先从西往东的航线，只管往南开，骗过了在海上专属区巡逻的英国人，最终抵达马岛。我在一个叫作"越野车"的小岛上第一次靠了岸，就是你们所说的"鸟岛"；我想海军联络官一定被我们的航行壮举给惊呆了。到了26号，我们开进了阿根廷港，停在斯坦利。我想他们一定正翘首以待，当驶入港区时，我们头顶飞过4架前来迎接的海军喷气机。它们在我们头顶绕了几分钟，我能看到它们挂满了武器。编队长最后认出我们船的烟囱标志色，确认是ELMA的船，这才知道是自己人。我真高兴自己碰上的是海航飞行员，如果是空军这些家伙，说不定上来就是一通扫射。不一会儿，海警船就过来和我们会合，海警船上伸出一根长杆子，递给我们附近水雷场的粗略图。于是我们沿着陆地和雷场间的海岸线驶入港口，并在外港码头下了锚。我吃惊地发现，ELMA旗下的另一艘船"福摩萨"号，居然也在那里。

我向海军报告："你好，我们到了。现在这些都归你们了。"他们最急着搬下船的是给岛民的电视机集装箱，我觉得这个真是太没劲了。陆军对弹药和食品的需求要比土著居民对电视机的需求迫切得多，但没办法，政治决策如此。

电视机是所谓的"心连心、送温暖活动"的一部分，阿根廷政府希望借此赢得福克兰民众的好感。岛上的居民每晚可以收看2小时来自大陆的节目转播。

当时国内正在放一部很有意思的连续剧。电视机很便宜，实际上是半买半租，但是仗打完后，阿根廷人撤走了，买了电视机的老百姓实际上只付了两个月的分期款，不过电视机也只能用来放录像了。

英国人刚开始在海上专属区巡逻，阿根廷军就投入一个航空旅。其中包括空军的 C–130 "大力神" 飞机和福克 F–28，海军的洛克西德公司的 "伊莱克特拉" 和 F–28，阿根廷航空公司的波音 –737，以及国内奥斯特拉尔航空公司的 BAC1–11 飞机。[①] 1982 年 4 月 29 日晚，在英军特混编队抵达前一会儿，这支航空旅正好飞近马岛，此时已经有 500 多架次的飞机去过斯坦利，运送了大约 10700 人和 5500 吨货物，其中大部分是弹药和武器。不过就这么点补给还不能完全满足守军的需要，福克兰的阿根廷军将会面临严重的食物短缺，很多设备的补充也将无法跟上。

阿根廷军最高指挥部过高地估计了英军的能力，以为他们登岛不成问题。英军舰艇和作战部队的派遣显得很随意，有些部队一路浩浩荡荡十分招摇，而有些部队的行动却神不知鬼不觉。英国人做了两手准备：首先，希望通过炫耀兵力和展现决心促使阿根廷主动撤兵；其次，如果真要开战，那就要让阿根廷军摸不清特混编队的底细。第一个目标没能达到，但第二个目标取得成功。

英国人接下来的举动由两大因素决定。他们渴望早日取胜，同时要赢得国内民众的支持，并向阿根廷进一步施加压力，使其屈从于联合国的决议尽早撤兵；但在登陆部队随意装船驶离英国，运到阿森松岛细细归整、重新装船之前，英国人要想完成大规模登陆绝无可能。英国人盯上了南乔治亚岛，这里仅有阿根廷卫戍部队驻守，可以拿它开刀。于是英军特混编队分作三路进兵，多数英舰冲向福克兰，遂行前期行动。主力登陆舰艇和有生力量待在阿森松岛点选装备，等增援部队到来——搭载伞兵营的舰船要 1982 年 5 月 7 日才能抵达。另外还有少量舰船载着部队赶往南乔治亚岛。

---

① 原注：在我 1987 年访问阿根廷时，阿根廷海军给我订的返程机票，就是南方航空从贝尔格拉诺港到布宜诺斯艾利斯的航班，我坐的这架飞机可能也是当时投入空中桥梁项目的班机之一；机身一侧写着 "马岛属于阿根廷" 的字样。从埃塞萨国际机场前往布宜诺斯艾利斯市内的每一位游客，都能看到一块很大的路边指示牌，上边写着同样的标语。

　　阿根廷海军奉命防守南乔治亚岛，阿那亚上将负责人员管理。他针对该岛所进行的规划意图可以分成几个方面来叙述。首先他想要在岛上建立一个科考站，作为阿根廷主权的实际体现，但眼下军务倥偬，根本无法顾及。英军舰队抵近南乔治亚岛的消息传来，阿那亚的第一反应就是，此处难以坚守不如放弃，于是他下令让守军不发一枪一弹直接撤退。不过后来他改了主意，派出一支大约40人的陆战队混编加强排，由路易斯·拉各斯（Luis Lagos）少校率领，登上"圣菲"号潜艇前去迎敌，如果遭遇攻击就与之一战，若确实众寡悬殊，就直接投降。阿那亚的如意算盘是，如果英军轻而易举地夺回南乔治亚岛，必然志骄意满，见好就收，就不会继续发兵攻打福克兰了。果然，英军发动了进攻，就像本月初占尽优势的阿根廷军的攻击行动一样，英军靠着军舰的炮火支援和直升机的协同配合一路旗开得胜，只有2架直升机在战斗打响后不久，因遭遇雪暴而坠毁。南乔治亚岛一战，双方无人阵亡，不过"圣菲"号上的一名艇员在潜艇遭遇英军直升机攻击时受了重伤，潜艇遭英军缴获后，一名艇员因被怀疑试图将潜艇凿沉，被皇家陆战队射杀。这位名叫菲利克斯·阿尔图索（Félix Artuso）的士官于是成了1982年4月以来抗击英军过程中阵亡的第一个阿根廷守军人员。

　　南乔治亚岛之战在1982年4月26日便匆匆结束。阿根廷军在这里待了不过23天。英军在岛上俘虏了180人，其中包括大卫杜夫公司那些倒霉的废金属回收工、各个海洋协会的成员和"圣菲"号的艇员。"圣菲"号潜艇在作战中受损，搁浅滩头，这也是阿根廷军在战争期间损失的第一艘舰艇。俘虏很快得到释放，经乌拉圭首都蒙得维的亚回到阿根廷，后来战争中被俘的很多军人，都是通过这样一个中立国交换获释的。阿斯提兹中尉被带回英国受审，被问及20世纪70年代时在阿根廷失踪的几名外国人的下落。英国人把他列为战俘，拒绝将其引渡，直至年末才将其释放回家。

　　南乔治亚岛的陷落是悲剧的开始，对阿根廷军政当局来说大事不妙。官方公报的说法是阿根廷军针对实力远远占优的英国部队发起漫长而悲壮的抗击，突击队化整为零，潜伏于荒野之间，在大战结束后长期开展抵抗运动——后半句话完全是胡说八道。岸上的阿根廷军高级将领拉各斯少校因为违反阿根廷军事条令，在弹药未尽、士兵伤亡不满四分之三的情况下投降，所以1983年时被送上了军事法庭。隆巴尔多中将作为证人出庭，就军令的准确定义作出解释，促成了拉各斯的无罪释放。

大卫杜夫的废金属一直没人回收，战争结束后，他也没能把钱退给客户。

1982 年 4 月末的最后几天，阿根廷做好了迎战英军的最终准备。海军舰队已经出发，正在抓紧训练，不过也只是在英军潜艇进不去的近海浅水区。空军和海航飞机演练了各种条件下的对舰攻击，多数空军部队现在都部署到阿根廷南端的几个临时基地，从那里出发飞机的作战半径可以满足飞往福克兰。一些舰艇在完成高强度训练后只好再度返港，不过很快又会重回海上，整个水面舰队都做好了战斗准备。那几艘出现在英军特混编队里的支援舰艇，阿根廷相信就是登陆部队运输舰。于是阿根廷制订了一个详细的作战计划，主要内容将在下一章详述。我问过隆巴尔多中将，如果得知英国主力登陆部队当时仍在阿森松岛，那么阿根廷军的计划是否会做出调整。他略加思忖，说我这个问题很有意思，但是很难回答。

驶入福克兰周边专属区的阿根廷潜艇仅有"圣路易斯"号（San Luis），它是在 1982 年 4 月 11 日从普拉塔海出发的。后面的两天时间一直在训练，测试其艇载设备，该艇于 4 月 17 日抵达专属区边缘，之后得到留在专属区外的命令。因为谈判还在进行，所以阿根廷潜艇得到的命令是不能先开火。直到南乔治亚岛失守，"圣路易斯"号才接到进入专属区的命令，该艇在 4 月 29 日抵达斯坦利北部的巡逻区。英军指挥官对阿根廷潜艇的出现深感不安，然而实际上该艇是孤军作战。其姊妹艇"萨尔塔"号（Salta）没能获准出航，因为螺旋桨轴出了故障，噪声太大，容易被发现从而招致打击。较老的"圣菲"号在南乔治亚岛败下阵来，而同型艇"圣地亚哥德尔埃斯特罗"号（Santiago del Estero）甚至无法下潜。该艇驶出位于普拉塔海的潜艇基地，想让英国人以为它要出海，但实际上它还待在布兰卡港等着参加战斗。比较先进的德国设计潜艇"圣克鲁兹"号（Santa Cruz）和"圣胡安"号（San Juan）当时还未完工，因此无法备战，但英国人并不知道。

阿根廷人在 1982 年 4 月 29 日接到关于英军舰艇准确方位的报告后，终于确信特混编队即将抵达福克兰海区。报告是"一角鲸"号（Narwal）发过来的，它是几艘听命于海军情报机构、负责监视英军舰队的深海战斗拖轮中的一艘，船上有多名海军军官。"一角鲸"号的表现非常不错，当天成功锁定并通报了特混编队的位置，后来还和海军联系过。

1982 年 4 月 30 日周五是非常重要的日子。看起来谈判已经破裂，两国即将正式开战。美国也一改之前不偏不倚的中立态度，明确宣布支持英国方面的权益主张，这对于阿根廷真算是一个外交上的沉重打击。就在这一天，英国宣布原先的海上专属区扩大为全面专属区，现在不光是出现在那里的舰船，甚至连飞机都可能遭到打击。英国政府通过瑞士驻布宜诺斯艾利斯的大使馆向阿根廷当局转递了一份英方政策的完整说明，内容如下：

> 兹宣布，英国在福克兰群岛周边建立海上专属区。女王政府明确宣布，该政策不会侵害联合国在行使联合国宪章第 51 条所赋予的自卫权利时所必须进一步采取的任何措施的权利。就此一点女王政府现在希望正式说明，所有可能对英国军队在南大西洋执行任务构成干扰的阿根廷军舰（包括潜艇、海军军辅船）或者军用飞机，一旦靠近，我们将对其采取必要的措施。所有的阿根廷飞机，包括那些对英国军队进行监测的民用飞机，将被视作敌方飞机，有可能受到相应的处理。

英国这份即将采取行动的通知所要传达的主要含义是，任何阿根廷舰船或飞机，只要靠近专属区，并被认为对英国军队构成威胁，就有可能遭到攻击。我问过隆巴尔多中将是否完全理解这句话的真实意图，因为后来"贝尔格拉诺将军"号实际上是在专属区外被击沉的。他回答我说，他和他的同僚完全理解这条信息的真实目的，并且从没有产生过任何犹疑或保留。他还说，他最初的想法是英国人会利用新的有利形势对阿根廷本土的里奥格兰德（Rio Grande）空军基地发动攻击，摧毁停在那里挂载着飞鱼导弹的"超军旗"飞机。于是他派出 4 个营的陆战队步兵去那边，并要求陆军调一支防空部队过来。

阿根廷军担心英国特种部队突袭登陆，进而攻击本土空军基地的这种想法在 1982 年 4 月 30 日酿成悲剧。陆军第 601 战斗航空营的 1 架"休伊"（Huey）直升机在里瓦达维亚海军准将城的海岸线附近巡逻，这时报告传来说有人从海上登陆。该机在清晨的雾霭中坠毁，机上 11 人都未能生还，他们分别是 3 名机组成员，以及同一个军校的 2 名军官和 6 名士兵。阵亡的军官中有一位是克罗多维奥·阿雷巴洛（Clodoveo Arévalo）上校，他是战争时期阵亡的阿根廷军人中级别最高的。

第七章

五月一日

英军特混编队在 1982 年 4 月 30 日这天驶入 370 千米范围专属区。对英国人而言，突破 370 千米这一门槛并无特别意义，不过他们确实必须抵近福克兰群岛才能发起行动。英国政府当时已经认定，通过谈判促使阿根廷人主动撤走基本无望，因此有必要抢先发起进攻，而且越快越好。特混编队由 12 艘舰艇组成："竞技神"号和"无敌"号两艘航母各自搭载一个中队的"海鹞"战机和若干架直升机，各型驱护舰一共 10 艘，另外还有三艘补给舰。随同编队出发的仅有两支特遣队：空军特种部队和特别舟艇中队。

特混编队所承担的任务是采取佯攻，让阿根廷军相信英军即将发起登陆总攻，这样阿根廷军就会从本土抽调海空主力部队投入作战。英军希望尽早与阿根廷军主力遭遇，赶在容易遭受攻击的登陆舰艇抵达登陆地点之前将阿根廷军击溃。发起登岛行动的英军仅限于特种部队，任务是搜罗阿根廷军的各类情报，但要尽量避免和对方正面接触。英军指挥官预计，这次前期行动至少需要两周时间。英军与阿根廷军的首次冲突将会在 1982 年 5 月 1 日爆发。对英国人而言，实际上从 4 月 2 日起就已经不宣而战，但很多阿根廷人把 5 月 1 日看作开战首日。根据他们的说法，4 月 2 日的行动是收复行动的一部分，并不在战争期间。

英军所发起的第一轮攻击确实让阿根廷军颇感意外。一架"火神"轰炸机自北飞来，它是从阿森松岛出发的，沿途接受了数架"胜利者"加油机的空中加油，航程将近 6437 千米。此行的任务，是要炸毁斯坦利港机场的跑道。下午 4 点 40 分，"火神"（Vulcan）轰炸机按照预定计划投下一串炸弹，总共 21 枚，其中 1 枚几乎在跑道中间爆炸，地面被炸出一个大坑。为了提高精度，轰炸机将投弹高度控制在了 3 千米左右，置身于斯坦利防空区 35 毫米高炮和罗兰导弹射程范围内。高炮所配备的"天空卫士"雷达被"火神"的电子对抗设备捕捉了信号，并遭到干扰。第 601 高炮团指挥官阿里亚斯中校表示，工兵山上先进的 ANTPS–

44"报警"雷达探测到多架飞机向北飞去。不过，后来为了弄清该地区是否有己方飞机出没，反而延误了战机。不管怎么说，阿根廷防御部队还是慢了一步，"火神"飞机掉头飞走，安全降落在阿森松岛。

目睹轰炸全过程的阿根廷空军军官阿尔贝托·杨纳列奥（Alberto Iannariello）回忆说：

当时我正坐在塔台的扶手椅上陷入沉思，就在此时，第一波爆炸的巨响把我惊回现实，只见一团红云向塔台飞来，窗玻璃都给震碎了，整幢大楼都在摇晃。当我醒来时，我发现自己被压在了椅子下面，多维奇上尉在大喊大叫，他倒在楼梯上，脊柱受了重伤。我戴着头盔，拿着步枪，飞快地冲了出去。外面乱作一团——大家四处乱跑，受伤的人在痛苦呻吟；我们的高炮吐出火舌，在空中炸开；还有拖着炽烈橘色火焰的导弹……这就是我们迎来的炮火洗礼。[1]

可能有三人在此次轰炸中阵亡：一个是陆战队防空营的劳尔·罗梅罗（Raul Romero），他在机场的空军通讯站值班，另两个是空军的厄克托尔·波尔东（Hector Bordon）和吉列尔莫·加西亚（Guillermo Garcia）。这三人都是1962届的，死后都被葬在了斯坦利公墓。另外还有一些人受了不同程度的伤。

跑道遭受严重破坏。仅靠当地的力量难以完全修复，原本阿根廷军打算将该机场作为一个前线基地，或者给高性能喷气机留作备降机场，可这么一炸，彻底完了。现在英军特混编队可深入抵近群岛，放手投入下一步的作战。跑道上的弹坑被草草修补，可还是高低不平，让接连飞抵斯坦利港的阿根廷运输机吃了苦头；1架"大力神"飞机从这段跑道起飞后不久差点摔了。其余炸弹横扫整个机场，使停在那里的多架飞机和一些设备轻微受损。

清晨过后，第二波攻击倏然而至。18架"海鹞"飞机从航母甲板起飞，杀奔过来。打头阵的2架掠过斯坦利机场，对"火神"的轰炸战果进行拍照，之后加入其余4架"海鹞"的空中巡逻，防止阿根廷战斗机起飞阻击即将发起轰炸行动的英军飞机。之后又飞来9架"海鹞"，对斯坦利机场展开攻击。这些

---

[1] 原注：选自《上帝与鹰》一书未公开发表的英译本。

飞机分作两组，从东北和西北两个方向发起攻击，从低空隆隆而来，对着机场投下27枚各型炸弹。机场的一个油库被炸起火来，烈焰腾空，粗黑的烟柱直冲云霄，但也仅有这一处被严重破坏，其余都是跑道表面一些轻微的损坏。阿根廷军的炮火也十分猛烈，至少发射了两枚导弹。"卡卡拉尼亚河"号上的舰员都相信1架"海鹞"从头顶飞过，用航炮对舰进行扫射，他们还看到机场上空有一枚导弹尾追着飞机直冲云霄，于是船员们大声欢呼"真像一场足球赛！"看来他们都相信，导弹击中了敌机。而斯坦利指挥部的资料中所记录的战报和说法，却各不相同。第601防空团第3营报告说有2架"海鹞"被击毁，还有一架拖着两股尾焰离开，看来没能返回航母。当时海警船"马尔维纳斯群岛"号（Islas Malvinas）还"确认"1枚海猫导弹击中目标。当地的空军指挥部于是在战报中确认2架"海鹞"被击毁，另外有2架可能被击毁。过了一个半小时，对所有报告进行仔细研究过后，空军指挥部又稍作补充，确认击落数增至3架。而实际情况是，仅1架"海鹞"被1枚20毫米炮弹击中尾部。该机后来安全返回航母，并很快得到修复。

其余3架"海鹞"对鹅原湾空军基地展开攻击。1架负责巡逻的"岩堡"飞机起飞，正在此时3架"海鹞"从北边飞来，开始投弹空袭。1架"岩堡"实际上正要升空；飞机速度顿时放慢，前轮落入弹坑。集束炸弹的子炸弹正好从另1架"岩堡"右侧飞过，顿时四面开花，子弹药不断爆炸，机上弹药也炸成一片。"岩堡"断成了两截，还着了火。飞行员当场身亡，近在咫尺的5名机械师也没能幸免，这些人都是职业的空军人员。现场血肉模糊、一片狼藉，实在是惨烈至极。草地跑道也遭到轰炸，有2架"岩堡"严重受损，后来也没能修复再飞。鹅原湾的陆军部队躲过了大部分的轰炸；他们的指挥官事先得到敌方可能发动空袭的警报，将人员提前撤离了机场。空军"支奴干"直升机的一名飞行员吉埃基斯齐亚上尉，后来谈到伤员撤至斯坦利，另有2人阵亡的详情[1]：

所有幸存人员都被抬上直升机，伯维尔（Bower）中尉和我驾机飞往阿根廷

---

① 原注：选自《上帝与鹰》一书未公开发表的英译本。

港。英国人的"海鹞"在周围游荡，我们中途两度被迫降落。

在飞机降落阿根廷港基地时，一名牧师朝着机舱画了个十字，还说什么老天见怜。我大叫道："看在上帝的份上，去叫辆救护车来！这些人快死了！"实际上，半路已经死了两个。我看到机组中的一个士官在飞机边上哭，于是我问他怎么了。"长官，他就在我怀里死了。我们在一起上的学，一块儿毕的业，一直是很好的朋友。他就死在我怀里，还一个劲儿地求我别让他死！"

他显然深受震动，喋喋不休地讲着同一件事，情绪完全失控。我也很激动，但还是强行克制，我抽他的脸，要他开心大笑，但他还是哭个不停。我一遍遍地要他乐观，最后他总算微微有了点笑意，接着咯咯地笑出了声，弄得我也大笑不止。我当然也得让自己稍微想开点，因为我突然发现我跟他一起在大笑。可以说，这也算是自我解脱。我们必须克服人性的脆弱，很多人还得指望我们，战争才刚刚开始。即便要哭，留到夜里哭也来得及。

"海鹞"攻击过后，英军消停了几个小时。之后战斗再度打响，5艘英国战舰脱离编队，相继发动了两次攻击。第一次是两艘护卫舰，"华美"号（Brilliant）和"雅茅斯"号（Yarmouth）驶近距离东福克兰岛东北角约37千米处，执行反潜搜索任务。它们想要寻机猎歼阿根廷军的"圣路易斯"号潜艇。英国人的情报工作非常出色，两天前"圣路易斯"号接到前往该海域的指令，但无线电信号却被英国人截获。除护卫舰外，"竞技神"号航母上的3架"海王"（Sea King）反潜直升机也在展开远程搜索。他们找到一条可疑的油污带，种种迹象表明"圣路易斯"号很可能已经沉没，但是这片海域有很多老式铁壳捕鲸船的残骸，这些也可能是被深弹炸烂后漂上来的，因为"圣路易斯"号并未遭到攻击。这艘潜艇的艇长名叫费尔南多·阿兹奎塔（Fernando Azcueta），是一名海军中校。他的这艘"圣路易斯"号是阿根廷海军派出的唯一一艘潜艇，可惜不走运，并未取得任何战果，但确实起到了牵制对手兵力的作用，尤其是反潜直升机，因为英国人知道它就在这片海域活动。阿兹奎塔中校一谈到自己亲历的那次战斗就滔滔不绝，并总是极力驳斥外界关于"圣路易斯"号作战不力的传言：

我们事先毫无准备，就被派往这片海域投入战斗，当时的海况也非常不利。我想如果周边环境稍好些，我们是能够打一个漂亮仗的。另外，艇员们没有完成培训，当时还是上半年，我们1月份接收的统统是新兵。在这样的艰苦条件下，他们取得的成绩让我倍感自豪，他们确实已经尽了全力。

那天上午，我们用186型声呐捕捉到一艘英国军舰。我相信一共有3艘，不过很难确定，因为水下噪声太大。这些舰航速很块，大约20节，中等螺旋桨噪声。我无法通过潜望镜直接观察，所有这些信息都是通过被动声呐获取的。在1万~1.4万米的距离上，我们发动了攻击。我在10:05的位置发射了一枚德国通用电子公司产的SST-4线导鱼雷。可是发射系统的核心部件——主火控计算机出现了问题，因此攻击没能成功；该部件在1982年4月19日就出过一次毛病。由于计算机指望不上，因此一批艇员只能手动操作发射。我这批艇员真是好样的，计算机出问题后，他们就一直在尝试。另外，我想鱼雷发射后过几分钟有线制导也就中断了。

我们听到远处传来深弹爆炸声，我敢保证还有反潜鱼雷爆炸的声音，但是英国人的这几次攻击都距离我们很远。

第二批脱离编队发起行动的英舰距离目标岛屿近了许多。"格拉摩根"号（Glamorgan）驱逐舰和"箭"号（Arrow）、"敏捷"号（Alacrity）护卫舰都开到了距离斯坦利港南岸不到11千米的地方，试图对下列六个目标展开打击：机场停机区，机场和斯坦利港之间的公路，工兵山和威廉山上两个疑似炮兵阵地和两个疑似雷达站。下午1点30分左右，英舰发起攻击。英国人并不清楚阿根廷炮兵阵地和雷达站的准确位置，只是对着他们认定的大致方位开火。目的有两个，一是在早晨"火神"和"海鹞"轰炸的基础上扩大战果，进一步消耗阿根廷军的防守，但当天更主要的目的是要让阿根廷军认为英军是在通过轰炸为大规模登陆行动作火力铺垫。驻扎斯坦利港南部的第3团的两名年轻新兵，沃拉肖·贝尼特兹（Horacio Benítez）和胡安·迪茨（Juan Diez），亲眼看到英舰所射出的炮弹在海上发出耀眼的光芒：

我们正在值班放哨。当时还点了火，我们听着斯坦利本地电台播放的鲍勃·迪伦（Bob Dylan）的歌。突然，我们看到一道亮光，我们也不知道那是什么。当时，我们只顾着闲聊。没过多久，又是一道火光，接着是第三道。我们想，或许是我们自己的战舰，可惜不是。接着第3团开始朝着亮光发出的地方开火。我们想，一定是英国人试图登陆，好在我军的火炮把他们给打回去了。

几艘英舰正在全力进攻。他们的 114.3 毫米主炮射程占优，完全压制了阿根廷军的地面炮火，阿根廷炮兵很快就感到难以招架。密集的炮弹不断落在机场周围。到底造成多少伤亡，没有公布统计报告，但是从早晨到现在，装备和设施不断遭到重创。

对岸轰击的战舰上所搭载的直升机也在配合行动，它们承担校正弹道落点的任务。其中的两架同时也参与扫射阿根廷守军的行动。阿根廷海警船"马岛"号对着"敏捷"号上起飞的 1 架"山猫"（Lynx）直升机开火，对方也发起反击。结果海警船和直升机都被机枪击中，一名阿根廷士兵受了伤。还有 1 架"威塞克斯"（Wessex）直升机，它当时正在斯坦利港外逡巡，想碰碰运气，最好撞上两艘因受不了炮轰而驶离码头的阿根廷舰艇，这样就能捡个便宜，结果机场上射来两枚虎猫导弹，搞得它狼狈而逃。直升机的这些活动，构成了阿根廷送回本土总部的战报基调，他们认为登陆是由距离斯坦利北部大约 13 千米的贝克利海峡一带的登陆驳船和直升机发起的。

英军战舰加入战斗，向斯坦利地带悍然发动炮击，促使阿根廷军也派出本土空军部队，不过第一阶段调动的飞机数量很少，仅 12 架，它们的主要任务是空战。第 5 战斗机团①派出中队的 4 架老式二手美国道格拉斯 A–4B 飞机，每架挂载 2 枚 500 磅炸弹。第 8 战斗机集群则派出 4 架服役不久的法制"幻影"–IIIEA 战斗机提供掩护，每架"幻影"配备 2 枚马特拉魔术空空导弹和 2 门 30 毫米航炮。两个机群都是从里奥加列戈斯起飞的。上午出航的最后一批飞机是驻扎在里奥格兰德的第 6 战斗机团的 4 架"匕首"–IAI（"幻影"飞机的以色列仿制版），这些飞机仅负责空战。每架"匕首"飞机挂载 2 枚蜻蜓导弹，另外还配有两门 30 毫米炮。参与此次行动的 12 名飞行员中有 1 人没能生还，其余这些人中有 4 人在当月稍晚的战斗中相继阵亡。

① 原注："战斗机团"的称谓表明了其主要任务，但大多数辖下单位在马岛战争中所接到的命令是承担战斗轰炸任务。

12架飞机全都抵达福克兰群岛，由当地的空军指挥官负责引导。每架飞机都是正式服役以来第一次投入实战。斯坦利港的指挥官下令让"天鹰"飞机飞往群岛东北某个目标，飞行员接受命令抵达目标空域，开始搜寻英舰并伺机攻击。但空管调度员稀里糊涂的，结果犯了个大错："天鹰"飞机正循着2架"海鹞"的雷达回波飞去！2名"幻影"飞行员察觉情况不对，于是上来阻止。尽管他们燃油不多，当时正打算返回本土，但还是压低俯冲，朝着"海鹞"飞机发射了1枚（可能2枚）导弹，但没能击中。双方战机各自施展了几次机动，但并未过多纠缠。"天鹰"没有发现可以攻击的目标，"匕首"也未与"海鹞"正面接触；阿根廷飞机就这样打道回府，此行一无所获。

就近起飞的某小队的3架飞机也投入战斗。这些飞机是来自卵石岛第4海军攻击中队的"涡轮导师"飞机。它们接到命令，前去攻击斯坦利北部疑似运送登陆部队的英军直升机。"涡轮导师"是种小飞机，主要任务是为海军飞行员提供入门飞行技能，而更适合干这个的是驻扎在斯坦利机场的马基教练机，结果却没有派上用场，可能是因为早上"火神"和"海鹞"炸坏了跑道，导致其无法起飞。"涡轮导师"飞到东福克兰岛东北角尽头时，看到1架直升机在往南飞。此时的情势变成了看谁能先逮着对方。"涡轮导师"横向转弯，占据上风，对直升机两面夹击，这架直升机看来没什么机会全身而退，除非2架"海鹞"及时赶到。当时在"涡轮导师"编组中飞2号机的达尼尔·曼泽利亚（Daniel Manzella）中尉回忆说：

我们不知道"海鹞"巡逻队究竟在哪儿。当时搜寻直升机已经半个小时，我看到了1架，距离牛湾（Cow Bay）不远。我们和它相距大约3.2千米。于是我们赶了过去，打算发起攻击，但就在我们快到牛湾的时候，3号机在电台里大喊道："六点钟方向有机群！"

我本能地转向右侧，与此同时听到"海鹞"飞机30毫米炮开火的声音。我扔掉火箭吊舱，清空机枪弹，就在此时，1架"海鹞"从我身边飞速掠过。如果我向左转弯，飞机就正好撞到他的枪口上。"海鹞"飞机在绕了一圈后返身攻击，不过被我躲开了，我直接钻进了云层。我想之所以它没打着我，是因为我飞得太慢，最终它只能掉头而去。

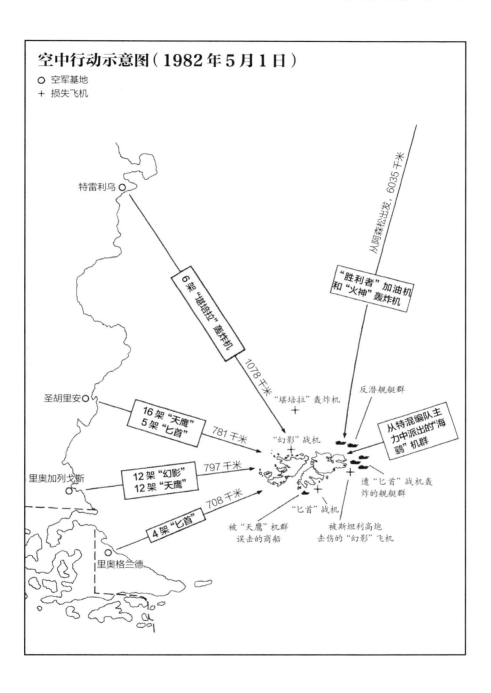

空中行动示意图（1982年5月1日）

○ 空军基地
+ 损失飞机

特雷利乌

从阿森松出发，6035千米

"胜利者"加油机
和"火神"轰炸机

6架"堪培拉"轰炸机

1078千米

"堪培拉"轰炸机
+

反潜舰艇群

圣胡里安

16架"天鹰"
5架"匕首"   781千米

"幻影"战机

从特混编队主
力中派出的"海
鹞"机群

里奥加列戈斯

12架"幻影"
12架"天鹰"   797千米

遭"匕首"战机轰
炸的舰艇群

708千米

4架"匕首"

被"天鹰"机群
误击的商船

"匕首"战机

被斯坦利高炮
击伤的"幻影"飞机

里奥格兰德

如果英军飞行员做好了发射响尾蛇导弹的准备，那么"海鹞"就可以轻而易举地打下这些性能平平的飞机。不过正如其中一名英军飞行员解释的那样：我们当时没想这么干，觉得用一枚昂贵的响尾蛇导弹去打这么一架廉价的螺旋桨飞机有点不值当。不过很快，双方飞行员就放开手脚了。1 架"涡轮导师"轻微受损，一枚炮弹打穿无人的后座舱盖。这也是"涡轮导师"唯一一次投入战斗。

阿根廷上午的空军行动只是投石问路，没有获得任何战果。不过到了下午，福克兰群岛的局势渐趋明朗，于是阿根廷军方制订了更有效的行动计划。阿根廷军决定派出不少于 50 架次的飞机，主要任务是对舰攻击。本土空军的各个一线单位都被调动起来，要求飞机架次尽量同步抵达战区上空。这样一来，阿根廷飞机就能在数量上压制住英军的防空武器。为叙述方便，我们先来谈谈攻击机群的经历，然后再说说护航战斗机的情况。

到底调动了多少架次飞机去空袭英舰，现在已经不得而知，但比较可信的是 37 架。最先出现的飞机是从圣胡利安（San Julián）起飞的第 6 战斗机群的 3架"匕首"。编队长机是迪梅格里奥上尉，他们绕着福克兰北部来回飞，寻找机会攻击斯坦利港北部执行反潜搜索任务的英军舰群。他的一个僚机飞行员恺撒·罗曼（César Roman）中尉对此有过一番描述。其中有一个小问题是，在群岛附近活动的英军直升机那天是多么的逍遥自在；文中的"阿根廷岛"说的就是斯坦利[1]：

我们一早上都待在驾驶舱里，因为一旦接到命令，5 分钟之内就得起飞。我们接到命令后得先升空，途中才会接到具体的任务通知。那天我们起飞后，突然又接到命令让我们直接降落。指挥官召集了我们三个，打算搞一次高空出击、低空返航的行动。这次任务的代号叫"拓尔诺"，意思是"锣鼓"，目标是阿根廷岛的北部，距离海岸线大约 24 千米。

我们的高空编队很松散，之后压低了高度，双双紧贴在长机的侧翼。我看到 1 架直升机朝我们左侧飞来，但我们距离目标仅有 4 分钟的航程，因此当我

---

① 原注：选自《上帝与鹰》一书未公开发表的英译本。

提醒长机这一消息时，他说我们要做的就是攻击预定目标。突然，我们看到天边有什么东西出现了，于是准备发起攻击，结果发现不过是一块大石头。

我们改变了航线，一直贴着海岸线飞行，最终抵达目标区，但是我们什么都没找到，于是掉头飞往阿根廷岛。我们看到有人对着海岸开火，就在我们前方右侧，爆炸不断，看上去就像焰火表演。突然间，我们看到它们了。那是3艘护卫舰，它们在密集地发射炮弹，非常靠近阿根廷港。我听到小队长在电台里喊："1号机打中间那艘护卫舰，2号机打左边那艘，3号机打右边那艘。"我们低低地掠过灰白色的平静海面，高度大约300米，当时正好是15点。

我们把油门开到最大，准备发动攻击。这时候我看到前方海中火光一闪，以为自己遭到了攻击，但实际上这不过是长机航炮喷出的火焰。这是我们第一次攻击英军舰队，我们打了他们一个措手不及。我没开炮，因为我不确信是否真是敌舰，弄不好是我们自己的战舰呢。1号机则扔下了炸弹。2号机后来告诉我们，在拉起爬升到航炮攻击阵位后，他的座舱遭到敌舰的猛烈射击。岛上的一位军官卡塔拉少校后来报告说，他看到护卫舰朝2号机发射了2枚导弹，不过导弹从下方擦过，没有打中。2号机把航炮炮弹都打光了，接着开始扔下炸弹。可我只完成了投弹，之后就听到"1号机，撤！2号机，撤！3号机，快撤！"太棒啦！我看到海面被炸起大片水花，还裹着大团的烈焰。我拉起爬升，钻入云层，试图获得理想高度，然后远走高飞。

这是我第一次结束战斗返回基地。刚一落地，我们几个就相互拥抱，在完成出航总结后，我们就各自回去休息了。随着时间流逝，某种情绪涌上心头，每当回忆起这些经历，内心的恐惧便油然而生，但同时我又感到十分欣慰和平静，至少我完成了自己的使命。

遭到攻击的英舰并不是阿根廷军最初设定的打击对象，它们并非反潜舰群，而是炮击斯坦利的那些舰艇，也就是"格拉摩根"号、"敏捷"号和"箭"号这三艘。突然的空袭让它们猝不及防。"格拉摩根"号发射了1枚海猫导弹，"箭"号也开了几炮，但都没能击中阿根廷飞机。"格拉摩根"号被几枚炸弹打中两舷，"敏捷"号也挨了几枚近失弹，但两舰都逃过一劫，只是剧烈地摇晃了一下。拿"格拉摩根"号来说，冲击波把它的舷板砸出一个凹痕。两艘舰都中了炮弹，"箭"

号的一名水手被金属弹片轻微擦伤。虽然这两艘舰都没有撤出战斗，但是这次攻击让两位舰长意识到，距离海岸过近，非常容易遭受打击。因此他们暂停对岸轰击，掉头返航。

整个攻击过程和英舰撤退，都被岸上的阿根廷士兵看在眼里，这让他们士气大增，虽然今天总的来说很倒霉。他们相信有1艘舰严重受损，并且已经着火，因为他们看到有1艘舰冒出了浓烟——可能就是那艘全速撤退的老舰"格拉摩根"号。这真是个振奋人心的好消息，阿根廷飞行员首次参战就有这样的战术意识真是难能可贵。如果是海航飞行员驾机攻击，战绩又将如何，这样的假设很有意思，海航飞行员之前经常练习对舰攻击，而空军一般对于打击地面目标更为拿手。

第二波次的攻击，分别由圣胡利安的第4战斗机群和里奥加列戈斯的第5战斗机群完成。"天鹰"飞机出动不下24架次，都是4机编组的小队，每架都挂上了航空炸弹。但仅有1个小队发现目标，这是第5战斗机群的"雷电小队"，领队是帕布洛·卡瓦利奥，他后来写了这样一段话[①]。其中提到了飞机因机械故障而提前返航的情况：

起飞前我检查了控制系统，感觉自己的手和膝盖都在发抖，这实在让人紧张不安。一个真正的勇者在面对两个严峻的问题时，我想绝不应该如此。首先我想到自己可能会死，其次我想到不管勇敢还是怯懦，要死还是会死。尽管如此，在照例向地勤发出信号后，我顿时变得坚毅果敢起来，把方才的恐惧抛到了九霄云外。三枚神圣的小勋章和那串念珠在我胸前叮当作响。这些会一直保佑着我，直到战争结束。那些地勤兄弟也都满含泪水，同我一一握手，这不免让人有点丧气！我们开到跑道尽头，把油门加到最大，机轮离地的刹那间，一种平和与沉静涌上心来，就像前些日子向上帝祈祷时的内心感受。后来我才知道，这种体验每个人都会有。

当我看到陆地的时候，恐惧和豪迈之情混杂心间；这一瞬间是一种真切的

---

① 原注：选自《上帝与鹰》一书未公开发表的英译本。

感受。即将发生的一切会在历史上写下浓墨重彩的一笔，我非常敏锐地意识到了这一点。在一名编队成员的建议下，我们进一步降低了高度，浅灰色的平静海面就在下方，离我们非常近，从左边能看到海岸线。我们飞了一会儿，有时候掠过陆地，有几次又重回海上。接着，夕阳西下，天色渐暗，地平线上出现了向东行驶的战舰。这是我生平第一次看到军舰在公海上航行。我们总算要发动攻击了。我大声叫道"祖国万岁！"然后把油门向前推到最大挡，尽力让飞机紧贴海面。战舰在我眼前越来越大，我做好了准备，等着他们向我开火，可什么都没发生。凑近后，我看清了四四方方的金属上层建筑，就和我们在照片上看到的油轮差不多。之前得小结会上有人说起过，这种船随同快速护卫舰出航，这样护卫舰就能只带一半燃油，因此打起仗来更加轻松灵活。进入他们的射程范围内后，我开始爬升，之后投下炸弹，其他几架飞机也跟着投弹。

稍后我调转机身，在殷红的落日余晖中，我看到了那艘被我炸过的战舰的影子。我没能圆满完成任务，心里感到很失望，敌舰居然完好无损。我驾机又一次飞过军舰上方，做出佯攻的威吓姿态，想让舰上人员各自逃开，寻找藏身之所。接着我调转机头，开炮射击；我无意杀人，只想摧毁他们的军舰。我看到曳光弹飞入上层舱室，四散溅开。最后我向西飞离，在回去的路上，我在电台中听到战友们的欢声笑语，他们都在说，能活着回去真是太好了。

不过卡瓦利奥和他的编队攻击的是 ELMA 的商船"福摩萨"号，先前备战阶段它运送了大批军事物资前往斯坦利，当天上午从斯坦利港匆匆起航，阴差阳错地避开了危险境地。遭受这次攻击的地点，在东福克兰岛的南岸海域。该船挨了 2 枚炸弹，不过万幸的是，1 枚弹开掉入海中，另 1 枚压根没炸，也没有任何人员伤亡。船上的大副 J.G. 格列高里奥（J. G.Gregorio）上校，自然就报告称他们遭到"海鸥"攻击。这是 20 架出击的"天鹰"所发动的唯一一次攻击；其他几次出航都没有遭遇舰艇或者"海鸥"巡逻队。

另一次反舰攻击是由 6 架"堪培拉"轰炸机完成的，这些飞机曾在皇家空军服役，现在隶属阿根廷空军第 2 轰炸机团，都从特雷利乌（Trelew）起飞。阿根廷一共派出两批三机小队。或许是运气好，它们没碰上英军战舰。这些老飞机一般会发动中空轰炸，在这个高度上仅靠那些老掉牙的电子对抗设备，根本不是英舰现代化导弹的对手。但还是有 1 个小队的"堪培拉"遭到 2 架"海鹞"拦截，其中 1 架①被响尾蛇导弹击中坠海。机组成员成功弹射，不过后来踪迹全无。

阿根廷军这次以打击英舰为目标的大规模空中行动，可以算是一次成功出击，造成 2 艘敌舰受损。但有一次误伤了阿根廷自己的舰船，另外还损失了 1 架"堪培拉"飞机及其机组成员。

单纯执行空战任务的飞机也投入战斗。这些飞机中包括从里奥格兰德和里奥加列戈斯起飞的第 6 和第 8 战斗机团的"匕首"和"幻影"战斗机。它们双机编组，任务是为攻舰机群提供高空掩护。除那架倒霉的"堪培拉"外，它们的任务算是部分成功，至少把"海鹞"巡逻队从轰炸机群身边引开了。不过护航行动也付出了高昂的代价。2 架"幻影"遭遇 2 架飞过福克兰北部的"海鹞"，它们随即互射导弹厮杀起来。英军飞行员战术高过一筹，导弹性能也更加先进。2 架"幻影"被先后击落。1 架落入卵石岛外海，飞行员弹射出舱，幸运的是着陆点正好距离陆地很近，于是他们蹚着水上了岸。另 1 架"幻影"则经历了当天最戏剧性的时刻。当时古斯塔沃·库艾瓦（Gustavo Cuerva）的座机被响尾蛇导弹击中，受损严重。库艾瓦觉得飞机不可能挣扎着飞回 644 千米外的本土基地，于是他决定在斯坦利机场紧急迫降，并选择从西侧进场滑跑。空军和高炮手在这种情形下没能建立有效沟通。高炮兵连成员认定迎面而来的是 1 架"海鹞"，很多人都开火了。高炮兵连组长霍尔热·蒙杰少校，当时正好从政府大楼旁走过，眼睁睁地看着这一幕却帮不上忙：

一些士兵后来说，他们看到"幻影"飞机抛掉了副油箱。油箱落地后发生了爆炸，看起来就像是扔了炸弹。飞机飞得很低，直接冲向机场打算进场。它从右侧掠过我的头顶，我认出那是我们的飞机。我看到附近有一挺机枪正在射击，路边也到处都在开火。我顿感揪心，因为我知道这是在打自己人。这真的是让人绝望至极。我想要对所有人大喊，这是我们的飞机，可是为时过晚。作为高

---

① 原注：该机是"堪培拉"B110，皇家空军编号 W610，换过不下 5 个中队，经历过一次事故但未损毁，转售阿根廷后已经服役 10 年了。

炮军官，我知道这么近的距离不可能打偏。我想飞机会在机场内坠毁。他可以选择弹射自救，结果他却毅然决定保住飞机。这一次事故，真是让我久久难以平静。

库艾瓦上尉就这么死了。与此同时，一支"匕首"战斗机小队也遭遇另几架"海鹞"。一场导弹互射后，1架"匕首"被击落，在东福克兰岛南海岸某处凌空爆炸。著名球员的表弟——飞行员何塞·阿迪勒斯（José Ardiles）中尉的遗体至今下落不明。至此阿根廷军已经损失3架飞机，都是在和"海鹞"战机空战时坠毁的，而"海鹞"自身却毫发无伤。这对于阿根廷军实在是个不小的打击，明摆着他们的飞机、飞行员的训练水平和武器装备都不如对手，再加上距离本土又远，因此阿根廷飞机在空战中始终处于被动。这种护航行动和战斗机扫荡行动今后也就被放弃了，这等于是将群岛的制空权拱手让给了"海鹞"。

天色渐渐变暗，战斗还在继续，厮杀仍未停息。遭"匕首"战机空袭后暂时撤出战场的3艘英舰又返身杀回，重新开始对岸炮击。夜间他们将主要目标放在了斯坦利岛的西面，轰炸造成了更多的伤亡。工兵山上的第3团有1人阵亡、至少5人受伤。列兵霍尔热·奥斯卡·索里亚成为马岛战争中阵亡的第一名阿根廷陆军。此外，第5陆战队步兵营的M连也有1名新兵被炮弹炸死，但不清楚到底是下午阵亡的还是晚上恢复轰炸后阵亡的。后来调查发现，整场战役中，该连队也仅有他一人战死。

英军的另一次行动是赶在天色刚黑的那一刻发起的。"海王"直升机赶飞而来，将多组特种部队侦察兵分别投放到了东福克兰岛北岸的不同地点。英舰打出最后一批炮弹大约是在晚上10点，之后执行各项外围任务的其他舰艇也纷纷归队，整个特混编队开始撤离战场。所有人都在想，这历史性的一天究竟会如何结束。

鹅原湾的居民得到撤离家园的命令，当晚在居住区的社区礼堂集中。埃斯特万中尉说这是他的主意：

我做出决定，如果敌人前来空袭，我就把学校周围远离居民点的防御部队撤走，让他们驻扎在楼房周围的新据点。因为我想，英国人是绝不会炸居民区的。我们相信他们就快登陆了，我不想看到那么多孩子还在外边游荡，而且有些老百姓已经表现出抵触情绪，满脸敌意。他们晚上一直都点着灯，把家里小动物赶出去，让它们跑进我们的雷区，有时候甚至还会切断供水和汽油管道。所以我想还是把他们聚集在一个地方，让他们待在居民区中心的大厅比较好，大厅房顶上有个大的红十字标记。

之后将近一个月的时间，有一百多人将不得不待在礼堂内没法出去。阿根廷军则搬进当地居民的家。

英军特混编队试图在白天用电台与阿根廷军队指挥官通话。阿根廷并未作出答复，但萨尔瓦多（Salvador）居民区的一些民众听到了这则消息。英国人想要和阿根廷人讨论停火的可能性，避免进一步流血牺牲。居民区管理者及其家人通过电台接收了这条信息，想要转发给斯坦利的阿根廷军。但令他们寒心的是，2架满载士兵的直升机找上门来，把社区经理带回了斯坦利，让军警严词讯问，并一直扣押不放，直到战争结束。阿根廷人此时根本没考虑投降，不过这次事件却让他们担心本地民众会掀起一场抵抗运动。岛上有不少人替英国特种兵效力，他们行为得体，口碑非常不错。

对阿根廷人来说，这一天真是糟糕透顶。斯坦利机场的跑道被严重破坏，1架"岩堡"飞机被摧毁，还有2架在鹅原湾受损。驻守的据点也有多处遭到轰炸。阿根廷海军有2艘舰船受损，其中1艘还是被己方飞机误伤的。阿根廷军有3架飞机被"海鹞"击落，另有1架在空战结束后居然被自己人的高炮给揍了下来。一共17人阵亡：4名机组人员在飞机被击落后身亡，1名飞行员和鹅原湾的7名技师被打死，还有5人在斯坦利周边被"火神"飞机或舰炮炸死。1名军官和27名士兵不同程度地受伤。一部分英军观察员已经成功登岛。英军损失很小，仅2艘军舰舰壳受损，1架"海鹞"飞机垂尾被炮弹打了个洞，1名水手受了轻伤。

至于阿根廷公关机构如何看待这次挫败，这倒是蛮有意思。大战正酣之际，夸大渲染对手伤亡惨重，确实也在情理之中；世界任何一国的军队莫不如此。斯坦利的阿根廷军对于己方在1982年5月1日上午击落3架"海鹞"的说法深信不疑，尽管他们压根就没见到有飞机残骸落到地面，雷达信号也让他们相信，3架飞机都坠落海中。后来英军也在阿根廷军空袭英军登陆区的当月，多次出现类似的误判。同样，阿根廷人亲眼看见己方的3架飞机在下午对参与对岸攻击的英军战舰进行轰炸和扫射，后来又看到 3 艘战舰快速撤出战场，其中 1 艘似乎还拖着浓烟。于是宣称这些舰艇都被击伤，其中有 1 艘还伤得很重，这倒也不能说是空穴来风。但阿根廷军不知道的是，天黑后撤走的那些英舰，就是后来又发动炮轰的那几艘，而且仍能有效作战。

如果这些夸大其词算无心之过的话，那么后来宣布的那些事就是存心造谣了。当天战斗结束后不久，梅南德兹准将便下令让当地报纸刊登福克兰驻军的消息。一周之后，第一篇《阿根廷公报》发表了，编者是一位随军牧师，名叫孚利阿尔·萨尔瓦多·桑托雷（Friar Salvador Santore），军政府的新闻官费尔南多·马约（Fernando Mayo）上校配合他的报道。最后一个名字的出现，意味着该报肯定要服从军队的意志。在写到 1982 年 5 月 1 日的战斗时，公报只承认第 3 团有 1 人阵亡，而对于斯坦利 4 人阵亡和鹅原湾 8 人战死的事却闭口不谈。空战损失仅提到"天鹰"和"堪培拉"各 1 架，这都是老飞机，而实际上是 1 架"匕首"、1 架"幻影"和 1 架"堪培拉"，比较先进的"匕首"和"幻影"被击落的事就这样被遮瞒了过去。"堪培拉"机组成员被说成是成功脱险，而实际上两人就此失踪。至于第 2 架"幻影"的损失，很多人都亲眼看到飞机是在降落斯坦利机场时被自己人给打下来的，而公报却说该机和 1 架"海鸥"相撞，结果双双坠地，还说阿根廷飞行员侥幸生还。我并不是很清楚本土公开报道是怎么说的，不过很可能的是当地媒体也附和这一论调。由布宜诺斯艾利斯军政府把持的媒体办公室所编造的谎言，还不止这一个。鹅原湾机场被炸时，在"岩堡"飞机驾驶舱内身亡的安东尼奥·胡吉克（Antonio Jukic）被描绘成一个孤胆英雄，说他是在驾机冲向英军"竞技神"号航母，将其炸成一片火海时英勇牺牲的。该报还发挥想象，配了一张夸张的战斗场景速写。

这些纯粹是谎言，目的是掩盖阿根廷军当天连遭败绩的事实。这些也为阿根廷军政府后来对待负面消息的方式定了基调。这种做法让那些从一开始就知道真相，以及不久之后获悉实情的人们，看到一场美梦的凄惨幻灭。鹅原湾的人们都非常清楚胡吉克到底是怎么死的，阿根廷空军中的每一个人很快也都获知实情，这样的谎言让他们怨愤不已。斯坦利当地人也见到"幻影"被阿根廷火炮击落的情景，把飞行员的尸体从飞机残骸内搬走的人肯定也知道。但很多阿根廷士兵，和本土的老百姓一样，都没想到所有这一切都只是官方宣传，还都以为军队真的势如破竹呢。要想纠正这么多的错误观念，还有很长的路要走。我在战争结束 5 年后访问了阿根廷，这个拨乱反正的过程仍未结束。有人推荐我买一本书，说该书是"战争中关于阿根廷方面最靠谱的著作"。可上述大多数不实之言，在书中依旧讹传。

　　阿根廷人至今还在拼命宣传作战当天所取得的一些所谓的胜利。甚至在1988 年我撰述本书期间，霍夫雷准将还送了我一本由他和福克兰战争期间他的参谋长所合写的书。这本书甚至说到了那 2 架"海鹞"的序列号：XZ 458 和 XZ 491。书中声称两机是当天上午在斯坦利附近被击落的， 35 毫米炮打下 1 架，罗兰导弹打下另一架。①实际上两机当天从英国飞到阿森松岛，之后搭乘"大西洋运送者"号（Atlantic Conveyor）前往福克兰群岛。战争结束后两机平安回国，但后来两机都先后失事坠毁，XZ 458 于 1984 年在苏格兰空中遭遇鸟撞，XZ 491在 1986 年从新航母"皇家方舟"号（Ark Royal）上起飞后因燃油耗尽，结果一头扎入海中。阿根廷人可能会说，这些不过是封面故事，目的无非是要掩饰 2 架飞机折戟斯坦利的真相，不过我的女婿 1986 年时就在"皇家方舟"号上担任技师，经常和 XZ 491 打交道。

---

　　① 原注：O. L. 霍夫雷、F. R. 阿加尔，Malvinas-La Defensa de Puerto Argentino（《马岛——阿根廷港保卫战》）（布宜诺斯艾利斯：南美出版社，1987 年）。

第八章
第 79 特混编队

阿根廷海军此时正打算加入战斗，和预计将会登陆的英军较量一番，但战斗打响的第一天，两支特混编队并未直接照面。每艘可利用的阿根廷舰艇从 1982 年 4 月中旬以来就已经在海上各就其位，不停演练。一旦英军前来，一场大战势不可免。参与行动的阿根廷舰艇，都被纳入第 79 特混编队。阿利亚拉少将担任航行指挥官，在"五月二十五日"号航母上升起将旗。隆巴尔多中将在月初攻占马岛时就率领特混编队出海，现在则留在贝尔格拉诺港坐镇指挥。第 79 特混编队最初分为三个任务组，这被看作是对付英国人最好的战术编组方式。这三个任务组分别是：

第 79.1 任务组："五月二十五日"号（航母），"大力神"号和"桑迪斯玛·特立尼达"号（42 型驱逐舰），"德鲁蒙德"号、"格兰维列"号和"盖雷科"号（护卫舰）

第 79.2 任务组："皮伊海军准将"号（Comodoro Py）、"伊波利托·伯查德"号（Hipólito Bouchard）、"皮耶德拉·布埃纳"号（Piedra Buena）和"赛格伊"号（Segui）（驱逐舰）

第 79.3 任务组："贝尔格拉诺将军"号（巡洋舰）

第 79.1 组和第 79.2 组负责与英军主力编队作战。第 79.1 组会从航母上派出 8 架"天鹰"攻击机作为打击力量，第 79.2 组则充当水面攻击群，以飞鱼导弹系统为主要武器。老式巡洋舰"贝尔格拉诺将军"号的任务是扼守最南端，一方面应对可能从太平洋一侧绕过合恩角的英舰，另一方面防备可能趁机采取行动的智利。

不过这一作战计划在 1982 年 4 月 26 日出现变动，原因有两个。南乔治亚岛刚刚失守，表明战场最南端已经出现英军舰艇。与此同时，阿根廷军方还接到战报称，原本在伯利兹执勤的英军 42 型驱逐舰"埃克塞特"号（Exeter），偕同另一艘油轮一起现身，正穿越巴拿马海峡进入太平洋。倘若消息属实，那么"埃克塞特"号就完全有机会迂回合恩角，从南面对阿根廷军发动打击。看到的"埃克塞特"号，可能是老旧的"诺福克"号（Norfolk），当时该舰已经卖给智利，在3月份就已穿过巴拿马海峡。于是任务组的编成需要进行调整。第79.2组被拆分开来，辖下的2艘驱逐舰"皮伊海军准将"号和"赛格伊"号被编入航母群；"伊波利托·伯查德"号和"皮耶德拉·布埃纳"号被派往南部海区，增援"贝尔格拉诺将军"号。与此同时，阿根廷军还成立了新的任务组，从航母群中抽调"德鲁蒙德"号、"格兰维列"号和"盖雷科"号护卫舰，组成了一个新的水面打击群，这些都是比较现代化的战舰。所有的任务组现在都具备攻击能力，都装备有飞机和导弹。里奥格兰德海岸还驻扎着第4支打击力量，也就是装备飞鱼导弹的"超军旗"海航中队，这些飞机可以空中加油，深入远海作战。

完成这些部署后，阿根廷海军便坐等英军特混舰队上门。截至1982年4月30日，三个任务组都已就位，所有的舰艇都满载燃油，多艘油轮在预备泊位待命。战斗一旦进入持久阶段，这些油轮就可随时为舰艇补充油料。阿根廷舰艇得到命令，不许首先开火。每个任务组都在英方宣布的专属区外93~167千米。我曾问过阿利亚拉少将，是否相信只要军舰不进入专属区就能免遭英军打击。他回答道，他也明白英国人近期警告可能在专属区外发动打击到底意味着什么，但他表示他还是寄希望于英国人在当时不会向阿根廷舰艇发动攻击，因为这样的攻击行动会对当时仍在进行的最后阶段的谈判造成消极影响。阿根廷部队指挥官们的这一估计其实非常正确。英军潜艇"辉煌"号在1982年4月26日就已发现以原先方式编成的第79.1任务组的全部5艘护航舰艇，在4月29日又看到新编成的第79.4任务组的3艘护卫舰，但英军潜艇得到的命令是不可接敌。阿根廷军已经做好了充分准备，一旦战斗打响，他们就将冲破专属区的界限。但他们没有想到的是，370千米专属区的限制和1982年5月1日之后所发生的一系列事件密切相关。

就在1982年5月1日的早晨，所有的事情都发生了变化。阿根廷人当时得到的报告是，英国人已经采取行动，对斯坦利港和鹅原湾发动了空中打击。3个任务组都接到命令，让他们前往英军特混编队可能会出现的位置。他们万分小心，绕着专属区的外缘航行，此时还没有直接闯入。这种谨小慎微的行动可能也有战术方面的考虑，另外也说明阿根廷军依然希望，如果他们不进入专属区，或许就能避免遭到英军潜艇攻击。这一做法也是正确的；英军潜艇当时仍未得到可以攻击的命令，尽管"征服者"号（Conqueror）已经在南部海区遭遇第 79.3 任务组，当天任何时候都能对"贝尔格拉诺将军"号发起鱼雷攻击。

实际上，双方在北部水域大动干戈的概率更大。英军特混编队距离福克兰岛咫尺之遥，为了便于展开全面行动，他们和不断抵近的阿根廷航母以及水面攻击群之间保持不到 555.6 千米的距离。阿根廷海军指挥官要想发动攻击，最佳时机也就在这天，此时双方兵力接近。英国人为发动对马岛的打击投入了大量精力，但至少在一开始，双方都不清楚对手的准确方位。阿根廷舰艇当时保持无线电静默，英国情报系统没有机会锁定阿根廷海军任务组的具体位置。唯一可以确定的阿根廷方面的行动就是南部海区的"贝尔格拉诺将军"号舰群，但这支部队并不构成严重威胁。"五月二十五日"号航母上还有 3 架阿根廷侦察机。这些双发的格鲁门"追踪者"飞机太过老旧、速度也慢，当时已经不适合用来侦测先进装备。它们出航搜寻英军舰艇可以说是冒着很大的风险，但是它们总算之前在本土基地的修理厂临时加装了一些电子警戒设备。这使得"追踪者"飞机可以比该机自身的雷达探测到更远的英国雷达信号。"这种装置让我们好几次化险为夷"，一个"追踪者"驾驶员这样说道。

1982 年 5 月 1 日"追踪者"第一次执行任务时，新设备很快就探测到正在运转的英军雷达，但只能获得大致距离，无法判定准确方位。到中午时分，阿尔贝托·达维尼海军少校驾驶的另一架"搜索者"上的机组人员，倒是捕捉到了雷达的距离和方位。不过因为飞得太近，所以"追踪者"发现自己正送上门去被英舰雷达"照射"。此时的"搜索者"飞机处境十分危急，因为在附近空域活动的"海鹞"飞机可以轻而易举地把这架速度仅有 120 节的飞机逮个正着。然而确认英军舰群的位置同样非常关键。达维尼于是不断爬升，时间刚好足够机载雷达短暂开机扫描，对于确定 88.6 千米外 6 艘英舰的方位，显示其雷达回波，这段时间已经绰绰有余。任务完成后他立即掉头，将飞机高度大大压低，同时将其获得的情报传回母舰。为了避免暴露真实航迹，飞机采取"之"字形路线返航，就这样回到了任务组。达维尼（Dabini）及其机组人员算是幸运的，因为他们及时飞出了英军舰艇上海镖（Sea Dart）导弹的射程范围，而当时所有的"海鹞"飞机也都忙于其他行动。

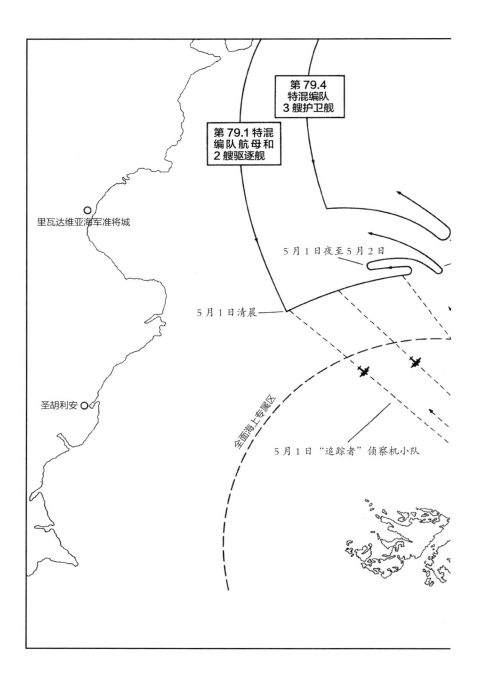

第 79.4
特混编队
3 艘护卫舰

第 79.1 特混
编队航母和
2 艘驱逐舰

里瓦达维亚海军准将城

5 月 1 日夜至 5 月 2 日

5 月 1 日清晨

圣胡利安

全面海上专属区

5 月 1 日"追踪者"侦察机小队

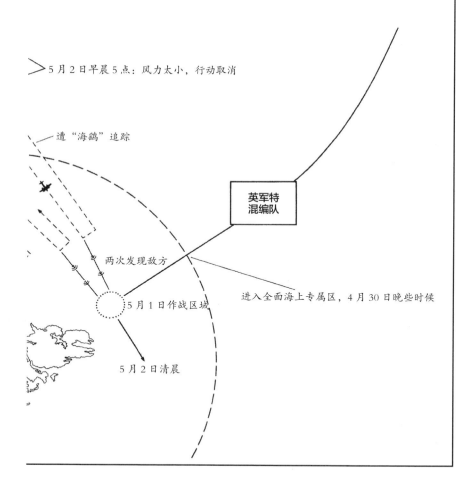

海军行动（北侧）示意图（1982年4月30至5月2日）

5月2日早晨5点：风力太小，行动取消

遭"海鹞"追踪

英军特混编队

两次发现敌方

进入全面海上专属区，4月30日晚些时候

5月1日作战区域

5月2日清晨

　　"追踪者"提供给阿利亚拉少将的情报非常关键，他借此信息可以发动一场漂亮的空中打击。达维尼的"追踪者"能够成功逃脱，表明"海鸥"的防空网并非滴水不漏。看来英舰的导弹成了当前更大的威胁，但后来所发生的事情表明这一估计并不正确。阿利亚拉感到踌躇难决。毫无疑问，他还在担心英国潜艇的问题。另外，现在海面风力很小，因此有必要让航母继续向前，这样才能缩短与英军特混编队之间的距离。这一天就这么过去了，双方都没有下达任何空袭命令。

　　天黑后，又有1架"追踪者"起飞执行任务，试图对英军舰队的后续动向展开追踪定位。埃米利奥·郭提亚（Emilio Goitía）及其机组人员发现了英舰的动向，后者距离"搜索者"不到97千米，但是就在他们准备返航时，却被1架"海鸥"盯上了。之后阿根廷舰艇"大力神"号上的雷达也发现这架英国飞机，不过"海鸥"飞行员也同样意识到自己正被对方发现，于是掉头飞走，可是稍后又折返，用雷达快速地扫了一遍这5艘阿根廷舰艇。现在双方都获得了对方舰艇的确切位置，可以为次日的行动做准备了。"追踪者"重返航母后，阿利亚拉少将下令让航母群朝着阿根廷海岸航行几小时，打算黎明时分返航，次日上午发动空中打击。部署在北部的水面攻击群的3艘护卫舰遵命执行任务，他们采取任何行动都是配合空袭，或者针对被孤立的英军舰艇。英军指挥官伍德沃德（Woodward）少将在顺利完成针对阿根廷守岛部队发起的行动后，调转头来向东南航行，所有的舰艇都保持警戒，以防在上午遭到阿根廷军攻击。

　　阿根廷军当晚收到最新情报。一份来自斯坦利的报告送到阿利亚拉少将的手里，告诉他英国人并没有像猜测的那样实施登陆。对阿利亚拉来说，这个消息有两层含义：首先，英军舰群现在已经集中到一起；其次，现在已经不急着发动进攻了。但他依然坚持推进原先的计划，调回部队，并试图在上午发动空袭，只是这次不会靠得太近，以免让舰群陷入险境。阿尔贝托·费里皮（Alberto Philippi）是计划中"天鹰"攻击波的长机，他说：

　　我们在晚上11点开始布置任务。能够出动的飞机仅6架。飞行员被分成两组，我所在的那个组这次轮上了执勤。任务布置到一半时，卡斯特罗·佛克斯（Castro Fox）少校从身后走来，拍了拍我的肩膀。他是中队长，不过论军衔还是我高。我之前在参谋部门工作，刚刚回到中队。他说："拜托你帮个忙，这是我们中队第一次执行战斗任务,你能不能让我有幸担当长机?"我说对他说:"很抱歉,我不能答应,我正轮上执勤,想要完成这次任务。"但是后来我又和情报长官单独谈了一次,当时他正在对英军舰艇和导弹进行分析评估。他得出结论说,6 架飞机中只有 4 架能够到达目标,而仅有 2 架能顺利返航。听了这个,我确实感到害怕。最让我担心的是那些舰空导弹:海狼(Sea Wolf)、海镖和海猫。然而,战争期间和战争结束后所进行的一系列测试,让我们意识到,战斗机才是更大的威胁。

可是天破晓后,并没有出现有利于发动攻击的天气条件。海面上的风依然微弱,气象官员预报说未来 24 小时不会发生变化,该海域将持续较长时间的风平浪静,这有点异乎寻常。要想让"天鹰"带上 2 枚 500 磅炸弹和足够的燃油起飞,完成对 322 千米外目标的攻击,起码需要 15 节的风速;眼下只够飞机挂1 枚炸弹跑 129 千米,因为在微风条件下需要减少飞机载荷才能起飞。讽刺的是,1969 年阿根廷从荷兰海军手里买下"五月二十五日"号时,英国的"海鹞"厂商曾打算向阿根廷海军出售一批飞机,只不过最后没有成功;"海鹞"倒是可以在近乎满载的情况下,借着那天上午的这点微风顺利起飞。6 架"天鹰"还是加了燃油、挂上武器准备出航,但却没能起飞。隆巴尔多中将坐镇贝尔格拉诺港,对于任何细微动向都保持关注,此时他下令放弃行动。我后来问了阿利亚拉少将,这么做是否源自军政府的政治考量。"不,绝对不是。我们的任何一步计划都没有将两个编队之间的全力决战考虑在内;实力悬殊,所以不可能这么打。我的任务就是搞几次规模有限的行动,争取获得一些主动权。当天上午一个非常重要的因素是,英国人没有登陆马岛,他们的军舰也没有集结行动。"隆巴尔多的新命令是舰队返航,但不是回母港,而是回本土海岸,静待局势发展。另一方面,英军舰艇全天都保持戒备状态。伍德沃德少将并不知道阿根廷舰艇正在撤离原先可能交战的海域。里奥格兰德的"超军旗"飞机在当天试图发动攻击,但最为关键的空中加油没能成功,因此这次行动也只能放弃。

于是双方失去了一次主力对决的机会。某些阿根廷军官后来一直耿耿于怀,认为前一天本有机会发动空袭,结果却错失良机。有人略带夸张地说道:"要是真的交火,肯定是此役中最辉煌的一战,称得上是南大西洋的'中途岛'。"

第九章

"贝尔格拉诺将军"号

隆巴尔多中将要求航母战斗群掉头向西，前往阿根廷海岸的命令也传达到第79特混编队最南端的几艘舰，即"贝尔格拉诺将军"号巡洋舰和"伊波利托·伯查德"号、"皮耶德拉·布埃纳"号驱逐舰。两艘驱逐舰在福克兰战争爆发前就已出海，属于一个月前第一波登岛行动掩护兵力的一部分。但对于"贝尔格拉诺将军"号来说，这已经不是第一次出海作战，其前身是曾在美国海军服役，二战时参与对日作战的"凤凰城"号（Phoenix）。该舰战沉事件成为此役中最为惨重的单次人员战亡事故，围绕其中的争议也最为激烈，因此对其真实使命有必要详加叙述。

"贝尔格拉诺将军"号在航行前几天的初始任务是守卫西南方向通往潜在战区的多条水道，以防英国补给舰艇或作战舰艇从太平洋一侧绕过合恩角包抄过来，同时也有防备智利方面派兵介入的考虑。但是在英军特混编队抵近福克兰，双方交火之后，"贝尔格拉诺将军"号却得到掉头向东，配合第79特混编队主力行动的命令。我曾问过阿利亚拉少将，当时向"贝尔格拉诺将军"号发布这条命令到底出于何种考虑，他是这么回答的：

除了阻遏英军舰艇从太平洋一侧的通道进入战场外，由于阿根廷和智利存在矛盾，因此也必须在南部海域显示存在，而且当时它确实具备向东调动的条件，主要是分散对手的注意力，再说它也确实有能力利用一切有利时机采取行动。比如说它可以将小股舰群从英军主力编队中分割出来，在南面对英军构成实质性的威胁。当时也没有必要对它的行踪保密；我们想着英国人当时可能正在接收卫星情报，"贝尔格拉诺将军"号可以吸引一小群英军舰艇。别忘了在这片海域我们还有空中支援："海王星"（Neptune）侦察机、挂载飞鱼导弹的"超军旗"飞机。

"贝尔格拉诺将军"号和2艘驱逐舰遵令行事，1982年5月1日整天都在向东行驶。几艘舰都始终保持刚好在原先的专属区外侧航行，但是舰上的所有人都知道，来回出入专属区，危险会大大增加。和我交谈过的每个人都坦承，打赢的把握一旦增加，他们可能就会进入专属区。当时在海上航行的某个阿根廷海军军官，尽管不是"贝尔格拉诺将军"号任务组的，他非常急切地告诉我说，他曾经在 1982 年 5 月 1 日晚向任务组发去一个破译信号，告诉他们做好准备，要在第二天"快速进出专属区，来测试英国人的反应"。不过这一说法，并未得到其他军官的认可或证实。"贝尔格拉诺将军"号任务组第二天到底会怎么做，永远没人知道了，因为该任务组已经得到命令，要他们在 5 月 2 日清晨 5 点 30 分掉头返航。这也是为了和那天上午因为风力不足而取消空袭的北部战区舰群的行动相配合。舰队抵达的最远区域是南纬 55° 15′，西经 57° 50′，距离英军特混编队约 444.5 千米。任务组得到的命令是向着海岸航行，但并不返回港内。厄克托尔·邦佐（Hector Bonzo）上尉是"贝尔格拉诺将军"号的舰长兼任务组指挥官，他特别强调说："我们正朝着本土大陆航行，但并不打算回到本土，而是准备在某处停留待命。"

阿根廷人并不知道，英军的核潜艇"征服者"号始终监视着"贝尔格拉诺将军"号的一举一动。这艘潜艇 1982 年 4 月 30 日整晚都在用远程声呐跟踪阿根廷舰艇，甚至在后者向东行之前就已开始跟踪。次日昼间，艇上人员通过潜望镜捕捉到阿根廷舰艇，并轻松跟在其身后直到最东部海域，之后阿根廷舰艇折返，英军潜艇也跟着掉头，整个航程将近 926 千米。"征服者"号可以在任何时候发动鱼雷攻击，不过英国政府还是不想在专属区外发动对舰攻击。英国政府在 10 天前就已发出警告，只有在对方确实进入专属区后，"征服者"号才能获准攻击。

现在需要搞清楚的关键点是，各支舰艇任务组在 1982 年 5 月 2 日的活动英国人到底知道多少，同时基于这些信息，英国人对于之后阿根廷方面的行动会做出怎样的预判。"贝尔格拉诺将军"号舰群的活动，"征服者"号已经上报，这些舰艇当时正以中速向西开进。然而英国人并不知道，北部海区的几艘主力舰此时也正在撤离。最后一次发现航母群的是 1982 年 5 月 1 日晚间 1 架"海鹞"上的电子设备，当时航母群距离英军特混编队仅 277.8 千米。伍德沃德少将 5 月 2 日这一整天都在考虑阿根廷军是否会发动一次攻击，而结果是对方没有任何行

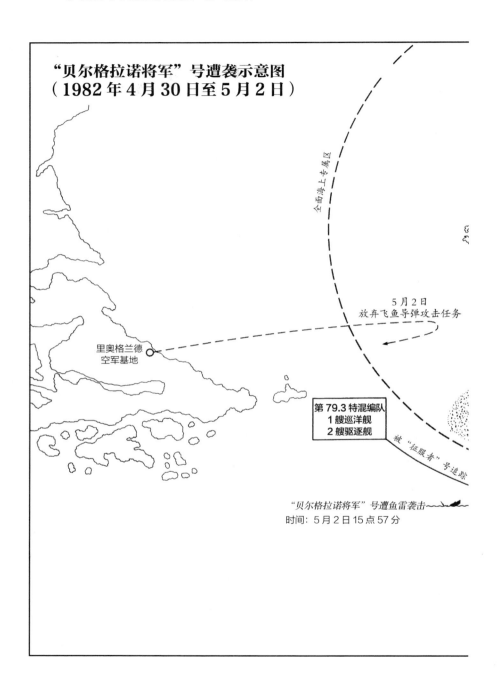

"贝尔格拉诺将军"号遭袭示意图
（1982年4月30日至5月2日）

全面海上专属区

5月2日
放弃飞鱼导弹攻击任务

里奥格兰德
空军基地

第79.3特混编队
1艘巡洋舰
2艘驱逐舰

被"征服者"号追踪

"贝尔格拉诺将军"号遭鱼雷袭击
时间：5月2日15点57分

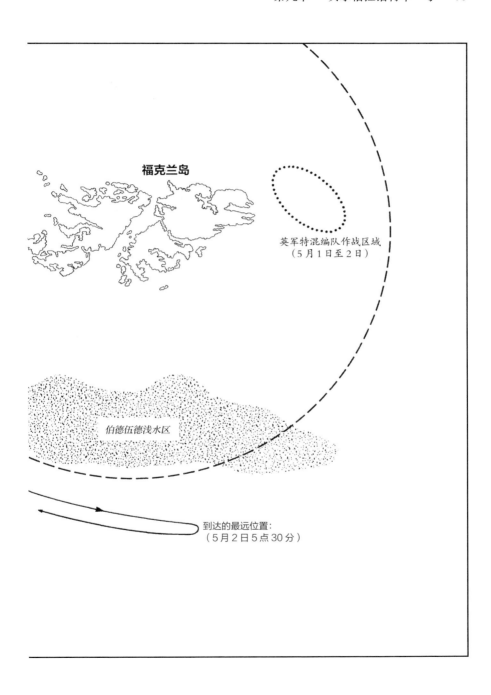

福克兰岛

英军特混编队作战区域
（5月1日至2日）

伯德伍德浅水区

到达的最远位置：
（5月2日5点30分）

动。现在他只好把眼光放得更远。阿根廷舰艇包括航母群和拥有 3 艘护卫舰的水面攻击群。他相信它们仍然在向北航行，他可以在夜间悄悄靠近，占据某个有利位置，然后在次日发起攻击。如果"贝尔格拉诺将军"号舰群从南面杀来，穿过 322 千米长的伯德伍德浅水区，到那时"征服者"号再想跟踪可就无能为力了；要是该舰群分头行进的话，3 艘舰中"征服者"号肯定会跟丢 2 艘。"贝尔格拉诺将军"号可能确实老了点，但起码装备了 15 门 152.4 毫米火炮，而另 2 艘驱逐舰也都有射程超过 32 千米的飞鱼导弹。因此，对伍德沃德少将而言，未来的这一天必定危险重重，南北两面的阿根廷舰艇都有可能会发动攻击。他决定向伦敦方面恳请改变潜艇的交战规则，允许他在专属区外发动攻击，以这种方式执行 1982 年 4 月 23 日对阿根廷公布的英方政策。

英国战时内阁就此请求召开紧急磋商会议，因此时间上稍有耽搁，当天正好是周日，不过"征服者"号的艇长还是在当天下午收到了最新交战规则。这些规则并不是针对"贝尔格拉诺将军"号制定的；专属区外的任何阿根廷战舰都有可能遭到攻击，只不过"贝尔格拉诺将军"号舰群是当时英国潜艇接触到的唯一目标。

1982 年 5 月 2 日下午 3 点 57 分，"征服者"号瞄准"贝尔格拉诺将军"号发射了 3 枚鱼雷。这些都是老式的 Mk-8 鱼雷，尽管相对来说构造简单，但是弹头巨大。"征服者"号的艇长之所以选用这种鱼雷，是因为他知道"贝尔格拉诺将军"号的舷侧基本上都包覆着 152.4 毫米厚的装甲板；即便是 Mk-8 也未必能够击穿这些装甲板。3 枚鱼雷以"撒布"方式被发射，几乎可以确保 1~2 枚命中。距离其实很近，仅 1280 米，对于这类攻击，这算是一个理想的射程。结果是 2 枚鱼雷命中。

"贝尔格拉诺将军"号算是一个唾手可得的目标——航程固定，没有采取"之"字形机动，航速大约 10 节。2 艘驱逐舰都在北侧，距离潜艇较远。当时它们正在所谓的"扇形编队"内保持"之"字线航行，与"贝尔格拉诺将军"号的间距时近时远，在 6.4~9.14 千米。根据描述，那时的天气"不好不坏，海况 3~4 级，但正变得越来越糟"。南半球高纬度的短暂白昼即将结束。舰上共有 1093 人，其中包括战前征募的 792 人。舰上仅 30% 的人属于应征水兵，多数舰员 2 月份才聚集到一起，其余的战时人员上舰也还不到一个月。实际上该舰并未超员，它还能多载 200 人，而且舰员的构成相对年轻，因此这并不是伤亡惨重的关键因素。

这波鱼雷攻击的整个过程还是存在几处疑点。多数人相信，靠近舰艏的地方是该舰第一次被击中的部位，但我见到的 8 名舰员，包括邦佐舰长都相信，这实际上已经是该舰第二次被击中。两次击中仅隔 3~4 秒，只不过首先描述靠近舰艏那次命中的效果，显得更为顺理成章。这枚鱼雷打中距离舰艏 9.1~13.7 米的部位，该部位在侧面装甲前端边界外，不在内部反鱼雷凸角范围内。爆炸非常剧烈。舰艇的整个前端被炸得无影无踪，露出的甲板板材残片晃悠悠地挂在那里。好在后方的防水隔舱扛住了这一次重击，该部位并未进水。此外，防火隔壁后方的弹药舱也没有爆炸，但 40 毫米储弹舱跟着舰艏残骸一起被炸飞了，四分五裂的弹药箱木片后来在海面上漂得到处都是。该舰的前端当时可能一个人也没有。这已经是这艘巡洋舰第三次掉"脑袋"了。第一次是在二战期间；第二次是在阿根廷海军中服役的时候，撞上了友舰"诺贝诺·德·胡里奥"号（Noveno de Julio）。

第二枚鱼雷的命中导致大量人员伤亡。这次打中的是走向舰艉方向全长四分之三处，倒霉的是，该处就在甲板后端边界数米之外。舰体剧烈摇晃起来，邦佐舰长形容当时"就像是整艘舰猛地一下冲上了沙滩，之后便一动不动"。命中位置后方不远处就是弹药，不过没被引爆，这算是唯一值得庆幸的事情。鱼雷轻易地打穿舰体侧面，之后在后机舱爆炸，值班人员被当场掀翻。但是这次大爆炸所产生的破坏力远不止此。紧挨着机舱上端的是两个食堂：一个士官食堂，一个高级水兵食堂。再往上一层是两个大餐厅和一个大的娱乐区，该娱乐区也被称为"冷饮小卖部"。这些地方人员密集，尤其是小卖部和餐厅，因为下午 4 点就该换岗了。内部爆炸必定要有一个排出通道，能量大部分向上释放，就把这些舱室全都炸开了，主甲板上留下一个 18.3 米长的大洞。这几处区域的人无一幸免，后来估计死亡人数为 275，也就是说 85% 的罹难人数都集中在这里。其中大多数是职业水兵，应征入伍的人较少，没有军官。军官的舱室和几个值勤岗位在该舰的其他部位。那些在爆炸区边缘被烧成重伤的幸存者，都报告称有一个巨大火球沿着升降口过道直冲下来。发生爆炸后，并没有马上起火，但舰艇内部很快便充斥着浓烟。

巡洋舰只能蹒跚而行。前端的隔舱还没有出现漏洞，但海水从后方鱼雷破洞口涌入的情况，无法直接观察到，灌入的海水也没法排出。舰上的电力主管霍尔热·硕腾海姆（Jorge Schottenheim）海军少校，解释了具体原因：

我朝下面走去，来到前机舱。我能够听到海水大量涌入、向下泼溅的声音。那里一个人都没有，一片死寂。值班的人统统跑上了甲板，都是被烟呛的。我继续向下，硬着头皮朝烟雾阵里闯。烟雾不但浓，而且呛人，我只能让手电筒照在墙上，这样才能看清身后的路。我向邦佐舰长报告说，我们什么都做不了。供电设施无法发挥作用，因为两台应急柴油机中后面的一台已经报废，而前面的那台需要和配电盘连接上才行，但问题是配电盘设在前机舱，舱内的东西全都泡在水里了。实际上据我判断，在两次鱼雷爆炸的强大冲击力下，所有机舱内的配电盘肯定都被震落了。

后来我和这名军官展开了一场有意思的探讨。假设"贝尔格拉诺将军"号上的电力完全中断，然后将这与1941年被日本鱼雷轰炸机打中的英国"威尔士亲王"号（Prince of Wales）战列舰上的类似情况作了一番对比。我指出一点，"威尔士亲王"号的沉没是在40年前。"没错，"他说道，"但别忘了，'贝尔格拉诺将军'号和'威尔士亲王'号是同时代建造的。"

"贝尔格拉诺将军"号显然正在下沉，它持续向左倾斜，同时舰艉也开始没入水中。数百名水兵慌乱不迭地从下层舱室爬上甲板，有些是从后方的鱼雷爆炸区跑出来的，身上一丝不挂，已经被严重烧伤。攻击发生20分钟后，邦佐舰长下令弃舰。大部分舰员乘坐储存在两舷塑料箱内的特制橡皮救生筏逃离。在舰长下达弃舰令的当口，这些塑料箱就被拴着绳子扔进了海里，用力拉绳子，会弹出一个二氧化碳气囊，给救生筏充上气。用于搭载那些从鱼雷爆炸中幸存下来的舰员，救生筏数量绰绰有余。当时还有些亮光，因此大家并没有大的恐慌。后面接连发生的几次事故又导致多人死亡，但总算没有大批人员被困在下层甲板。胡安·缪尼耶（Juan Meunier）中尉当时睡着了，他描述了自己逃生的经过：

我穿上衣服，套上救生衣，一路奔到上层甲板。在向部门长官报到后，我听到弃舰的命令。我朝着自己的救生筏奔去。下级士官把箱子扔进海里，筏子涨开，人们纷纷上了救生筏。我自己没去，留下来帮助我的长官，他负责确保舰艇左侧能够顺利分离。我们登上最后那条救生筏，进入舰艇，这可能也是整艘舰最后沉没的部分，因为我们必须从舷侧往上爬才能到救生筏。

我们不能让自己看起来是在匆匆逃离，即便我们确实努力划着船想要离开。我们朝着舰艇，或者说舰艇的残余部分划去。到最后，我们只好从上边跳到一旁，因为救生筏就快被裂出口子的金属片劈成两半了。我开始泅水，游向另一条救生筏，被人拉了一把才上去。我们一共是 27 个人，我是高级军官。

救生筏上的数百名士兵目睹了舰艇的沉没。硕腾海姆少校回忆说：

这艘舰继续向左侧倾斜，速度非常慢，但最终还是达到 90°，几乎垂直，2 号炮塔的三门炮直指天空，然后船尾开始下沉。它向后倒退滑动，就像是一副雪橇。我们最后看到的情景是舰艇在水中慢慢消失。我们艇上的舰员一时间齐声高唱《舰队远征歌》（The March of the Armada）；这是士官机械学校的歌，因为救生筏上大多数是机械兵和电气兵。歌是这样唱的：

年轻水兵勇往直前，

告别亲人远离家园，

守卫祖国海疆前沿。

夜幕降临时并未立即采取救援措施。风渐渐大了起来。梅乌涅尔（Meunier）中尉谈起了当时的情况：

我站在靠近救生筏的门边，想用一根绳子拴上旁边另一条救生筏，但是风浪太大，很容易撞到一起，于是只能放弃。接着我坐下来睡了一会儿，忽然一个大浪把我向后推，我直接冲进筏子里面，撞倒好几个人。他们的态度都还不错。大家在一起非常暖和——完全是靠体温取暖。唯一的问题是大海的汹涌颠簸。我们一直在不停地往外舀水，好让救生筏稍微干一些，但后来整条筏子都在摇晃，顿时乱作一团。很多人都感到恶心，我是第一个觉得不舒服的。就这样一直到次日上午。

两艘驱逐舰"伊波利托·伯查德"号和"皮耶德拉·布埃纳"号根本没发觉"贝尔格拉诺将军"号遭到攻击，更别说被击沉的事。英国潜艇发动鱼雷攻击时，两艘舰消失在了一片昏黑中，尽管通过雷达保持着联络，但巡洋舰根本看不到它们。"贝尔格拉诺将军"号遭到鱼雷攻击时，电台也失灵了，从舰上发射出去的求救火箭弹和照明弹也没被两艘驱逐舰看到。之所以"伊波利托·伯查德"号没能发现巡洋舰情况危急，是因为它自认为被鱼雷打中。舰员感觉到重重的一击，尽管并未发生爆炸。两艘驱逐舰当时正向西行驶，并未改变航向，舰上开始投掷深弹。这样一来很快就驶离了"贝尔格拉诺将军"号遇袭沉没的悲惨现场。"伊波利托·伯查德"号后来检查航迹，找到了可能遭受撞击的地方。有可能是这样的，"征服者"号所发射的第 3 枚鱼雷在航行尽头打中这艘驱逐舰，但其动能不足以激发鱼雷爆炸。驱逐舰舰员对于遭鱼雷击中的恐慌，使得救生筏上"贝尔格拉诺将军"号的舰员无法得到迅速及时的救助。两艘驱逐舰后来才获悉那艘无线电联系不上的巡洋舰出事了，再也不可能出现在它们的雷达屏幕上。于是两艘舰折返，开始四处搜索，不过当时一片漆黑，根本不清楚巡洋舰是在哪里遭袭的，恰恰这时又起了风暴。邦佐舰长估计风力为 120 千米 / 小时，掀起的海浪有 6~7 米高。那些救生筏就这么被逆风的大浪快速卷走，七零八落地散开了。

待在救生筏上的滋味虽然不好受，但还不至于令人绝望。救生筏的结构异常稳固，每条都有一个透明的驾驶舱，食物储备也非常充足，当然按照一般的生存规则，这些配给的食物在前 24 小时是不准动用的。阿根廷水兵们都被安顿在狭小的空间内，就这么熬了一晚上。据信仅有 1 条救生筏葬身大海，筏上人员全部溺亡，但其他救生筏上的一些伤员后来也死了。通常，战士们总是会记得一些滑稽有趣的事情。士官尼卡诺尔·罗尔丹（Nicanor Roldán）就讲述了他那艘救生筏的情况：

我们一共是 32 个人，救生筏上非常挤，几乎不可能再往上加人。驾驶舱的门都没法关紧，于是我们只好解开鞋带，编成长长的一股，把开口处扎牢。有个水兵没遵守命令，把钢盔带上了小艇。我们倒是很高兴他这样做，因为用这东西往外舀水方便多了，而且它还可以在其他地方派上用场。这顶钢盔后来成了救生筏上最要紧的东西。

没过多久军方便展开大搜索，由里奥格兰德的搜救指挥官厄克托尔·马蒂尼（Hector Martini）海军上校负责协调。"海王星"和福克 F-28 "伙伴"飞机天刚亮就出发了。那两艘原本和"贝尔格拉诺将军"号在一起的驱逐舰也还在四处搜寻，但巡洋舰早就在南大西洋的一个偏远角落沉没了，附近基本看不到其他舰船。唯一可以抵达那里的阿根廷舰船就是"弗朗西斯科·德·古鲁查加"号（Francisco de Gurruchaga）远洋拖轮，这艘船后来救了不少人；另外还有一艘是"索美利亚拉海军准将"号巡逻舰，但它太靠北边，因此对于救援帮不上什么忙。这片海域还有一艘智利得海军舰艇，也就是南极运输舰"帕尔多机长"号（Piloto Pardo），它倒是提供了帮助。不过阿根廷对于是否接受智利的帮助有所踌躇，因为两国当时互相敌视，最后做出决定的是隆巴尔多中将，他很快决定接受帮助，原因有两个：首先，这有助于改善阿根廷与智利的关系；其次，如果智利的舰艇在现场，英国人横加干涉的可能性就会降低。

直到 1982 年 5 月 3 日下午 1 点，其中 1 架"海王星"飞机才找到第一批救生筏，后来救援舰船很快赶来，大多数幸存者都在天黑之前被救了上来，其余的人在次日早晨才被找到并救起。"征服者"号潜艇于次日上午返航，途中发现 2 艘驱逐舰和 1 艘商船，但舰长接到严禁攻击救援舰的命令。邦佐舰长坐的那条救生筏最后才被找到，上面的人后来被"弗朗西斯科·德·古鲁查加"号救了上来。

初期报告中提到"贝尔格拉诺将军"号沉没导致 368 人丧生，这一数字很长时间都没有变动，即便后来统计出来的人数较少，但它还是经常被那些想要扩大事件争议的人所引用。实际死亡人员应该是 321 名海军和 2 名平民，有的是溺水而亡，有的是伤重而死，当然正如上文所说，大多数人就是直接死于鱼雷爆炸。以下是海军阵亡人员的分类名单：

	舰上人员数	死亡人员数	百分比
军官	56	3	5.4%
士官 / 普通水兵	629	216	34.3%
应征新兵	408	102	25.0%
总计	1093	321	29.4%

阵亡的 3 名军官都是刚从军校毕业的见习军官，他们都不是死在"贝尔格拉诺将军"号上的。其中 1 人登上的救生筏被扎破下沉，大家在转移到其他筏

子上的时候，他落水淹死了。另一个也是因为救生筏被扎破，筏上人员全部溺亡，而这名见习军官据报道是站在救生筏顶部举着火把求救，结果发生爆炸身亡的。最后一位据信是因为救生筏翻沉，结果再也没能发现他的踪影。102 名阵亡的义务兵中，82 人是 1962 届的，20 人是 1963 届的。

有人对英军用鱼雷攻击"贝尔格拉诺将军"号提出指责，尤其是在英国。理由是当时该舰完全在专属区外，而且正向西行驶。但英军当时已经给出明确警告，在专属区红线时进时出的舰艇，如果被认为对英国军队构成威胁，就会遭到攻击；早期的报道也显示，阿根廷海军指挥官们完全看得懂这条警告的含义。况且"贝尔格拉诺将军"号舰群并没有朝着母港返航，而是抵达一个中间点，坐等事态发展。需要搞清楚的是，英军特混编队的指挥官对于阿根廷军的各种行动并不完全了解，当然就以为"贝尔格拉诺将军"号被击沉后，如果舰群的其他舰船没有丧失攻击力，并且保持原有航向，穿越伯德伍德浅水区的话，那么编队就会遭到多个方向的攻击。在我写的第一本关于福克兰战争的书中，我把这种指责英军攻击"贝尔格拉诺将军"号的观点称为"欺世之言"，在这一点上我至今不变。我在阿根廷的时候，没听到过一句责难之词。关于这个话题，最后我想引述第 79 特混编队行动指挥官阿利亚拉少将和"贝尔格拉诺将军"号舰长邦佐的话进行说明。阿利亚拉说："这一消息在 1982 年 4 月 23 日发出后，整个南大西洋就成了双方的战场。我们作为职业军人，都说情况实在太糟糕了，我们居然损失了'贝尔格拉诺将军'号。"

邦佐舰长是这么说的：

我们完全没有任何愤怒的感觉。如果我当时和"征服者"号的舰长那批人在一起，我也会以你我现在的谈话方式来讨论作战战术。我从一开始就知道，370 千米的专属区和我们这次必须完成的任务毫无关系。界限无法将危险排除在外，是进还是出没有区别。我想要更准确地说，据我所知，370 千米的范围在 1982 年 5 月 1 日前有效，因为这期间正在进行外交谈判，或者说战争爆发的真正时间也正是 1982 年 5 月 1 日。

在"贝尔格拉诺将军"号战沉后，第 79 特混编队的其他舰艇接到进入本土浅水区的命令，以逃避英军潜艇的威胁。阿根廷舰艇从公海成批撤退，标志着大规模冲突第一阶段的落幕。英军特混编队已经抵达，并展开行动，阿根廷海军后来很想寻机一战，但英军特混编队最终全身而退。阿根廷军在 1982 年 5 月 1 日斯坦利附近的战斗行动中遭受了一系列的小挫折，现在又损失了吨位第二的舰艇。所有的这一切，都发生在 48 小时之内。

第十章

警戒期

1982年5月初过后，接连18天左右的时间，战事都略显平淡。英国登陆部队需要时间来完成在阿森松岛的集结，并开赴福克兰。他们打算利用这一段空闲时间，为拖垮福克兰岛守军、展开侦察工作做准备。阿根廷方面也很快意识到，英国人不会马上登陆，于是采取让海空部队按兵不动的策略，让他们待在本土听候命令。守岛部队只能忍受英军的炮弹轰炸，好在破坏力并不是很大。就这样，战争进入一段相对平静期。其实战况升级的可能性始终存在，当然也会有某一方组织小股力量突然开火射击，取得一定战果，但双方主力部队都没有出手，这也是这段时间战场上的主要特征。一些阿根廷人后来把这段静观其变的日子称为"警戒期"。

为方便叙述这期间零星间断的战斗，最好按照日期顺序。我希望通过这种方式，让读者能对当时所发生的情况有一个大致的了解。

1982年5月2日晚至5月3日

当晚发现，阿根廷海军舰艇"阿尔弗雷兹·索布拉尔"号（Alférez Sobral）在福克兰岛北部大约185千米处搜寻于5月1日被击落的"堪培拉"轰炸机上的乘员。该舰是一艘860吨的二手舰，前身为美国海军的"卡托巴人"号（Catawbe），于1945年建成，1972年被卖给阿根廷，当时被归为远洋拖轮/巡逻舰。"阿尔弗雷兹·索布拉尔"号和其姊妹舰"索美利亚拉海军准将"号被编入第50特混编队，执行作战任务。该编队仅有这2艘舰，任务是海空搜救，"阿尔弗雷兹·索布拉尔"号正在从里瓦达维亚海军准将城前往福克兰的途中，而"索美利亚拉海军准将"号位置偏南，覆盖的区域是从里奥加列戈斯到里奥格兰德机场。英国人认为两舰正结伴航行，可能是因为他们接收到与第50特混编队有关的信号，但实际上"索美利亚拉海军准将"号当时距离下文将要讲述的事件的发生位置至少 322 千米。

　　午夜前，"阿尔弗雷兹·索布拉尔"号上的舰员看到 1 架大型直升机在舰艇顶空盘旋数秒，随即飞离。舰长瑟吉奥·戈麦兹·罗卡（Sergio Gómez Roca）认为，该舰面临被敌方攻击的危险，于是下令加大航速向北航行，并将所有灯光熄灭。41 分钟后，也就是午夜过 26 分的时候，舰员又看到 1 架直升机，于是用 20 毫米炮射击。直升机未被击中，再次飞离。这是 1 架英国人的"海王"，正在搜寻"圣路易斯"号潜艇。"海王"报告说与敌舰遭遇，于是"考文垂"号（Coventry）和"格拉斯哥"号（Glasgow）驱逐舰上 2 架较小的"山猫"直升机奉命前去攻击。"海王"首先引导"考文垂"号上的"山猫"，后者发射 2 枚"海贼鸥"（Sea Skua）导弹，通过雷达瞄准并制导，射程为 12.9 千米。英国人很快就看到导弹爆炸，目标舰上的雷达回波似乎消失了，他们相信该舰已被击沉。两架直升机于是靠近现场打算搜寻幸存者，但这时却探测到被他们认为是从第二艘舰上发出的雷达回波。"格拉斯哥"号上的"山猫"于是对着这个被认定为是新目标的舰艇发射了 2 枚导弹，并声称再次命中。

　　以下是阿根廷方面的描述，由"阿尔弗雷兹·索布拉尔"号上的副舰长瑟吉奥·巴赞（Sergio Bazán）提供。他在一开始就说看到了 2 枚来袭的导弹：

　　信号兵站在右舷朝远方打灯光。舰长也来到右舷，他看到两道光飞来，意识到这是导弹火箭发动机的尾焰。几乎就在此时，1 枚导弹打中舰上的玻璃钢摩托艇，另 1 枚导弹从舰桥上方飞过，刚好掠过我的头顶，但没有击中我们。打中我们的那枚导弹导致 20 毫米炮操作人员受伤，其中一人腹部伤得很重，屁股也被金属碎片打中。另一侧的炮手朝着另一枚飞离的导弹开火，但并未打中。舰长于是下令让舰艉的 40 毫米炮朝右舷射击。但刚打了没几发，他便下令"停火"，因为已经看不到目标了。

　　我们开始照料伤员，根据伤情分别处理。情况并不是太严重，但由于无线电台的天线被打坏，因而我们无法和阿根廷港保持联络。接着我们遭到第二轮攻击，舰桥有几处被打中，这次可能是 2 枚导弹；很难确定到底有几枚导弹打中舰桥，但我相信至少有 2 枚。当时我正往舰桥跑去，医生要我去那儿照顾一个水兵，舰艇第一次遭到攻击时，他腿部受了伤。这次爆炸的威力很大。我甚至能看到上层建筑的油漆被大片震落。我记得我听到了两声爆炸，一高一低叠加在一起，之后又是"砰"的一声巨响，我想应该是主桅断落了下来。这就是为什么我认为共有2枚导弹击中舰桥。

我试着向上跑，打算返回舰桥。但当时有个伤员想要下楼梯，于是我只能稍等一会儿。当我来到无线电室的时候，发现有人受了伤，而且伤得很重，骨折的右臂暴露在外，浑身都是弹片，可他当时还活着。我把他往下抬，送去医生那里。但无线电室已经死了4个人。一个是见习生奥利维里，他是当天的值班军官，也是舰上的联络官，可能是先前被舰长派来无线电室排除通讯故障的，另外3个都是无线电士官。当我登上舰桥时，发现舰桥已经完全损毁，右侧的火苗正往上蹿。舰长和1名水兵已经死了，当时应该是被导弹直接击中，残缺不全的尸骸散得到处都是。舰上其他地方还有2人被弹片击中身亡。另外有8人不同程度受伤。

身上两处受伤的巴赞中尉现在接任舰长一职。舰上的火被扑灭，受伤人员也得到安置。舰体部分基本完整，航行不成问题，但无线电和电罗经都被打坏了。舰船继续前进，舰上人员通过观察海浪运动保持航向。24小时后，本土大陆才接收到救生筏上手摇应急电台所发出的信号，当时已经是5月5日上午，之后1架直升机找到该舰。当时已经能看到海岸了，令"阿尔弗雷兹·索布拉尔"号的救生组成员感到十分自豪的是，他们在没有外界帮助的情况下返回了本土。当天中午，也就是袭击行动发生的两天半后，这艘勇敢的小船在1艘驱逐舰和1艘海岸警卫队舰船的伴随下，驶入德赛多港（Deseado），受到大批民众的热烈欢迎。

英国人也听说了受损舰船返回港口的消息，但他们仍寻思着直升机已经对两舰发动攻击，估计"索美利亚拉海军准将"号已经沉没，这个错误判断要到好几年后才被纠正。

1982年5月3日下午

驻扎在斯坦利机场的第1海军攻击中队的2架马基飞机，在这天被派去搜寻还在海上的那艘舰。结果一无所获，2架飞机只能返航。但其中一个飞行员卡洛斯·贝尼特兹（Carlos Benítez），却在恶劣天气下出现失误，结果飞机在最后进场时由于高度过低，撞到了离岸很远的一堆礁石上。一侧机翼被扯断，飞机坠入距离跑道 3.2 千米开外的潘布洛克岬。贝尼特兹当场身亡。

1982 年 5 月 4 日清晨

皇家海军的 1 架"火神"轰炸机从阿森松岛起飞，对斯坦利机场投掷了 21 枚 1000 磅级炸弹，但这批弹刚好偏出跑道最西端。爆炸没有导致机场严重受损，不过据信造成 2 名阿根廷新兵身亡，他们分别来自陆战队防空营和第 10 后勤营。第二天，两人被葬在了斯坦利公墓。可以肯定的是，那位高炮手是被"火神"所扔下的炸弹炸死的，而那位后勤人员的真正死因还难以确定。

1982 年 5 月 4 日上午 10 点左右

阿根廷军的装备中最新锐的武器，是海航中队的"超军旗"飞机，以及机载飞鱼导弹，两者都是法国产品，专门用于攻击水面舰艇，是打击英军特混编队的理想武器。可惜对阿根廷人来说，由于匆忙开战，因而海航中队只能在装备尚未完全到位的情况下参战，一共只有 5 架"超军旗"飞机、5 枚飞鱼导弹。完成全套培训的飞行员共有 10 人，但照管这些先进武器的地勤人员还没进修完毕。原定于 4 月 12 日抵达阿根廷，为这些地勤人员进行课程培训的法国专家组，因欧共体宣布对阿根廷实施贸易和援助制裁而取消了行程。但是到了 4 月中旬，127 项起飞前独立检察项目都已成功完成，阿根廷相信这些武器系统可以投入使用，只不过匀不出足够的导弹用于发射试验。阿根廷顺利完成作战准备，算是一个很大的成功，但英国人怀疑法国人私下违反禁运规定，向阿根廷军面授机宜。我在访问"超军旗"中队时，曾经问到这个问题，得到的回答是，具体工作都是由阿根廷技术人员自行完成的，不过确实有一个负责其他项目的法国联络组在阿根廷呆了一阵子，在总体上提供了一些指导，尽管他们并不是飞鱼导弹的专家。飞机上关键的惯性导航系统以及其他的许多问题都仍待解决。禁运开始落实的时候，为"超军旗"量身定制的设备还没送到，因而只能用"幻影"战斗机上的老型号代替。

阿根廷考虑过在航母上运作"超军旗"，但真正要做到这一点，当时还不可能。阿根廷曾经还考虑将它们部署在斯坦利机场，结果发现跑道不够长，于是就放弃了。中队被转送到本土最南端的里奥格兰德基地，从那里起飞，加上有"大力神"加油机接力，"超军旗"可以在海上实现大纵深作战。10名合格的飞行员根据经验多寡排定级别：中队长为1号，资历最浅的飞行员为10号。中队内部达成一致，每次行动都会派出双机编队：1号和10号飞行员凑成一对，2号和9号飞行员搭伴，其余以此类推。同时还达成协议，一旦其中一对双机接受任务起飞，他们的执勤顺序就自动排到最后，哪怕任务被迫取消。

　　中队急切地想要对英军特混编队发起攻击，只等英舰送上门来，但开头几天的两次出击都没成功。中队长和10号飞行员于5月2日曾驾机起飞，但长机却没能成功加油，由于阀门失灵，注入的燃油很快就以同样速度漏了个精光。于是这次行动被中途放弃，两名飞行员回到出勤名单的末尾。里奥格兰德基地有2架"超军旗"等着替补出航，可是加油机却报告说自身油量不足，无法为它们加油，因此这2架替补飞机也没能起飞。第二天，为每次行动提供初始准备，对英舰保持监视的"海王星"飞机报告说，再次发现英舰的踪迹，这一次也差点就发动攻击，"超军旗"已经在跑道尽头等着起飞。但行动还是被取消了，因为"海王星"所报告的细节不充分，而且当时加油机无法协助。于是第2组飞行员依然排在名单首位。

　　但这组的两名飞行员，副中队长奥古斯托·贝达卡拉茨（Augusto Bedacarratz）海军少校和阿曼多·马约拉（Armando Mayora）海军中尉的耐心等待，还是得到了回报。5月4日上午7点过后，有消息传来，1架"海王星"飞机已经确认福克兰群岛南部有英军舰群。这架"海王星"的飞行员是海军少校厄尔内斯托·勒斯东（Ernesto Leston），他和他的机组成员的出色表现，对当天行动取得胜利起了重要作用。冒着风险低速飞行的"海王星"对英军舰群保持监视超过3小时，机组成员很聪明，不断变换位置，给英军雷达操作手造成错觉，使他们误以为它在搜寻"贝尔格拉诺将军"号的幸存者，然而飞机时不时地调转头来，对英舰所发射的雷达信号实施方位测量。飞机确认一共有4艘英舰，它们一同向东行驶。其中有3艘分别可能是"考文垂"号、"格拉斯哥"号和"谢菲尔德"号，第4艘看着小些，可能是刚刚运送完在福克兰海岸登陆的特种部队后返回这里的，也可能是前一晚发动对岸攻击的舰群中的 1 艘。"海王星"就这样一直盯着英军特混编队外围，而不是主力部队；向东航行的这支编队，主要是完成夜袭行动后从福克兰返回的那批舰艇。"超军旗"要完成这次复杂的任务，需要准备两个多小时，不过贝达卡拉茨和马约拉可以在上午 9 点 45 分起飞。"海王星"在 40 分钟后发出最后一份报告，给出最适合发动攻击的两次遭遇敌舰的准确位置。"超军旗"与"大力神"加油机的空中加油也顺利完成，世界上第一例机载飞鱼导弹作战任务已经蓄势待发。马约拉中尉后来这样描述道：

我们在距离预定方位 418 千米的上空完成对接加油，之后朝着"海王星"给出的最新方位飞去，我们已经得到消息，有一大一小两个目标。我们在距离目标 209 千米时开始降低高度，天气非常糟糕，能见度约为 1.6 千米，头顶 91 米高度的地方还有风暴。但这些对我们发起行动都是有利条件。我们最大的威胁是巡逻的"海鸥"飞机，而不是舰载导弹。"超军旗"作战的特性是低空快速袭击，然后尽早脱离返航；飞鱼导弹的航程超过舰空导弹的打击范围。而这也正是研发"超军旗 – 飞鱼"武器系统的原因所在。英军要想成功阻截，只有在我们发射导弹前打掉我们，而要做到这一点非常困难。要是你们英国人之前装备了早期预警飞机，那倒是有可能逮到我们。

我们飞过博谢纳岛（Beauchêne）南部（距离福克兰南部约 72 千米）。发射时机已到，长机打破无线电静默，跟我说他要攻击那个大的目标，也就是"海王星"报告说位于右侧的那艘，而那艘小的就交给我了。我们爬升到 610 米高度，距离目标 80 千米左右，我们开启雷达大约 3 秒钟，可是什么都没找到。我们于是降低高度，又飞了大约 32 千米，之后再次拉起。这一回贝达卡拉茨的雷达上显示了右侧的那个大目标，而左侧较远位置则是一艘小的；但我只看到右侧那艘大舰。我想应该是 1 艘航母，带着 2 艘护卫舰。机长下了命令，要我们集中攻击右方位的目标；目标越近，我们得手的机会就越大。

就这样我们完成了发射准备。我们把飞机加速到最高值 500 节，在狂暴的风雨中呼啸而过。我们知道我们现在已经完全进入导弹射程范围。接着我又从头到尾检查了一遍，确信可以激活并发射导弹。到目前为止一切都还顺利，但接下来会怎样就不好说了。在距离目标 32 千米外的地方，贝达卡拉茨下了"发射"命令。当时我正驾机在风暴中穿行，看不见他的飞机，不过却听得很清楚。就在他看到飞鱼导弹从飞机下方飞过时，他告诉我他完成了发射，并命令我也发射导弹。此时，正是 11 点 04 分。两枚导弹齐头并进；我们没法目送太远，因为导弹很快就钻入云雾。我们向右掉头，尽快脱离战区。

返航途中我们无须加油。途中没有出现问题，最后平安返回。里奥格兰德基地洋溢着兴奋之情，很多人都想知道飞鱼导弹打得怎么样，有没有打中点什么，如果打中了，又是哪艘舰等等。当晚英国人宣布，被击中的是"谢菲尔德"号。这算是我们以牙还牙？可我们没觉得这是在给"贝尔格拉诺将军"号报仇——这次行动压根不是为了这个——不过我们都认为，我们确实证明了我们有能力以牙还牙，打沉他们的战舰。我们一直都没能搞清楚到底是哪一枚导弹击中的"谢菲尔德"号；这种事情我们永远也不会知道。

飞鱼导弹对"谢菲尔德"号造成严重破坏，引发一场大火。20 名英军水兵丧生，236 人活了下来。几天后，"谢菲尔德"号在被拖行的过程中沉入海底。这对于阿根廷的战争计划无疑是一次胜利，这也是一个多月前占领福克兰群岛和南乔治亚岛以来的第一个战果。此次攻击会让伍德沃德少将以后在调动舰艇时更为小心谨慎，强令其编队远离飞鱼导弹的威胁，远离福克兰群岛。现在阿根廷只剩下 3 枚飞鱼导弹，但只要导弹还在，就会对英国舰艇造成威胁，让它们在行动中无法放开手脚。

1982 年 5 月 4 日下午

"竞技神"号航母上的 3 架"海鹞"飞机被派去执行轰炸鹅原湾机场的任务，但斯坦利港的雷达站探测到来袭飞机，给鹅原湾方面发出了预警。鹅原湾的防空小分队得到警报，其"天空卫士"（Skyguard）雷达在舒瓦瑟尔海峡（Choiseul Sound）外海 16 千米处捕捉到"海鹞"飞机的踪迹。2 架"海鹞"从东南方向径直飞来，第 3 架飞机从东南一侧转回身来发起攻击。前 2 架中的 1 架被一门 35 毫米厄利空高炮击中。这架"海鹞"飞机很快起火，在机场不远处坠毁。另 2 架飞机各自投弹后，在阿根廷防空火炮的逼迫下匆匆逃离。炸弹使三天前刚刚挨过炸的 2 架"岩堡"飞机损坏得更为严重，草地机场上被砸出一个个弹坑。

阿根廷人对打下 1 架"海鹞"兴奋不已，并声称另 1 架"海鹞"受了重伤，用不了多久也会坠毁。第 12 团的一名中士吉列莫·J. 波多辛亚科（Guillermo J. Potocsnyak）在日记中描述了他和一批战友坐上直升机，前去搜寻第 2 架被击落的飞机和飞行员的情况；他们空手而回，但后来被告知飞行员在海上被找到了。这个显然又是夸大其词，另 2 架"海鹞"根本没有被阿根廷的炮火击中。

卡洛斯·埃斯特万中尉是第一个找到那架"海鹞"飞机的残骸的，他说：

飞机残骸躺在机场上，已经四分五裂。飞行员死了，人还在座椅上，降落伞打开了一半。我想他是受到强烈撞击死的。从表面看来，尸体完好无损，飞行头盔也没有摔破。我随身带了相机，但出于尊重，觉得还是不要拍照为好。我在他身边找到了一张纸，上边是他的导航标注，有英军特混编队的准确位置。我在想，这真是一个严重的失误。

这名英军飞行员是尼古拉斯·泰勒（Nicholas Taylor）中尉。阿根廷人以军人之礼将其隆重安葬在于 5 月 1 日阵亡的阿根廷将士的墓地附近，就在不远处的小牧场内。战前，这里是当地人经常试乘小马和举办赛马的地方。葬礼被拍了下来，上了电视并向全球转播。而这架"海鹞"是英军特混编队损失的第 1 架飞机。

1982 年 5 月 6 日上午

"无敌"号航母上的 2 架"海鹞"正在例行战斗巡逻，这时他们接到命令，让它们前去查看能否发现敌方舰艇。当时的天气非常糟糕。母舰一直对 2 架飞机保持雷达跟踪，但突然它们就失去了踪迹，后来飞机和飞行员都没能被找到，当时也没有阿根廷舰艇或者飞机投入战斗，这次事故可能是由两机相撞引起的。

1982 年 5 月 8 日晚

阿根廷潜艇"圣路易斯"号，仍在福克兰岛北部活动，潜艇发现 1.8 千米外有一个目标驶过，于是停航。之后朝着该目标发射了一枚反潜鱼雷。过了很久才传来爆炸的声音，要么是鱼雷跑完航程自行爆炸，要么就是打中了"某种活的东西"或者碰到了海底。艇长阿崔塔后来确信，自己发现的其实是一条鲸。

但他还是认为，当时下命令发射鱼雷是出于自卫考虑的明智之举，如果真的是一艘英国潜艇，这样做就可以避免"圣路易斯"号遭到对方攻击。

1982 年 5 月 9 日上午

"竞技神"号航母上被派去轰炸斯坦利机场的 2 架"海鹞"，因为目标上空云层太厚，所以只能放弃投弹。在返航途中，它们用雷达探测到一艘水面舰船，仔细观察才搞清楚，原来是阿根廷拖网渔船"一角鲸"号。"海鹞"飞机用炸弹和航炮展开攻击。1 枚炸弹击中渔船，不过因为引爆点设得太高，所以没有爆炸。之后又有 2 架"海鹞"赶来增援，开炮射击。最后，渔船的动力系统被打坏，该舰船只能缓慢航行。船上的一名海员奥马尔·卢普（Omar Rupp）被打死，其余的人也都受了伤。之后，1 架"海王"直升机抵达现场，放下一批皇家陆战队登船人员，接管该船。他们发现船上有 1 名阿根廷海军军官，还有若干份重要文件，这些足以证明该船被用作情报搜集。船上的这批俘虏后来在 6 月 2 日通过蒙得维的亚被遣返阿根廷。

1982 年 5 月 9 日下午

从 5 月 1 日以来，这天是本土航空部队首次试图轰炸从福克兰到外围的英军舰艇。"考文垂"号驱逐舰和"大刀"号（Broadsword）护卫舰此时正在斯坦利港附近活动，表面上看起来是要轰击岸上的目标，但实际上是想把阿根廷飞机引入装备海镖和海狼导弹的两舰所设下的连环阵中。本土航空指挥部很快作出反应，圣胡利安的第 4 战斗机团派出 18 架"天鹰"飞机前去攻击两舰。由于天气恶劣，多数"天鹰"都半道返回，但是一支由 4 架飞机组成的编队还是坚持向目标飞去，结果有 2 架飞机因故坠毁，飞行员也都没能幸存。其中 1 架撞上了某个小岛的悬崖，另 1 架可能是因为天气不佳，直接掉入了大海。

到了日暮时分，从斯坦利起飞的 1 架陆军"美洲豹"直升机试图搜寻并搭救"一角鲸"号渔船，结果遭遇"考文垂"号，被舰上的海镖导弹击中坠海，这也是海镖导弹的第一例战果。后来一直没能发现这架直升机的踪迹，3 名机组人员也都下落不明。正驾驶罗伯特·菲奥里托（Roberto Fiorito）中尉和副驾驶胡安·布施亚佐（Juan Buschiazzo）中尉成了福克兰海域最早战死的阿根廷陆军军官。

1982年5月10日夜至5月11日

5月10日晚间，伍德沃德少将下令让"敏捷"号护卫舰前去尝试通过福克兰海峡，这条连接福克兰群岛两座主岛的长达96.6千米的峡湾，之前还没有英国军舰通过的记录。这一任务是这段时间，英军向阿根廷守军施加压力的步骤之一，同时也是为了扩大英国正在取得的海上优势的范围。但英国人并不知道，当晚的福克兰海峡各处，一共有5艘阿根廷海军供应舰。在5月1日斯坦利遭到英国"海鹞"飞机和舰艇的袭击后，阿根廷方面便下令让3艘供应舰驶出斯坦利港，分散到福克兰海峡各处。这3艘供应舰分别是："巴伊亚·布恩·苏塞索"号、"埃斯塔多斯岛"号和"卡卡拉尼亚河"号。另外，阿根廷人还在当地调动了2艘小船"福雷斯特"号和"蒙苏嫩"号（Monsunen），由它们分批运送较大舰艇上的货物前往斯坦利，或带给其他地方的阿根廷守军。就在"敏捷"号护卫舰出发的当晚，所有这些舰船都在福克兰海峡。

护卫舰从南侧驶入海峡，开到大约一半的路程时，它的雷达探测到前方约9.7千米处有一艘船。"敏捷"号加速向前，拉近距离后发射了一枚照明弹，试图确认目标，然后又射出12发空爆弹，打算促使其停航。但对方并未就范，于是在射击中断2分钟后，该护卫舰又射出一串高爆弹。开火射击的整个过程都是在滂沱大雨的暗夜之中通过雷达瞄准来完成的。之后，"敏捷"号撤出战场，继续沿着海峡向北航行，它需要扫清障碍，并在天明前返回，为特混编队护航。

该舰攻击的是阿根廷海军的供应舰"埃斯塔多斯岛"号。当时该舰正搭载陆军物资和燃油前往福克兰，但仅运载了其中一部分，主要是因为最后一支被派往福克兰的陆军部队，即第101防空旅B炮兵连，他们的武器和弹药当时已经卸载，只剩下炮兵连的车辆，还有325000升的陆航直升机燃油和雷达发电机。在遭到"敏捷"号攻击时，该舰正往圣卡洛斯方向行驶。舰上的军官们根本没预料到他们会遭受攻击，都以为是11千米外霍华德港的陆军部队射出的炮弹。当时"福雷斯特"号就在港内，于是他们试着和对方接触，想要阻止射击。舰上的海军联络官阿洛伊斯·帕亚罗拉（Alois Payarola）海军少校，描述了当时的

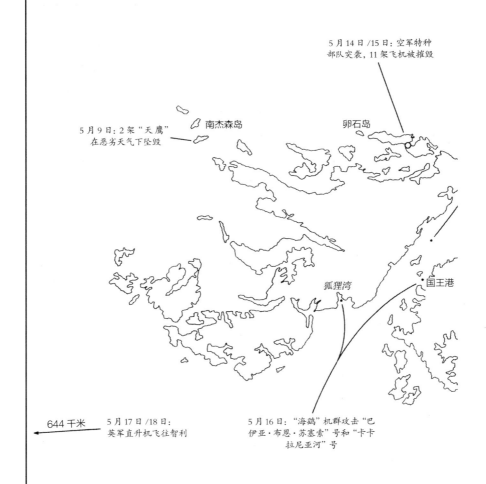

1982年5月2日至5月21日的战斗示意图

5月14日/15日：空军特种
部队突袭，11架飞机被摧毁

5月9日：2架"天鹰"
在恶劣天气下坠毁

南杰森岛

卵石岛

狐狸湾

国王港

644千米

5月17日/18日：
英军直升机飞往智利

5月16日："海鹞"机群攻击"巴
伊亚·布恩·苏塞索"号和"卡卡
拉尼亚河"号

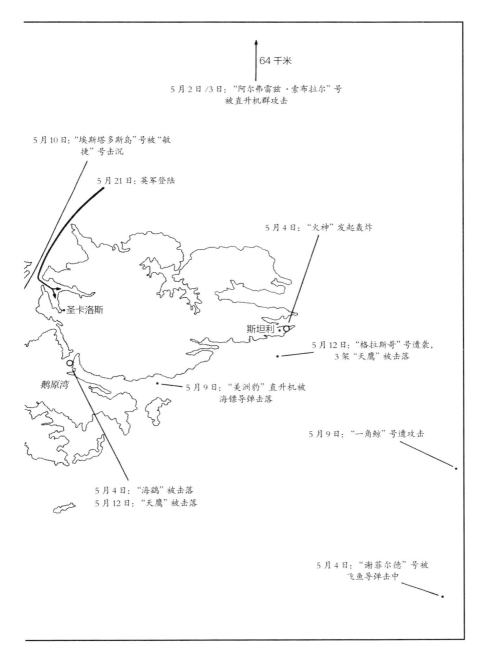

64 千米

5 月 2 日 /3 日: "阿尔弗雷兹・索布拉尔"号
被直升机群攻击

5 月 10 日: "埃斯塔多斯岛"号被"敏
捷"号击沉

5 月 21 日: 英军登陆

5 月 4 日: "火神"发起轰炸

圣卡洛斯

斯坦利

5 月 12 日: "格拉斯哥"号遭袭,
3 架"天鹰"被击落

鹅原湾

5 月 9 日: "美洲豹"直升机被
海镖导弹击落

5 月 9 日: "一角鲸"号遭攻击

5 月 4 日: "海鸥"被击落
5 月 12 日: "天鹰"被击落

5 月 4 日: "谢菲尔德"号被
飞鱼导弹击中

情形[①]：

　　射击开始后大约 20 秒，我舰右舷就被打中。我又一次和"福雷斯特"号联系，告诉它我舰水线处被击中。该舰开始倾斜，燃油烧起熊熊大火，而两侧的货舱内还存放着大量燃油。我继续和"福雷斯特"号保持接触，直至一声爆炸，舰桥部分被完全炸毁。我周围的一切都被炸光了。那里大约有 8 个人，而我只看到图里奥·帕尼加迪（Tulio Panigadi）舰长，当时他躺在地板上，后来总算站了起来，走到舰桥右侧。

　　现在舰艇倾斜达到 35°。之后就是我所记得的最后一次被炮弹击中的场景了，接着 JP I 燃油爆炸，发出一声巨响。舰艇倾斜超过 90°。发动机还在运转，该舰朝着右侧向前行驶，但是当第一波海浪打过来后，它便没入其中了。

　　我从船尾跳入海中，掉进了螺旋桨打出的汩汩余波里。我看到船正在慢慢下沉。我浮在水面，但没穿救生服，身上仅有一件内衣、一件套衫和一件南极潜水夹克。我脚上只穿着袜子和军靴。我听到水里还有其他人，有些人正在大声呼救。1 架"海山猫"（Sea Lynx）两次从我头顶飞过，距离海面 50 米左右。到这时我才意识到，我们的舰艇是被一艘英国战舰打沉的。

　　舰最终沉没。这是马岛战争期间双方水面舰艇间的唯一一次对决。阿根廷当地政府并不知道发生了什么，其他几艘阿根廷舰艇都接到政府让它们通报具体情况的命令。前一晚招待"埃斯塔多斯岛"号上军官享用晚餐的"卡卡拉尼亚河"号，只听到一阵狂乱的无线电通话："让那帮杂种停止射击。"于是众人四处搜寻，但过了整整五天才在一个小岛上找到帕亚罗拉少校和另一个不知道名字的水手。一共死了 21 人：15 名商船水手、3 名海军、1 名海岸警卫队人员，以及陆军军官诺沃阿上尉（父亲是一名将军）和留在船上看管部队车辆的防空炮兵连的一名士官。有个军官的遗体被打捞上来后，葬在了斯坦利公墓，墓碑上写的是"货船船长"；可能他就是沉没的"埃斯塔多斯岛"号的船长帕尼加迪，

　　① 原注：帕亚罗拉少校的陈述也包含在霍尔热·蒙格（Jorge Monge）的报告中，1982 年时蒙格是炮兵连长，他手里的火炮和车辆通过"埃斯塔多斯岛"号被带到福克兰。蒙格几个小时前还在船上监督部队物资的运输，他见到了马塞洛·诺沃阿（Marcelo Novoa）上尉，诺沃阿和他是多年好友，船上的陆军物资由他负责保管。

也就是帕亚罗拉在描述那次摧毁舰桥的爆炸时所提到的那位。

　　"敏捷"号完成穿越福克兰海峡之旅，在北端入口遇到姊妹舰"箭"号。两舰调头向东高速航行，努力保持"之"字形机动，相隔大约8千米，速度达到30节。实际上，两舰正驶向阿根廷军的"圣路易斯"号潜艇。阿崔塔（Azcueta）艇长给我看了两方相遇的详细记录，还有一张关于两艘护卫舰所有行动详细情况的表格。当时的声学环境非常理想。艇上的被动遥测声呐探测到"箭"号当时正停航等待，之后"敏捷"号驶出海峡。他把"敏捷"号和"箭"号分别称作"白色A"和"白色B"。此时潜艇正处在两舰即将行驶的航线中间，位置非常理想。阿崔塔命令"圣路易斯"号停止航行，直接等两艘英舰朝我方开来。他选择"敏捷"号作为攻击目标，因为该舰背后是海岸，机动范围较小。鱼雷发射计算机暂时还没有运转起来，因此艇艏一直在调整转向，试图对准"敏捷"号的航行路径手动发射2枚艏部鱼雷管内的德国通用电子公司产的SST-4鱼雷。第1枚鱼雷没能射出，只有第2枚鱼雷成功出筒（凌晨1点42分）。不过出现了和5月1日对英舰发起第一次攻击时一样的情况，鱼雷导线被扯断，因此没能射中"敏捷"号，只听到鱼雷打在海岸或海床上爆炸的声音。两艘护卫舰对于近在咫尺的危险浑然不觉；由于航速很快，各类探测设备都无法使用。但也正是因为两艘舰高速航行，以及采取"之"字形机动，才使得阿根廷军的鱼雷命中它们的可能性微乎其微。

　　阿崔塔艇长很快向总部报告了技术问题，两天后他得到上面的指令，让他返回马德普拉塔基地。"圣路易斯"号向英舰发动了两波攻击，一共3枚鱼雷，其中1枚的目标是一艘疑似潜艇。可能两次攻击都没能对目标舰造成太大威胁，不过英国人却投入很多精力，想要找到"圣路易斯"号的准确位置。作为唯一一艘被派去对付英军特混编队的阿根廷潜艇，碰到技术问题，这足以让海军指挥官们感到羞耻。当我向隆巴尔多中将问及该潜艇的航行情况时，他只是简单地说了一句"啊，是的，'圣路易斯'号"，然后就耸耸肩。"圣路易斯"号糟糕的技术水平，和"敏捷"号一个多小时前对"埃斯塔多斯岛"号上的雷达设施所进行的快速高效地破坏，以及"征服者"号干净利落地用鱼雷击沉"贝尔格拉诺将军"号对比，足以证明两国海军在战争中所表现出的巨大差距。况且"征服者"号的艇龄还比"圣路易斯"号长两年。

1982 年 5 月 12 日午后

英舰"格拉斯哥"号和"华美"号在斯坦利外海接了"考文垂"号和"大刀"号的班，开始对地面据点展开轰击，这次英舰还是希望能够把阿根廷飞机从本土基地引出来，然后用导弹进行拦截。斯坦利当局报告说他们遭到轰炸，要求本土空军部队前来支援。驻防里奥加列戈斯基地的第 5 战斗机群得到命令，他们派出两个小队，每个小队 4 架"天鹰"，飞行员都是第一次执行实战任务。

第一编队发起攻击的时间正好是下午 2 点，从菲茨罗伊（Fitzroy）据点到报告中两舰艇的位置，时间经过特别计算。但英舰早有防备。"格拉斯哥"号的海镖系统拦截失败，不过"华美"号的海狼导弹打得非常漂亮，直接摧毁 2 架"天鹰"，并导致另 1 架"天鹰"坠机。该机可能是被之前坠毁的 2 架"天鹰"的碎片砸到，也可能是因为想要规避导弹而落入海中的。第 4 架"天鹰"的飞行员是名年轻的少尉，他虽然没能击中英舰，但好歹算是毫发无伤地脱了身，而其他三名飞行员都没能生还。

第二波"天鹰"很快杀到，他们根本不知道第一波飞机的惨状。小队长泽拉雅（Zelaya）上尉这样说道[1]：

我们从菲茨罗伊升空，贴着海面飞行。我两侧的飞行员飞得都比我低，这也很正常，因为我得保持相对安全高度来对照导航图。就我而言，我其实并不想找到目标，但不是怕送命（尽管我感到事实上就是去送死），而是害怕那种前途未卜的感觉，那些从未经历过的各种情况。我觉得自己的身体一点儿没问题，只是不停地流汗，这很不正常。

我已经计划好了，保持一定航向和速度 3 分钟左右，每分钟 15 千米，如果这段时间内没能找到目标就往回飞。但实际上不需要做出这样的决定，因为我很快就看到前方有 2 艘舰艇，正很快地往南偏东南方向航行。我甚至能根据舰艇翻起的浪花，判断出它们的航速。它们显然是第一波攻击的漏网之鱼。

那些队员不需要我的关照，起飞前的指示会议将所有的细节都交代过了。

---

① 原注：选自《上帝与鹰》一书未公开发表的英译本。

计划中的第一步是攻击北侧的那艘舰，第二步则是对付南面的这艘。但恰恰只有我犯了错误，我攻击的是离我视线最近的南边的这艘；这就是为什么 3 架飞机都在攻击领头的那艘，而只有 1 架飞机对付后方的那艘。

攻击前我记得最清楚的是，队员们是在距离目标几千米外开始射击的。我根本看不到导弹，但是我可以听到防空炮弹爆炸的声音。我只顾着盯紧自己的目标。另外我也看不到舰上的水兵或者直升机，头脑中只记得巨大的雷达天线罩在不停地转。

完成攻击后我们飞回基地，头盔耳罩内传来队友们的欢呼声。阿拉拉斯（Arraras）中尉说："感谢上帝，我们成功了！"贾巴兹（Gavazzi）中尉放声大喊："祖国万岁！我打中啦，我真的打中啦！"德列皮亚内（Dellepiane）少尉狠狠吐出几个字"皮亚诺"。

4 架"天鹰"全部都安全返回，两艘舰上的导弹没能发挥作用。贾巴兹用炸弹打中"格拉斯哥"号，炸弹直接穿过舰体，并未爆炸，但造成的严重损害，足以让"格拉斯哥"号无法继续作战。这样一来，再加上最近损失的"谢菲尔德"号，英军特混编队的防空能力被大大削弱，这将使英军接下来的作战行动变得危险重重。把阿根廷飞机引出本土并将其中多架击落，在这一点上英国人算是达到了目的，但他们开始认为，舰艇在白天抵近斯坦利作战过于危险，因此决定暂时停止行动。

但悲剧还是来了。返航途中，贾巴兹中尉在鹅原湾附近飞行，这里已经被划定为阿根廷飞机的禁区，结果当地的高炮部队对着贾巴兹开火。最后，这架"天鹰"被 35 毫米厄利空高炮给打了下来。贾巴兹坠机身亡。后来阿根廷军派了一批人去查看飞机残骸，后者报告说打下的是自己的飞机，高炮手获悉后情绪极度低落，一些人则眼含泪水。阿根廷飞机的这次出击，虽然击伤 1 艘英舰，但却付出损失4 架飞机及其飞行员的惨重代价；生还的飞行员中有两人后来也阵亡了。

第二天上午，泽拉雅上尉在刮脸的时候听到电台报告说英舰"华美"号已经被击沉，"大刀"号被一枚炸弹炸得四分五裂。5 月 14 日出版的斯坦利当地的《阿根廷公报》报道了这次战斗，只承认 1 架"天鹰"飞机被英舰击落，而不是事实上的 3 架，但确实报道了鹅原湾的阿根廷炮手打下"天鹰"的这一乌龙事件。下一期，也就是 5 月 17 日的报纸，则完全与事实不符，说什么英方自己也已确认，"华美"号已在空袭中葬身大海。其实根本没这样的英方陈述。1982 年 5 月 12 日发生空袭时，"华美"号根本不在现场。报上还说，"竞技神"号航母"受损严重，仓皇逃离战场"，并曾"寻找可提供修理的港口"，这些也都并非实情。

英军特混编队当天也损失了 1 架"海王"反潜直升机，但机上乘员成功获救。

1982 年 5 月 13 日和 14 日

这两天相对平静，并无大事发生。

1982 年 5 月 14 日晚至 15 日

"竞技神"号航母和"格拉摩根"号驱逐舰脱离编队主力，绕到福克兰岛北边，派出空军特种兵对西福克兰北部海岸卵石岛居民区的机场展开突袭。那里的草地机场，已经被建成一个小型的阿根廷海航基地。其正式名称是卡尔德隆海航基地，位于卡尔德隆港，这个名字是当地居民取的，而大多数的阿根廷人叫它"波尔翁"（Borbón），这个名字源于 29 千米长的卵石岛的另一个名字"波尔翁岛"。第 4 海航攻击中队的 4 架"涡轮导师"刚从本土基地被调过来便投入使用。不久后，出于安全考虑，需要疏散并重新配置鹅原湾的遭到"海鹞"飞机空袭的6 架"岩堡"飞机，于是这几架"岩堡"也被调了过来，就在同一晚，又调来 1架海岸警卫队的"天空货车"（Skyvan）轻型运输机。

从"竞技神"号上起飞的 2 架"海王"直升机，载了 45 名英国空军特种兵和一个小型炮兵观察组；"格拉摩根"号负责炮火掩护。阿根廷机场的守卫任务由陆战队步兵营负责，但很多士兵当时都在生病，当晚又是狂风暴雨，因此当英国特种兵和英舰炮火袭来的时候，保持警戒的只有机场边缘岗哨里的几个卫兵。空军特种兵在多数停放着的飞机上都放了炸药，又朝其他几架射了几发爆破弹。两条草地跑道的交叉口，也被炸出一个巨大的弹坑。阿根廷陆战队员和英军特种兵交火；双方都有人负伤，但没人战死。机场上的 11 架阿根廷飞机都没能起飞迎敌，后来也没能再飞。这中间有 10 架是很有用的对地攻击机，本可以用来打击即将登陆福克兰的英军。最后直升机接走了英军特种兵，2艘英舰也安全撤离，避免了在黎明时遭阿根廷军空中打击的风险。

在这之后，阿根廷军再也不想用这个机场了。一些"离机"的飞行员被编成几队，部署在各个山头高地，观测并报告空中情况。据曾经参与斯坦利情报搜集的空军军官门迪维瑞说，那些所谓利用雷达对英军空中活动展开缜密追踪的段子，都是在夸大其词，关于英军空中巡逻的大多数情报，都是山顶上的战士们通过双目镜和无线电台获得的。这些观察员几乎都是卵石岛上再无"涡轮导师"和"岩堡"飞机可开的飞行员。卵石岛上被打瘫的10架飞机中仅有2架幸存至今。战后"岩堡"A–529号机被转到斯坦利，后来进了当地的博物馆。"涡轮导师"0729号机则被诸多收藏者从岛上居民，主要是那些小孩子手里救了下来，这架飞机后来被带到英国，成了约维尔顿（Yeovilton）舰队航空兵博物馆的展品。

1982年5月16日下午

"竞技神"号航母上的2架"海鹞"在飞越福克兰海峡执行侦察任务时，锁定2艘阿根廷商船，其中1艘停靠在狐狸湾西部居民点的小码头，另1艘停在一个叫作"国王港"的无人海湾。英国人对两艘船都拍了照，并决定对它们发动攻击。

狐狸湾西面的这艘船是海军运输舰"巴伊亚·布恩·苏塞索"号，它参与了战争开始阶段的行动，当时载了一队废金属回收人员前往南乔治亚岛。它也是为了安全起见，从斯坦利港疏散的几艘舰艇之一，在周边海域几经辗转，去过多地，航行大约1111.2千米了。当我后来见到舰长聂利亚时，他端详了半天我所拿出来的福克兰地图，可能是勾起了他对往事的回忆，他动情地说，如果当时没有打仗，他还是平平安安地在这条航线上开船，那是多么美好的事情啊！他当时去往狐狸湾西部，只是为了采集一些淡水。这时他看到了英军的侦察机，意识到可能会被攻击。根据他的说法，2架发动攻击的"海鹞"飞机当时仅装备了航炮，因为该舰停靠的位置距离居民点非常近：

我告诉船员们赶紧弃船登岸，我记得我是在英军发动攻击前18分钟下达的命令。我们还算走运。这真算得上是个奇迹，让我永生难忘，因为我在那一刻下达了这个命令。当时船上只有我们 3 个人，都穿着睡衣睡裤，我听到飞机飞过的呼啸声，还有炮弹打来的声音。船上多处被击中，有几处离我很近，弹痕太多了！当飞机第二次或者是第三次发动攻击的时候，我刚好想要跑到舰桥去，炮弹就在身边炸开了，我脸上多处被弹片打到，但幸好没打到眼睛。腿上也留下一道很深的伤口。后来我把很多炮弹碎片都送给了狐狸湾的军医，算是留作纪念。另 2 人中也有 1 个受了伤，不过老天保佑，总算没人丢了性命。船被打得一塌糊涂，动弹不得，只能留在狐狸湾。后来，船遭遇大风缆绳松了，于是脱离了原来的锚泊处，搁浅在了附近的礁石滩上。我们也想过把船挪走，但除非动用拖轮，否则根本不行。

"巴伊亚·布恩·苏塞索"号附近海岸上所堆放的燃油，当时也被炮火点燃，腾起熊熊烈焰，不过还好岸上无人伤亡。从此，该船丧失了自主航行的能力。战争结束后它被拖往海上，后来被"海鹞"飞机拿来练习打靶，直至沉没。

国王港的那艘船是 ELMA 的"卡卡拉尼亚河"号（排水量 8482 吨），早在一周之前该船就完成了军需物资和电视机的卸载，可是后来被一名海军军官和两名武装水兵强行留泊，一直没能返回本土。由于附近没有普通民众，两架被派去攻击该船的"海鹞"飞机不但装了航炮弹，还挂上了炸弹。德列里西内船长事后描述了当时的情况。这位舰长是军事书籍的热心读者，因此他能够准确判断出飞机的来袭方向也就不足为奇了：

那天是周日，天气很不错。稍微有点风，天空万里无云，是个出海的好日子。有位船员提议放下一条救生筏，在附近稍微转转。我记得当时我对他说，这种好天气也很适合飞行，并拒绝批准下海航行。我们的甚高频电台接到"巴伊亚·布恩·苏塞索"号的警报，它已经被 2 架飞机盯上。几分钟后狐狸湾传来全面红色警报，又过了几分钟，我看到西南偏南方向烟雾飘荡，很显然是狐狸湾那里。我意识到，我们现在已经处于危险境地。我向船员们匆匆关照了几句，要他们赶快隐蔽。我估计攻击会来自右舷，因为那一侧没有阳光反射，这也是飞行员的传统策略。我吩咐船员们把个人物品装进小包，特别是比较保暖的衣服和毯子，再装些饮用水。我命令他们始终保持清醒，进入高度警戒，中午千万不要睡觉。

就在下午 13 点 50 分，舰桥上的瞭望员突然大叫起来："有飞机！"我当时正在海图室，听到消息后我马上让所有人都赶快隐蔽，然后朝楼下冲去，因此我并没有亲眼看到"海鸥"飞来。它们前后一共四次飞过我们头顶，第一次是扔炸弹，两架飞机分别扔了 1 枚。舰艇摇晃起来，但我们都没被炸到；我估计炸弹被扔到了 20 米外。接着它们又用航炮来回扫射了三遍。当时那种刺耳的声音非常吓人。我猜想他们先是用穿甲弹打出一个个小洞，然后再用爆破弹砸出大洞。所有的打击都来自右舷，所有航炮炮弹都没能穿透舰体打到另一侧，因此待在左舷很安全。对我们来说，可真是走运，敌方的飞行员只是例行公事地放了几炮。

当喷气飞机的呼啸声彻底消失后，我立即下达"弃舰"的命令。虽然舰体没有遭受严重损坏，但我预计对方会再次来袭，想开船逃跑是跑不掉的；我们这样吨位的大船，没哪一个小岛能藏得下。我们点燃两枚烟幕弹，让他们误认为我们的船着火了。10 分钟内，44 名船员和几名海军人员全部撤离。整个过程井然有序，没有人出现恐慌情绪。我们乘坐左舷的两艘救生艇和一条筏子离开了这里；右侧的小艇全被打坏了。我们刚刚开出去 150 米左右，就又来了 2 架"海鸥"。飞机两次从我们上方飞过，但并未开火；我认为它们应该不是之前那 2 架。

我们在 1.6 千米外上了岸。天气很冷，有些人冻得发抖。我让他们放松点，还开玩笑说："我们会在岛上建一个新的定居点，名字我都想好了，就叫卡卡拉尼亚别墅。"我们一直等，直到天黑，其中有些人又回到船上去拿来了床单和搭棚子用的木材，还有人拿来了吃的。

"卡卡拉尼亚河"号的舰员在这个与外界隔绝的海岸仅仅度过一个晚上；第二天"福雷斯特"号就把他们接走了，安置在狐狸湾，和"巴伊亚·布恩·苏塞索"号的船员待在一起，结果他们把供应给当地陆军部队的食物消耗了大半。德列里西内舰长坐上渔船，返回他那艘当时还在海上浮着的"卡卡拉尼亚河"号，船上的食物储备很充足，他想抓紧时间多捞点回来，不过后来该船在英国直升机所发起的导弹袭击中着了火。"卡卡拉尼亚河"号在水面漂浮了一段时间，后来在被两架阿根廷飞机攻击后沉没。两艘舰上的商船队员们，后来乘坐医院船"巴伊亚·帕拉伊索"号返回了阿根廷。德列里西内舰长于 1982 年 6 月 7 日被送到埃塞萨国际机场，他的妻子第一次听到关于他的新闻是六周前，现在他终于能够和她通电话了。出租车司机还免费把他送回了家。

1982 年 5 月 17 日晚至 18 日

英军特混编队派来的 1 架"海王"飞机在阿根廷本土的里奥格兰德空军基地长时间飞行后，坠毁在智利境内的蓬塔阿雷纳斯（Punta Arenas）附近。飞行途中到底发生了什么无人知晓，直至本书动笔之际，英方仍未透露相关细节。该机可能是运送空军特种兵上岸去监视阿根廷飞机起飞的；也可能是通过伞降方式投放一些电子设备，或者直接将其放在地面，来发送起飞告警信号。很有可能，这次行动最后没能成功。又或许飞机飞行的整个过程就是在调虎离山，"海王"干脆就直接坠地，然后被报道说坠毁在蓬塔阿雷纳斯，这样就能让阿根廷方面相信，英国空军特种部队已经在阿根廷境内，并打算对机场再度发动袭击，尤其是要对"超军旗"飞机下手。这样一来，说不定能起到吓阻阿根廷的作用，使其将飞机转移到更靠北的机场。这样的话，接下来英国人持续四天的两栖登陆行动，阿根廷飞机就鞭长莫及了。

我来到阿根廷时，希望自己能够解开这个谜团，但对于那些问题，我得到的都是否定的答案，他们都倾向于认为那次事件很可能是行动失败的结果，或干脆就是虚张声势。当时有两艘阿根廷驱逐舰"皮耶德拉·布埃纳"号和"伊波利托·伯查德"号正对海岸附近保持雷达警戒，两舰都报告说有直升机飞过，但其进一步的地面搜索却没有发现任何情况。为防止遭受英军的空中或地面偷袭，"超军旗"飞机已经从机场撤走，安置到了海岸主干线，即 3 号高速公路沿线堆着沙袋的阵地。但很清楚的是，英国空军特种部队英勇善战、威名素著，阿根廷军肯定一刻都不敢懈怠，必然对本土机场和海岸防御点投入巨大精力加以保护。

1982 年 5 月 18 日清晨

载着英国登陆部队的多艘舰艇和福克兰岛外海的特混编队舰艇会合了。

1982 年 5 月 18 日晚至 19 日

又有 1 架英军特混编队的"海王"反潜机因故坠毁，机上人员得到援救。

1982 年 5 月 19 日下午

搭载登陆转运部队的"海王"直升机发生坠海事故，机上 21 人全部死亡，多数来自空军特种部队。

1982 年 5 月 19 日晚

由于天气恶劣导致计划推迟 24 小时后，12 艘载着英军部队的舰艇以及由 7 艘战舰组成的护航力量，在这天向登陆区域进发。

对英国人而言，用来做战斗准备的缓冲侦察期算是结束了。部分目标已经实现，阿根廷海军舰队已经被迫撤回本土；海上封锁也收到部分效果，福克兰周边水域对于阿根廷航运已经不再安全。前期的侦察工作也已完成，空军特种部队和特别舟艇中队也没有一兵一卒被对方发现。但是地面卫戍部队在休整期间，收获非常有限。除了开头那天把斯坦利跑道打得千疮百孔，使 3 架"岩堡"飞机在鹅原湾退出战斗，12 人中弹或被炸身亡，算是打了个开门红之外，海军的炮击行动和"海鹞""火神"的空袭行动并未在之后有多大作为。福克兰战争中阿根廷军人的阵亡名单现在都能查到，不过有些人的阵亡日期依然无法搞清楚。不过看起来，能够确认是死于 5 月 2 日至 20 日海空联合攻击行动的只有 3 人。当然，击杀多少人不能被看作是行动成功与否的唯一标尺，不过我一直没有发现任何关于严重物资损失或者大量人员伤亡的报道。之所以如此，是因为阿根廷在斯坦利和鹅原湾的防空力量迫使"海鹞"在初期袭击之后，只能转入高空执行轰炸任务，而海军开炮通常"按图射击"，岸上还没有安排炮兵观察员，因此昼间轰炸只能依靠直升机的指示，结果发现飞机很容易遭受空中打击。英国人的目的是引蛇出洞，想把阿根廷本土空军拖下水，好好打上一仗，但这一目标也基本落空。阿根廷军的"超军旗－飞鱼"组合在袭击"谢菲尔德"号时所展现出来的精准有效，已经对英军特混编队抵近群岛的行动造成极大威胁。但是从空中角度来说，英国空军特种兵对卵石岛的奇袭，倒是严重削弱了阿根廷基地内的空军力量。

英军登陆前夜，福克兰的阿根廷守卫部队情况究竟如何？当然，阿根廷军队指挥官们都有所准备。守军数量大大超过可能登岛的英军总数，不过阿根廷军基本都是驻扎不动、原地固守。如果英军在斯坦利登陆，那么与之对抗的守军人数基本与之相当；如果英军在其他地方上岸，那么就会形成局部优势，只不过这样一来就要直接面对关键任务，朝着"斯坦利堡垒"进发，那可是英军胜利路上最为可怕的阻碍。阿根廷本土空军部队的实力基本未被削弱，并且做好了给予任何胆敢登陆的敌舰致命打击的准备。

从5月1日到现在，阿根廷在福克兰的兵力基本没有怎么增加。最后抵达的是第101防空营的B炮兵连，在"埃斯塔多斯岛"号沉没前，他们已经接收舰上的火炮，现在炮兵连沿着斯坦利港北段的科特雷山（Cortley）山脊部署。如此一来，阿根廷军便在斯坦利地区构建了一个完整的防空圈。阿根廷军现在一共有61门高炮和7个导弹发射单元，用来阻截从低空突破防空区并展开轰炸的"海鹞"飞机。另外阿根廷军的地面火炮也得到加强。5月1日，3艘英军战舰出现在斯坦利外海并发起炮击，而阿根廷炮火却无力还击，于是阿根廷军从基地打了个电话出去，要求增派火炮与之抗衡。第101炮兵团的2门155毫米炮被隔空调运过来，其射程达到24千米，能够迫使实施炮击的英军舰艇后撤，降低其射击精度。后来阿根廷军又调动了两门这种155毫米炮。阿根廷军队指挥官主要担心的还是食物持续短缺的问题。英军的海上封锁使得近期舰船全部停航，因此配发给部队的物资只能减少。梅南德兹准将把斯坦利当地的绵羊全都买了下来，但最多也只能满足阿根廷军每天一顿肉食的需求。除了羊肉外，其他食物储备已经非常短缺。

阿根廷空军为了支援福克兰守岛部队已经尽了全力。军方从本土另派12架"岩堡"飞机飞至岛上，这次调动是在卵石岛遭袭后第二天开始的。这对于补偿部队所损失的"岩堡"飞机，可以说是绰绰有余了。阿根廷军确信英军近期不可能在斯坦利登陆，于是在5月6日恢复了于4月29日中断的"空中桥梁"。不过，英军在昼间派出"海鹞"巡逻，因此"岩堡"只能在夜间飞越海峡。另外，跑道已被破坏，这意味着空军能使用的飞机只有适应严酷环境的"大力神"运输机。海军只能自己想办法，后来是不定期地派出伊列克特拉飞行队。不过，夜间的平均空运量降至4月份大规模行动时期的十分之一，而且仅限于运送重要物资，比如155毫米炮。阿根廷试图封锁这些空运消息，维纳尔斯（Vinals）

从空军第 1 工程兵团抽调了一批人进驻斯坦利机场，用泥浆在跑道上搞了很多假弹坑，让人觉得跑道似乎没法再用。

最后三周的时间阿根廷军没有大规模地调整部署，但是其中一次不起眼的调动却非常关键。5 月 15 日之前，靠近圣卡洛斯水域的大片峡湾都没有部队驻守。在峡湾的入口，有一座高耸陡峭的石崖，名为范宁角，它几乎从海中拔地而起，高度接近 244 米。石崖不但占据了圣卡洛斯海域的狭窄入口，而且紧扼福克兰海峡北端的咽喉，这里的宽度仅有 4.8 千米。阿根廷决定在范宁角投入兵力，距此 40 千米的鹅原湾的阿根廷守军接到命令，要他们派些人过来。军队于是组建了"老鹰分遣队"，从第 12 团和第 25 团中一共选出 62 人，指挥官由埃斯特万中尉担任，在后续的大批守军抵达这里之前，他是鹅原湾最初的指挥官。埃斯特万需要完成三项使命：第一项是对该地区的任何登陆行动提供早期预警，第二项是控制附近的圣卡洛斯港居民区，最后一项是守住福克兰海峡的北端入口。阿根廷派出这支部队，实际上是吸取了三天前的夜晚"敏捷"号从海峡长驱直入，击沉"埃斯塔多斯岛"号的这一教训。部署在范宁角的是两门 105 毫米反坦克炮和两门 81 毫米迫击炮。当时军队也意识到就凭这点兵力要想控制住周边海域实在是有些捉襟见肘，不过当时能派上的最多也就这些。老鹰分遣队部署到圣卡洛斯港的居民点，实行人员轮换制，为范宁角提供人员警戒。这里毫无掩蔽物，完全暴露在福克兰的风吹雨打中；居民区负责人出于同情，用路虎车接送守在石崖的那些被晒伤的士兵。阿根廷军派少量兵力守住此地的重要性在于，英国人考虑派出登陆舰穿越福克兰海峡的北端入口，然后在位于范宁角的阿根廷守军的眼皮子底下实现在圣卡洛斯海域的登陆。

阿根廷军队指挥官们没有料到英国人会在这里登陆。同样，他们也不知道登陆行动即将展开，只是觉得行动不会拖得很久。战争的性质将再次发生巨大转变，一个全新的阶段即将到来。眼下，这块"斗牛布"就要被扔出去了，首先是落到了本土空军的手上，接着就该轮到福克兰群岛的陆军部队了。而最先发起整场福克兰冒险行动的阿根廷海军，却认为不可冒着被英国潜艇攻击的危险轻易出击，于是干脆躲在英国人于 1982 年 5 月 7 日划定的 19.3 千米本土海岸航行禁区线内。

∧ "卡沃·圣安东尼奥"号登陆舰上的弥撒仪式（摄于 1982 年 3 月 28 日）。

∧ 阿根廷人在斯坦利岛上升起阿根廷国旗。

︿ 1982 年 4 月 2 日在斯坦利岛上的布于瑟尔少将、加西亚将军和阿利亚拉少将。

︿ 一名阿根廷军官与两名被俘的英国陆战队军官努特少校和诺曼少校，后方有一辆水陆两用车（摄于 1982 年 4 月 2 日）。

∧ 被俘的英军陆战队员和水兵。

∧ 阿根廷两栖突击队员在政府大楼前合影。

∧ 一辆水陆两用车在斯坦利街头巡逻（摄于 1982 年 4 月 2 日）。

∧ 斯坦利周边的阿根廷运输车和两栖车队，以及步兵战士。

〈 佩德罗·加奇诺少校正面像。

〉 阿根廷人在贝尔格拉诺港的斯特拉马里斯教堂为1982年4月2日的烈士加奇诺海军少校举行葬礼，加奇诺在攻打斯坦利政府大楼时战死。六名军官中至少一人充当执绋人，曼奇尼海军少校（二排左）后来在福克兰担任陆战队两栖工程兵连连长。葬礼最左侧是军政府成员海军总司令阿那亚上将，入侵福克兰行动的幕后推动者。

∧ 战时任阿根廷总统的列奥巴多·加尔铁里在布宜诺斯艾利斯受到年轻人的热烈欢迎。在阿根廷部队进军福克兰后，总统的声望陡然提高。

∨ 激动的阿根廷士兵，可能是应召归队正开赴前线的预备役军人。

∨ 政府宣布军队占领福克兰后，兴高采烈的阿根廷民众在布宜诺斯艾利斯街头挥舞国旗、热情欢呼。

︿ 从军用运输机上第一次看到的马岛。

︿ 刚刚登陆斯坦利机场的充满自信的阿根廷陆军部队。

︿阿根廷空军军官在福克兰的基地研读地图，他们可能是"岩堡"飞机的驾驶员。

︿在福克兰某宿营地摆拍的阿根廷士兵（摄于 1982 年 4 月 27 日）。

∧ 阿根廷海军 "五月二十五日"号航母。

∧ 1982 年 5 月 4 日引导"超军旗"飞机袭击英舰"谢菲尔德"号的"海王星"反潜机。

〈阿根廷海军制式攻击机"天鹰"A–4Q。阿根廷空军也有"天鹰"服役，针对圣卡洛斯港内的英舰发起过多次攻击行动。

﹀"追踪者"侦察机 1982 年 5 月 1 日在福克兰外海展开行动的过程中，发现英军特混编队的准确方位。

∧ 阿根廷海军 "贝尔格拉诺将军"号巡
洋舰。

< "贝尔格拉诺将军"号的舰长厄克托
尔·邦佐海军上尉。

∧ 阿根廷海军"贝尔格拉诺将军"号巡洋舰 1985 年 5 月 2 日在南大西洋被击沉。此图是一名幸存者从救生艇上拍摄的。

∧ "贝尔格拉诺将军"号上的幸存者与家人团聚。

∧ 1982 年 5 月 4 日英军空袭过后，阿根廷士兵在斯坦利附近操作莱茵金属 20 毫米高炮。

∧ 士兵们（可能来自第 25 团）行走在于 1982 年 5 月 4 日被李维中队长"火神"机组轰炸过的斯坦利机场的弹坑旁。

∧ 于 1982 年 5 月 9 日被扣押的情报搜集船"一角鲸"号。

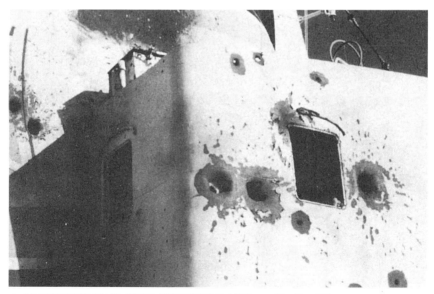

∧ "卡卡拉尼亚河"号上被"海鹞"航炮打出的弹痕（摄于 1982 年 5 月 16 日）。

∧ 弃舰登岸的"卡卡拉尼亚河"号的舰员。

< "卡卡拉尼亚河"
号被舰员放弃后的
状态。舰员以燃烧
升腾的黑烟来迷惑
英军,使其误以为
该舰起火。

〈 被英国空军特种
兵袭击后的卵石岛
跑道上的炸药包
和被炸毁的飞机
（摄于 1982 年 5 月
15 日）。

∧ 斯坦利的阿根廷军队大本营：左为海军司令奥特罗中将，中为斯坦利战区陆军司令霍夫雷准将，右
坐者为马岛总督兼战地总司令梅南德兹准将。

︿ 1982 年 5 月 21 日英舰"热心"号被击沉，主要归功于海航"天鹰"飞行员。首先是阿尔贝托·费里皮少校，他对"热心"号发起进攻后不久，便被"海鹞"飞机击落。接着是同一小队的三名飞行员，从左至右依次为罗托洛、西尔维斯特和勒库尔，他们完成了彻底击沉"热心"号的任务；他们三人的拍摄背景是一架"超军旗"飞机，现在该型飞机已经取代老式的"天鹰"成为阿根廷海军的主力打击飞机（见第二章）。

︿ 隶属军政府集团的空军总司令瓦西里奥·拉米·多佐（右）与里奥加列戈斯南部基地的一名阿根廷飞行员握手，该飞行员在英军登陆的第一天，即 1982 年 5 月 21 日，对英军舰队发起了一次袭击。

∧ "岩堡"飞机。

∧ 战争结束时被打得千疮百孔、一片狼藉的斯坦利机场。

∧ 发射飞鱼导弹攻击"谢菲尔德"号的"超军旗"飞行员阿曼多·马约拉海军中尉。图中他站在一架"超军旗"飞机的一侧，该机参加了 1982 年 5 月 30 日所谓空袭"无敌"号航母的行动。时隔五年，机身侧面"无敌"号的战果剪影依然可见。

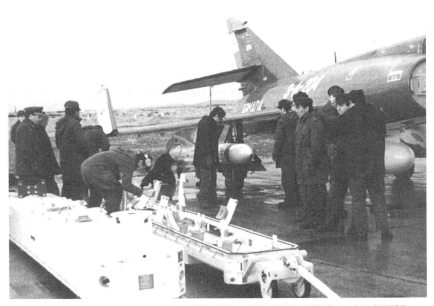

∧ 1982 年 5 月 25 日在成功击沉"大西洋运送者"号前，一枚飞鱼导弹正被挂载上一架"超军旗"。

∧ 勇敢的阿根廷陆战队军官卡米雷提海军少校，在窥测圣卡洛斯登陆场后被英军抓获。

∧ 在鹅原湾等待入葬的阿根廷阵亡人员。

∧ 被俘的阿根廷士兵在鹅原湾抽水劳动。

∧ 在所谓"无敌"号攻击行动中，于 1982 年 5 月 30 日飞往目标区域的两架"超军旗"。

∧ 1982 年 5 月 30 日袭击行动后，新闻发布会上的空军飞行员。

150

∧ 一架超低空飞行的皇家空军"鹞"式拍到的斯坦利城外几个小山丘据点中的阿根廷士兵。

〈 斯坦利港——福克兰群岛的首府，同时也是通往南大西洋广袤水域的咽喉要地。

∧ 被丢弃在斯坦利港的阿根廷部队的高炮和弹药。

∧ 战争结束后的阿根廷战俘。

第十一章

登陆日和"死亡之谷"

在经过 24 小时的耽搁之后，英军登陆舰艇在 1982 年 5 月 20 日晚至 21 日之间，神不知鬼不觉地驶入福克兰海峡北部。双方先是在哪里交战的不太好说，因为英军特种部队晚间发起初步行动的地点有两处，一处是范宁角，另一处是鹅原湾附近。为叙述方便，我们先来谈谈鹅原湾的情况。

英军选在这里行动的目的是为了牵制鹅原湾的大批守军，防止阿根廷军开赴主要登陆点。当晚，40 名空军特种兵乘坐直升机在达尔文北部登陆。18 千米外的"热心"号护卫舰，承担以 114.3 毫米舰炮提供火力覆盖的任务。不过，这个计划中的某个环节出了差错。受英国特别舟艇中队保护，在苏赛克斯山（Sussex）已经潜伏三天的一名前方炮火观测员，无法为海军炮击提供引导。这可能是因为登陆日期往后拖延，造成他的暗码过期，结果"热心"号没能实施炮击。英国空军特种部队搞了一次火力示范，可是并未真正对阿根廷据点发动攻击。第 12 团 A 连连长霍尔热·曼雷萨（Jorge Manresa）中尉发现炮火，于是向上司伊塔洛·皮亚吉（Italo Piaggi）中校汇报。皮亚吉对自己和手下部队战争期间的所有情况，都巨细无遗地做了笔记，他说那次射击看上去动静不大，但他还是让战士们保持最高警戒，然后将此事向斯坦利指挥部作了报告。

直到黎明时分，"热心"号才终于能够发动炮击。阿根廷表示，所有炮击都集中在机场北部，英国人肯定是觉得机场地面以后还能再用，不过真正的原因可能是为了确保炮弹不至于落入居民区。阿根廷士兵没人伤亡，但有一门 20 毫米高炮受损。吉列莫·波多辛亚科中士的个人日志提及这次炮击："9 点 30 分，5 艘英军护卫舰开始猛烈炮击。我真的被吓坏了。我们完全没有防御能力，雨点般的炮弹朝着我们倾泻而下，整整一个小时。"他还提到他的三个中士同袍在当天下午坐上民用路虎车执行搜寻任务，观察英军是否还在鹅原湾北部："我很担心他们，因为他们不是一线战士。马加雷特（Magiarate）这一走让我有点伤心，临走前他给了我他母亲寄来的信。在今晚入睡前，我要祈求上帝保佑他们。"然而他们这一去并未发现英国人，空军特种兵已经消失无踪。

而在 40 千米外的北部，正进行着一场激烈的战斗。在那里，埃斯特万中尉率领的老鹰分遣队是横亘在英军指挥官面前的唯一障碍，一旦被突破，英军登陆部队就可如入无人之境。罗伯特·雷耶斯少尉，加上 4 名士官和 15 名新兵把守着范宁角的据点，分遣队的其他人都在圣卡洛斯港。35 人的特别舟艇中队，加上 1 名炮管观测员和一个会说西班牙语的军官，当晚乘坐直升机抵达范宁角东部。"安特里姆"号（Antrim）上两门 114.3 毫米炮适时射击，把阿根廷士兵从各自的峡湾据点中赶了出来，他们朝着装备可在夜间观察动静的热成像仪的特别舟艇中队而来。特别舟艇中队的士兵排成一排开火射击，说西班牙语的军官喊话要求阿根廷军投降，以免白白流血。一番短暂的交火后，6 名阿根廷士兵便缴了械，另有 3 名受了伤，躺在草丛中。其余的人在雷耶斯少尉的率领下趁着夜色逃之夭夭。

8 千米外的圣卡洛斯港，埃斯特万中尉听到炮击，但没听到轻武器交火。这三个多小时，他都在试着和雷耶斯少尉联系，并盼着有人跑来告诉他，到底发生了什么事，可一个人都没等到。清晨时分，他让一个瞭望兵带上双目望远镜去居民点背后的高地。一开始受到晨雾遮挡，什么都看不见，不过到了上午 8 点 10 分，瞭望兵吃惊地看到海面上出现一艘白色班轮的巨大轮廓，这是"堪培拉"号，此时它正驶向 4.8 千米外的圣卡洛斯水域。很快晨雾大片散去，可以看到 3 艘战舰紧接其后，还可看到 1 艘满载士兵的登陆艇正脱离那艘白色的班轮。最终雾霭散尽，只见多艘登陆艇向四面八方驶去，之后又看到英军士兵排成一列纵队朝圣卡洛斯港挺进。①

埃斯特万通过无线电把这些情况都报告给了鹅原湾方面，要求他们派飞机发动攻击；这也是当天他传来的最后消息。之后，埃斯特万带着 42 名士兵从定居点撤退到东部开阔地带的某个据点，他不想靠近居民区作战。阿根廷军撤

---

① 原注：细节来自埃斯特万中尉的战后报告，这里的英军部队来自第 3 伞兵营。

走的时候，民众"嘘声四起，骂声一片"，纷纷为英军指路，告诉他们埃斯特万一众逃跑的方向。

接着，英军的一批直升机陆续抵达埃斯特万的新据点。前 2 架分别是吊运着迫击炮弹药的"海王"和装备机载火箭弹承担护航任务的"瞪羚"（Gazelle）直升机。直升机由于太过深入内陆，因此遭到埃斯特万手下的拦截。"海王"直升机扔掉重物，掉头飞走；埃斯特万认为该机肯定受了损伤，但实际上并非如此。不过，那架"瞪羚"在六七十米远的距离被打中 6 弹，尾桨和发动机部位起火受损，机上有 1 人受伤，后来不治而亡。阿根廷士兵看到这架直升机缓缓落入水中，2 名机组成员冒了出来。埃斯特万对他手下大喊，叫他们停止射击，但有些人还在朝水里开枪。这件令人遗憾的事情，埃斯特万是这么解释的：

那个一直在开枪的士兵离得有点远，没能听到我的命令。你得理解他们是新兵，入伍才 45 天，根本不懂什么《日内瓦公约》。后来他们停止了射击，于是当地居民坐着船前去搭救落水的英军士兵。鉴于这次事故，现在《日内瓦公约》的规则已经成为我们新兵基础培训的内容之一。

之后，我们撤离据点搬到更高的位置。英军士兵朝我们开火，但没打着我们。接着又来了 1 架"海王"，边上还跟着 1 架较小的直升机。较小的那架差不多是从我们头顶飞过的，仅隔 30 到 40 米的距离。我们开火射击，一下子就把它打中了。直升机坠落在离我仅 10 米远的地方。飞机虽然没有起火，但已经摔得严重变形。我能看到，两名乘员几乎当场死亡。后来又飞来 1 架"瞪羚"。我们对准它开火，于是它迅速地飞走了。

我一直在想，直升机就像坦克一样，会对我们的部队产生一种强烈的震慑作用，让我们精神崩溃，但我发现我们的战士真的是作风硬朗，来之能战。起初我看到那些戴着红色贝雷帽的英军士兵登岸时，心想这下真的是死路一条了。但和几架直升机一番交手下来，再看到那些英军士兵一举一动都表现得如临大敌，我不由得信心大增，于是就想，我们一定能活下来。

埃斯特万开始带着人往东跑，朝着岛的内陆，身后是轻武器和迫击炮的追杀，还有他认为的海军炮击，所有这些在他看来都准头欠佳。他和他的手下未损一人，就这么悄然逃脱。经过野外四天的艰苦跋涉，他们抵达 29 千米外的道格拉斯据点。

他们从那里搭乘直升机飞到斯坦利,后来被送回鹅原湾,却刚好赶上一场厮杀,真是来得早不如来得巧。雷耶斯少尉和那些逃离范宁角的阿根廷士兵都安全撤离。这两位指挥官在当天战斗中表现出色,获得了荣誉勋章。

当天,双方地面部队的交火仅有范宁角与圣卡洛斯港的这两场战斗。埃斯特万带人撤走,留出一个真空地带;英军从这里可以继续登陆,并合兵一处。在战争关键几天内的某日,陆军中仅有老鹰分遣队的 64 名士兵在孤军奋战,其中有 9 人被俘,3 人受伤。"瞪羚"直升机上有 3 名乘员阵亡,这也是登陆日地面战阶段的唯一一起英军阵亡事件。

晨雾散去,天气变得晴朗,真是适合飞行的好天气。但在登陆区域的防空系统完全建立起来之前,这并不是英国人所盼望的天气,可是抢先利用这种明媚天气的也正是英国人。皇家空军的 6 架"鹞"式飞机最近也加入进来,英军特混编队的力量有所增强,这些飞机专用于对地攻击和侦察任务(准确来说是"鹞"GR-3,不过为叙述方便,这里称其为空军"鹞",以区别于海军的"海鹞"。这些空军"鹞"是从"竞技神"号航母上起飞的)。靠近斯坦利的一支空军特种兵观察队,一直盯着阿根廷直升机部队的动向。白天的时候,这些直升机从斯坦利起飞执勤,但每晚都飞往内陆某个据点,就在肯特山北边,距离斯坦利 19 千米左右。英国空军特种部队提议,干脆天一亮就发动空袭。这样一来,那些直升机还没来得及回到斯坦利的防空保护区就会被一锅端。

2 架空军"鹞"起飞,前去搜寻直升机所在的位置。它们的具体作战目标是第 601 作战航空营的 14 架直升机,以及部队营帐和燃油堆放点。"鹞"式扔下几枚集束炸弹,但没造成破坏。后来,"鹞"式用 30 毫米炮多次扫射,打中"支奴干""美洲豹"和"休伊"直升机各 1 架。要不是迷彩涂装与地形很好地融为一体,大部分直升机都没能被"鹞"式飞行员发现,否则还会有更多飞机被击毁。负责在停机坪放哨的步兵连长(第 12 团 B 连)伊格纳西奥·格里提后来描述了这次偷袭行动:

我们听到"鹞"式飞来的声音。于是飞行员们朝着直升机飞奔而去,想要在"鹞"式发动攻击之前驾机起飞,但是发动机都还处于冷却状态。只有那架"休伊"完成了起飞前的引擎预热。我本打算坐"休伊"去爱斯坦西亚屋的农场,想要从拖拉机或者其他车上拆一套电池下来给电台用。在我们升空后不久，2架"鹞"式就第一次从我们头顶飞过。

我听到炸弹落在停机坪另一头的声音，紧接着它们在我们头顶用航炮朝我们扫射。飞行员赶紧着陆，我们从上边跳了下来。这可是我第一次目睹真正的战斗，就像置身一场电影，真的不是什么好玩的事情。枪炮声刺耳嘈杂，真是太可怕了。战争结束后我们全家搬了新房子，房子附近有座小山丘，每次有卡车换挡爬坡，我都会被惊醒，心想是不是那些"鹞"式又在我头顶转悠。

尺寸较大的"支奴干"被完全烧毁，2架小一点儿的也都有一定损伤。不过并没有人员伤亡。

打仗就是这样，往往是一拳刚落，对方就飞起一脚当场奉还。现在轮到霍华德港的第601突击连出手了，他们发射了1枚吹管导弹，1架空军"鹞"被击中，当即坠海。飞行员成功弹射，被阿根廷士兵从海中救起。他伤得较重，不过阿根廷士兵对他很关照，还将他送到本土，他在医院里休养了很长时间。

几乎就在空军"鹞"被击落的同时，也就是上午9点30分左右，阿根廷军的第一波飞行小队出发了。这和埃斯特万的小队人马放弃与圣卡洛斯港的英军交战并开始撤离，几乎是同时发生。和通常情况一样，福克兰战争经历了几个特有的阶段。对阿根廷来说，从1982年4月它们派出陆战队占领福克兰和南乔治亚岛起，战争就算是开始了。自此之后的多数战斗是在海上进行，阿根廷海军舰队损失了"贝尔格拉诺将军"号，武装商船也遭到攻击。而现在，侧重点已经发生变化。1982年5月21日上午，大批英军士兵登岸杀来，卡洛斯·埃斯特万带人向腹地疏散，接下来一周的疯狂惨烈的战斗，几乎是阿根廷空军部队在跟对手打。由于阿根廷舰艇队待在本土海域裹足不前，陆军又大多集中在80千米外的斯坦利，因此要想遏阻英军登陆福克兰群岛的步伐，除空军外也没有别的部队可派。这一周，全世界的人都对阿根廷飞行员的英勇表现投去敬佩的目光。

这天，第一批起飞的人员是驻扎在当地基地的空军部队。6架"岩堡"飞机奉命从鹅原湾机场升空，但仅有1架飞机在英军"热心"号开始炮击前实现起飞。这架"岩堡"的飞行员是霍尔热·贝尼特兹（Jorge Benítez），他还不知道英军正在圣卡洛斯加紧登陆，他当时是去内陆地区例行巡逻的。只是后来他在圣卡洛斯周围迷失了方向，正好看到英军舰艇和部队。可还没等他发起进攻，他的"岩堡"飞机就被一名从鹅原湾牵制行动中归来的英国空军特种兵所发射的毒刺（Stinger）导弹击中。贝尼特兹顺利地跳伞逃生，这天余下的时间，他走了整整 16 千米才返回鹅原湾。

本地空军第二次起飞也是单机出航。卡洛斯·埃斯特万报告了英军在圣卡洛斯登陆的消息，最终传到斯坦利，一名海军飞行员吉列莫·克利帕（Guillermo Crippa）接到命令前去调查。他驾驶马基飞机绕了一圈往圣卡洛斯北部，为了看得更清楚，飞机在抵达该地区的时候逆着阳光往前飞。就在他挑中 1 架可轻松击落的"山猫"直升机打算下手时，突然看到前方较远处有 1 艘战舰。这是"阿尔古水手"号（Argonaut）护卫舰，位于英军舰群舰炮队列的最北端，这些舰一整天都将待在福克兰海峡，为两栖舰艇提供空中保护。克利帕毫不畏惧，冲上前去用航炮和火箭弹对着"阿尔古水手"号一通猛打。攻击造成干舷多处受损，2 名水兵受伤。这次行动算得上是阿根廷飞行员意志品质的一次提前展示。之后，克利帕倾斜转弯，低空飞过圣卡洛斯海域，期间遭到多枚导弹和密集炮火攻击，但幸好都没打中。此时他意识到地面战已经进入关键时刻，于是掉头返回，爬升到一定高度，小心翼翼地贴着海湾飞行，数了一遍英舰的数量。回到斯坦利后，他直接找到梅南德兹本人，向他报告了相关情况，其中的细节部分让上级大加赞赏。后来，他还因为这次出航获得了"阿根廷英勇作战国家勋章"，他也是本次战争中唯一一名获此殊荣的飞行员。

鹅原湾的另 2 架"岩堡"飞机，本可以在上午稍晚些时候起飞，可是很不走运，碰上了 2 架"海鹞"。两名阿根廷飞行员试图采用贴地飞行和沿着狭窄山谷机动的方式摆脱"海鹞"的追击，可卡洛斯·唐瓦（Carlos Tomba）少校的座机最终还是被对方航炮击落；他跳伞逃生，捡回了一条命。本地空军部队没有给英国人造成太大损失，而自身却损失 2 架"岩堡"，但是最起码圣卡洛斯正在发生的事情，阿根廷军队指挥官总算是搞清楚了。

本土空军部队作壁上观已有多日，从 1982 年 5 月 1 日开局不利到现在，一直在养精蓄锐，同时也吸取了当天作战的经验教训，他们作出一些策略上的调整。

战争进行到新的阶段，他们是不可能将所有力量都投入其中的。第 2 轰炸机群的"堪培拉"现在要执行昼间轰炸任务，但白天太容易遭到拦截，于是只能在夜间出击。第 8 战斗机群在 1982 年 5 月 1 日与"海鹞"恶战一番之后，仅剩下 8 架"幻影"飞机，因此也不能上，要留着保卫本土空军基地。"幻影"具备全天候作战能力，如果英军对本土目标发动空袭，阿根廷军还要指望它们升空拦截。

　　这么一番调整后，阿根廷空军手里还有 62 架可用于发起攻击的飞机——第 4 和第 5 战斗机团的 39 架"天鹰"与第 6 战斗机团的 23 架"匕首"。另外，少量增援兵力已经抵达里奥格兰德，这 8 架"天鹰"飞机隶属第 3 海航战斗攻击机中队，是从"五月二十五日"号航母上拆借来的，现在阿根廷海军舰队的活动范围仅限于近海海域。这几架飞机上的飞行员都接受过对舰攻击战术培训。里奥格兰德的"超军旗"中队还剩下 3 枚飞鱼导弹，但该单位只适合在公海展开行动，因此阿根廷军不会用它对登陆部队发动打击。此战被派上的阿根廷飞行员，不得不面临诸多不利因素的挑战。他们将不得不在低空遂行投弹和航炮攻击任务，这势必造成打击效果被降到最低。另外，他们还得跨海作战，远离基地直达航程极限，而且得不到战斗机护航，不但要面对英舰和地面部队的密集导弹和炮火，还要和"海鹞"正面相抗，而后者的空战能力可以说是有目共睹。这实在是一个令人不寒而栗的艰巨任务。

　　对于阿根廷飞行员在圣卡洛斯登陆行动期间所发起的进攻行动，相关的专业分析层出不穷，细节方面的记叙也不止一次，尽管有些并未给出决定性的结论。所以我无意在这里多加赘述，但我想就这些行动谈一些总体看法，以及引用几位仍然健在的阿根廷飞行员的一些个人评论。首先我要对那些专业航空作家所作的卓越研究表达敬意，我在这里引用了他们的描述。①

　　主要的几次空袭交替错开，时间跨度接近 5 个小时，从上午 10 点 30 分开

---

① 原注：我所引用的主要材料包括 R.A. 布尔登、M.I. 德雷普等人的《福克兰——空中之战》（伦敦：武器与装甲出版社，1986 年），杰弗里·艾瑟尔·阿尔弗雷·德普莱斯的《南大西洋空战》（伦敦：西杰维克＆杰克森出版社，1983 年）。至于飞行员的个人陈述，我引用的是帕布洛·卡瓦利奥的《上帝与鹰》一书未公开发表的英译本，还有我自己对海航飞行员的采访记录。

始到下午 3 点 30 分结束。空袭行动分为三个波次，每次来袭的飞机都在 14 架到 17 架之间。第一波是从圣胡利安和里奥格兰德飞来的第 6 战斗机群的 8 架"匕首"，以及里奥加列戈斯基地第 5 战斗机群的 6 架"天鹰"。菲利皮尼中尉的个人记录中提到这次行动，他的小队长因为座机遭遇技术故障所以中途返回，于是他成了"天鹰"5 机小队的长机。菲利皮尼描述了他在范宁角下方的福克兰海峡北端入口攻击"阿尔古水手"号护卫舰的情景：

在我们可以看到福克兰海峡的时候，一名僚机飞行员在电台里大喊"向右！"用一种好像是在给我下命令的口气，我开始侧飞，看到了那艘护卫舰。与此同时，该舰也发现了我们，它朝着悬崖方向快速驶去寻求隐蔽，企图迫使我们爬升以免撞上海崖。接着我们开始吸引他们的高炮火力，那些曳光弹所打出的一束束狭窄红光柱交织成一道帘幕，一眼就能分辨出。平静的海岛不久就变成了可怕的地域。当飞得更近时，我们能看到前方空中一片火光，说话间它们就向座舱袭来，于是我们只好下降，钻进他们的高炮盲区，我们瞄准后便开始投弹，距离目标咫尺之遥。

我们集中精力瞄准投弹。这艘躲在 200 米高悬崖下的战舰已经进入我的视线，我投下 1 枚足以将其击毁的炸弹。我实在渴望打垮对手，因为此时我想到了在 1982 年 5 月 12 日被他们击落的战友。爬升转弯之际，我把操纵杆往回拉，试图避开海崖。这时我突然感觉到我的飞机像是受到了猛烈撞击，机翼下方的一个副油箱撞到了护卫舰的桅杆。于是我只能向下俯冲，最大限度地紧贴地面，随即快速逃离，最终躲到一排小山丘的背后。后来我们沿海面低空飞回基地。在飞过海峡北部入口的时候，我们看到了那艘刚刚被我们攻击的护卫舰。一股浓浓的黑烟从舷侧升起；它被我们的炸弹打中，我们还看到铁灰色的上层建筑被烤得发红，慢慢变得有些焦黑。

成功打击敌舰让人激动万分，我们打破无线电静默大声欢呼，这是攻击完成后最痛快的时刻。兴奋劲儿刚过，我又开始担忧地寻找起身边的僚机，无人伤亡或掉队才能让我安心。感谢老天，飞近目标区的 5 架飞机都完好无损。

"阿尔古水手"号挨了 2 枚炸弹，但由于"天鹰"飞机高度太低，炸弹扔下去后引信来不及引燃，因此没有爆炸。不过其中 1 枚引燃了海猫导弹的弹舱，这就是菲利皮尼他们完成攻击，穿过入口飞往海峡时看到的烟雾。这次袭击造成舰上 2 名水兵阵亡。

而这时"匕首"飞机也用航炮击伤多艘英舰，扔下的炸弹还击中"安特里姆"号驱逐舰，不过这枚炸弹也没爆炸。1 架"匕首"被击落，可能是被"大刀"号护卫舰上所发射的海狼导弹击中。机上飞行员未能生还。

下一波攻击持续了两个半小时。14 架"天鹰"分属 3 个不同的单位，从里奥格兰德飞来的 6 架海军"天鹰"中途遭遇恶劣天气，于是改变了原始计划，在抵达目标岛屿前便匆匆折返。另两个编队也有 2 架飞机中途返航，因此坚持完成任务的飞机，仅剩下第 4 战斗机团的 4 架和第 5 战斗机团的 2 架。这几次攻击都没成功。"海鹞"飞机及时拦截了第 4 战斗机群的 4 机小队，打下 2 架"天鹰"，击伤另 1 架，所有飞机都没能飞抵英军登陆区。被击落飞机上的飞行员都坠地身亡。由帕布洛·卡瓦利奥上尉领队的第 5 战斗机团的 2 架"天鹰"，从西南端沿着福克兰海峡北上，发现了他们认为隶属登陆编队的某艘舰艇。卡瓦利奥的僚机朝着该舰投下炸弹，但是卡瓦利奥在最后一刻突然停手，他觉得似乎哪里不对。没错，这艘船就是被阿根廷军所废弃的"卡卡拉尼亚河"号。卡瓦利奥于是单枪匹马地朝着登陆区域飞去，结果碰上"热心"号护卫舰，当时该舰正孤零零地待在鹅原湾北部对岸炮击的位置。卡瓦利奥在提到这次攻击时是这么说的：

飞机飞得离海面越来越近，空气压缩产生地面效应，当飞机紧贴着海面飞行时，机腹一直被撞击。这就像是某人把车开上了牛栏或者平交道，那种颠簸个不停的感觉与此并无两样。就这么连着震了 2~3 分钟，接着就开始受到攻击，我听到电台里传来的声音，霎时间浑身血液都要凝固了。听着就像是一种极其痛苦的挣扎与吼叫声，我很奇怪，甚高频电台里怎么会传来这么丧气的声音，但突然我就明白了，这是我自己的呼吸声。但我看了看我的前胸，一起一伏的，似乎也没什么毛病。

很快我就飞入一片平静的海域，不会有人再朝我开火了，我把精力都放在了炮瞄器上。我就这样看着目标舰的巨大钢制上层建筑充满整个瞄准圈，然后按下扳机。炸弹投下的那一刻，我感觉飞机向上拉起了数米。我有点迷糊，感到一阵头晕，这弄不好会要人命。突然，就在我前方右侧，我看到尖尖的桅杆立柱正对着我快要下坠的方位。我本能地拉了下控制杆，飞机偏向一边，朝两根立柱之间栽了下去，只见其中一根在座舱边一闪而过。接着我的飞机恢复了平衡，开始小角度向左转，我心里还在给炸弹爆炸默默读秒。可倒数完毕后什么都没发生，就在我脱口而出"搞砸了"的时候，我看到一股黑烟升起到桅杆的高度，还有许多碎片落入海中。我真的没法肯定，这股烟是爆炸导致的，还是说该舰发了一枚导弹，但我相信这种护卫舰是不带导弹的。

我开始兴奋地大叫起来，把飞机拉平后扬长而去。就在这时，眼前又出现1艘护卫舰，我顿时感到惊慌不已，可它居然没有朝我开火。到底怎么回事，老天才知道。

于是我便踏上了"阳光大道"，反正在我们中队里就这么叫。岛屿在我身后远去，我一路向西，心里感到极大地满足。现在可以说是大功告成，而且全身而退，这种感觉真不错。耶稣保佑，我驾驶着老飞机和这样一艘强大的敌舰干了一仗。着陆后，令我惊奇的是，我受到了空军最高长官拉米·多佐准将的接见，他来南部战区就是想看看我们表现如何。我记得他跟我说，我们还得咬紧牙关，因为还有很长的路要走。这话说得真是太对了！

帕布洛·卡瓦利奥完成了一次孤胆英雄式的攻击，可惜功败垂成。从"热心"号上看到的证据清楚地表明，炸弹沿着舷侧直接落海。第二轮攻击就这样结束了，派出的14架飞机中只有1架"天鹰"与英军直接交战，还付出2架飞机被击落的代价。

此战的最后一击，是在一个半小时后发起的，它使阿根廷获得了当天的最大战果。17架飞机在下午2点30分的时候一路风风火火地杀去，到3点15分抵达英军登陆地域，在之后的恶斗中，双方都遭受严重损失。飞去的是11架"匕首"和6架海军的"天鹰"，它们编成2架或3架一组的战术编队，除了其中1架飞机外其余都抵达了登陆区。罗布莱斯（Robles）上尉是其中一对"匕首"的长机。当飞过西福克兰岛的时候，他并没有意识到僚机已经被1架"海鹞"击落，他还以为那名飞行员卢纳中尉撞山了。罗布莱斯于是和另一对"匕首"编为一组，他们很快就发现了依然落单的"热心"号：

　　我们强忍着"小黑"卢纳遇难的悲痛，继续行动。在福克兰海峡的另一侧，过了格兰瑟姆海峡，我们看到1艘护卫舰正靠近海岸。当发起攻击时，我们想"就当是为卢纳报仇了"。当我们驾机掠过水面时，敌舰朝我们开火。米尔·冈萨雷斯（Mir González）上尉勇敢地朝着桅杆冲去，航炮一路扫射，在飞机前方扫开一条通道。他所投下的炸弹落在目标10米远的地方，溅起的大片水花把敌舰整个吞没，接着炸弹弹跳出水，我相信是打进船身里去了。

　　接着轮到贝纳尔特（Bernhardt）中尉了，这次炸弹砸中敌舰前方上层建筑。等到进入适当距离后，我也扔下了炸弹。当我的飞机飞过敌舰的时候，我看到一块很大的矩形天线（我们开始攻击的时候，一直在转个不停）从我座舱边擦过，在风中旋舞。一枚导弹瞄准我身边的1架飞机，我对着他大喊，让他赶紧转弯；他调转机头，就在我身边，随即消失在空中。等到我们向右倾斜转弯，返航离开时，该舰已经笼罩在一团巨大的浓烟之中。起火的这艘舰价值可比我们损失的那架飞机和驾驶员价值高多了。我们不知道卢纳中尉是否还活着，但我可以确信，为了我们顺利完成任务，他也甘愿付出生命的代价。

　　其中1枚炸弹，也就是贝纳尔特中尉扔下的那枚，击中的是舰艉而不是前部。差点砸中罗布莱斯上尉的那片被炸飞到半空的"旋转天线"，可能是"热心"号上的海猫导弹发射架，被贝纳尔特的炸弹给炸掉的就是它。

　　这次出击的另外6架"匕首"的遭遇，可就完全相反了。其中1个三机编队攻击了多艘英军舰艇，尽管没给对方造成太大的损失，但好歹都平安回家。而最后1个三机编队，却被杀了个干干净净，都是让"海鹞"给打下来的，只不过3名飞行员跳伞后都没生命危险。

　　当天的最后一波攻击是由6架海军"天鹰"发起的，分为2个三机编队。两个编队都是从南面向北飞往福克兰海峡的。他们接到的命令都一样，对据报告在鹅原湾北部出现的一艘孤零零的英舰发起攻击，实际上那还是"热心"号，尽管此时这艘受损的英舰距离福克兰海峡以北的英军主力编队越来越近。第一波3机编队由海军少校阿尔贝托·费里皮担任长机：

　　我们的主要任务是找到这艘负责警戒的敌舰；如果我们打掉它，就能让更多的飞机赶过来，对登陆地区的英军发起攻击。我们的导航完全正常，很快抵达预定区域，开始平稳着陆。我们从约 8 千米高度开始下降，一直降到 30 米左右，相互之间越靠越近。天气状况不断变坏，云层很低，还在下雨；向上能见度 152 米，前方能见度 1.6 千米。这对我们来说非常危险，因为如果在福克兰海峡最南端蹲守着 1 艘警戒舰，那么它的雷达在 24~32 千米的距离一准能发现我们，然后等到我们进入 8 千米的射程时再发射导弹，而等我们看到，导弹都已经飞出 6.4 千米了。我们没有雷达，"天鹰"是一种构造简单的老飞机。

我们都以为这片空域会有我们的 1 架"追踪者"侦察机。只要我们呼叫飞行员，他就会告诉我们该舰的位置，引导我们抵近目标。于是我就呼叫了两次，但却没有得到回应。后来"追踪者"驾驶员告诉我说，他确实在附近，但联系不上我们。我们继续朝海峡东侧飞，经过许多个岛屿和海湾。天气有所好转。我和阿尔卡（Area）中尉都看到，前方 18 千米外的几块礁岩背后有两根桅杆。

我告诉我的小队准备攻击，但是敌舰也开始行动，它从礁石背后一路飞奔，速度非常快。我想它是要离开海岸，进入海上开阔区，这样它就能加速机动规避攻击。它这么一动也让我们在接近目标时失去礁石的掩护。于是我转到右侧，沿着海岸线飞，但愿靠着背后陆地的回波能让舰上的雷达找不到我。如果我是在执行自由任务，那么我会跳过这片狭窄的陆上咽喉之地，直接去圣卡洛斯水域攻击更大的舰船，但现在我接到的命令是干掉这艘警戒舰，那么就得遵令行事。我能看清这是 1 艘 21 型护卫舰。

我们绕了一圈，打算发动进攻，当时的位置非常理想，它正从我们前方穿过，而我可以从其左舷后部直接插上。我投下 4 枚 500 磅的 Mk-82 蛇眼（Snakeyes）炸弹，每 1 枚都装有金属减速板。我的 3 号僚机冲我大喊："干得好，长官！"过了一小会儿，他又喊道："舰艇又挨了一发！"这告诉我，又有 1 枚炸弹打中目标，是阿尔卡扔的。我们无法判断马奎兹（Márquez）有没有投准，后来也没人跟我报告他的攻击情况。

第二个"天鹰"小队由贝尼托·罗托洛（Benito Rotolo）中尉担任领队：

我们所接到的搜寻警戒舰的命令在途中发生改变，现在要我们去圣卡洛斯水域。1 架"追踪者"飞机报告说，现在海峡最南端没发现舰船。我们保持无线电静默，听着费里皮小队的对话；我们都很好奇，他们第一次看到岛屿的时候在说些什么。我们还在高空飞行，因此不能完全听清，但可以跟上他们。我听到他们说，他们发现了 1 艘英舰，正在攻击。接着又听到他们提到"海鸥"出动。只听费里皮喊道："我没事，我弹射了。"

然后我们也下降高度，开始接近目标。在得知"海鸥"出现时，我朝着东福克兰岛内陆方向飞去，进入多山地形，打算飞越苏赛克斯山，直奔圣卡洛斯锚泊地。但是我发现我现在只穿过一片开阔的海湾，距离西侧太远。我现在不能朝右飞，因为我们在鹅原湾部署了防空力量。因此我打破无线电静默，让我的僚机做好准备，攻击出现在我们面前的第一艘英军舰艇。他们都回答说收到指令。

接着我们看到两三艘英舰，打算发起攻击。我向左倾转，向其中 1 艘的右舷靠近。2 架僚机在观测一阵后也发现该舰，它距离我们 6.4 千米左右，在我看来应该是 1 艘 21 型护卫舰，其他人也都说是 21 型。它朝我们开火，但我没看到任何导弹。它开火的时间抢得很早，我只看到炮火在我前方落入水中。此时，它正加速航行。于是我用上曾和我们的 42 型驱逐舰一起演练过的战术——在攻击的最后阶段持续侧飞。对方没有打中我。接着我爬升到 76 米的高度，投下炸弹。当我从该舰上方飞过时，看到很多人都跑上了甲板，其中一些用临时绑在舰上的机枪扫射着，那些机枪并不是舰上的制式配备。

我很快下降高度，76 米当时算是很高了，你会觉得自己暴露无遗。按照计划我们应该沿着福克兰海峡往南撤退，但我突然看到前方右侧有 1 艘郡级驱逐舰，正竭尽全力开火射击。就在该舰的轮廓变得清晰时，我们突然与之狭路相逢。我猛地转向右侧，之后努力爬升，朝着西岛的群山飞去。我对僚机发出警告，还好他们听懂了我的口令，跟着我转身绕开了。就这样我们都脱离了危险，一路低空穿过绵延全岛的群山。天气很不好，但是能摆脱敌舰，没让它伤及我们分毫，我们真的算是挺走运的。

罗托洛和他的僚机都安全返回，尽管 2 架僚机都因爆炸的冲击力而受损。这几位算得上是训练有素的海军飞行员，在轰炸时给炸弹留出了足够的引爆高度，尽管他们没能像之前关照的那样，飞机间保持 20 秒的间隔以规避炸弹冲击波对飞机可能造成的损害。

战后五年多,当我遇到贝尼托·罗托洛时,他仍然对当初他们几个所发起的漂亮攻击在战后公开出版物中得不到认可感到灰心失望。他的中队战友阿尔贝托·费里皮则不同,他的小队被看作是给"热心"号带来致命一击,并导致其在当天稍晚些时候沉没的头号功臣。很多阿根廷飞行员关于战后报告的表述,都有一个共同特点,那就是急于想要和"热心"号扯上关系,因为那是当天被击沉的唯一一艘舰艇。这其中还有空军和海军内部竞争的因素,双方都想把击沉该舰的功劳归入自己名下。而罗托洛小队的这次攻击,也众说纷纭,被翻来覆去地炒作。有些报道说,他是在费里皮之前发动的攻击,只不过所有的炸弹都扔偏了,也有人说他其实打的是另 1 艘舰,并非"热心"号。不过罗托洛在自己的证言中,已经说得非常清楚了。他在电台中听到费里皮小队发动了攻击,然后遭到"海鹞"拦截。他认出目标是 1 艘 21 型护卫舰,而当天这片登陆区只有这么 1 艘 21 型。他描述自己是从敌舰右舷靠近并攻击的。"热心"号的舰长也说,前一次攻击来自舰艉(我认为是费里皮的那次),舰体被击中 2 次,接下来的一次攻击是由 3 架浅色的"天鹰"轮番从右侧发起的,开头的第 1 和第 2 架扔下的炸弹都直接命中。我相信,罗托洛的编队给"热心"号带去的最后几次打击决定了该舰的命运,该舰很快就被放弃,当晚就沉没了。

海军飞行员最后的袭击虽然成功,但是也付出沉重的代价。虽然罗托洛的小队回到了本土,但是费里皮的那几架飞机都损失了。也就是说,当天最后阶段的战斗中,抵达行动区域的 16 架飞机中有 7 架飞机被击毁。费里皮小队中海军中尉马塞洛·马奎兹的"天鹰"僚机被"海鹞"击落。另 1 架何塞·阿尔卡中尉的座机,结局令人匪夷所思。该机被 1 架"海鹞"击伤后依然能飞,只不过无力飞回本土。阿尔卡朝着斯坦利方向飞行,并报告了自己的危险处境。斯坦利当地的空军军官杨纳列奥少校描述了当时的情况:

一架"天鹰"朝着基地飞来,负责飞机操控、起落架、襟翼和尾钩的液压系统受了损伤,机身上遍布弹孔。我们考虑了它受伤的情况,认为就这么让他着陆太危险了,弄不好会机毁人亡。于是我们让他弹射,但要往海上跳,别落到陆地上,因为地面可能有地雷。我们看到他弹射出舱,就像一个小木偶在空中翻来滚去,直到最后降落伞才打开。

让我们吃惊的是飞机还能飞，而且似乎打算要弄我们一番。它朝着飞行员飞去，像是要撞上他，结果又往下落，最后大摇大摆地冲着机场方向飞来，就跟闹着玩一样。看这架势，它好像对这种摆脱主人束缚、自由飘荡的状态挺满足。考虑到这么乱飞乱撞可能会闯祸，我们下令开炮将其击毁，但真是邪了门，炮手瞄得好好的，可就是打不着。它还是这么飘着，完好无损，搞得好像炮弹都不好意思为难这么一架友机似的。最后它在海滩落了下来，带着一架 A-4 "天鹰"的全部尊严在礁石上撞了个粉碎。后来飞行员倒是得救了。

费里皮少校对自己的经历是这样描述的：

我们试图沿着福克兰海峡下方撤离，并稍稍采取了一些迂回机动，希望借此躲避从背后射来的导弹，我们知道现在前方没有英舰等着我们。过了一两分钟，我开始放松下来，引擎还是最大油门，我脑子里在想我们都安全了。但就在这时，马奎兹大喊道："鹞！鹞！"

我的第一反应是下令扔掉副油箱和炸弹架，以高 G 值展开规避，并试图看清它们来自何方。当我开始机动，做了第二还是第三个盘旋动作后，我突然感到机尾发生了剧烈爆炸。整架飞机都在颤抖，并开始向上爬升。我双手并用，向前推杆，但就是没法压下机头，飞机根本没反应。我朝四周看，"鹞"式出现在我右侧 150~200 米的距离，我想它们是想赶尽杀绝吧。于是我跟我的僚机说，我的飞机被击中了，但我还好。我得马上弹射逃生，我试图关闭发动机，但没有响应。我又尝试打开减速板，也没用。于是我用左手拉了下两腿之间的弹射手柄。我没用右手去拽舱盖脱钩，作为飞行员，我们要一直保持侧向控制，所以我右手一直保持握杆状态。只要一松手，飞机就会翻滚。如果斜飞转弯时弹射，高度又低的话，就会直接掉进海里，所以飞行员从不会松开驾驶杆。随着一声巨响，我以 500 节的速度被抛了出去。之后我就失去了知觉。当我睁开双眼的时候，我在靠近福克兰海峡的边缘，正往下掉，这里距离被放弃的"卡卡拉尼亚河"号非常近。我看到海上溅起水花，可能是我的飞机，也可能是马奎兹的飞机。我朝着陆地方向游了 200 米，实在游不动了，只能朝着海滩慢慢爬。

我在那里待了四天，第一个晚上是在野外，第二和第三天晚上是在一幢叫"刚果屋"（Congo）的房子里。第四天，当我正朝残破屋走去的时候，看到几个人在海滩劳作。他们有一辆路虎车。我以为他们是阿根廷士兵，就用镜子发信号，结果是北段居民点的托尼·布雷克（Tony Blake）。他待我很友善，自报家门后，给我拿来了三明治、蛋糕和巧克力，这几天我还是第一次进食。我们一起来到北段居民点，我见到了他的家人，还洗了个澡。他真是个好人，绝对的好人。第二天我们联系上了阿根廷港那边，之后我就被直升机带去了鹅原湾。

关于当天作战的最后的个人陈述来自卢纳中尉，也就是被战友认为是飞机撞山的那位。但实际上，卢纳是在4机编队遭遇低空云层，被迫排成纵列穿越山谷时，被1架"海鹞"击落的。当时卢纳就在末尾那架飞机上：

进入山谷时，我看到一个阴影从头顶飞到左侧，我在反光镜中看到寒光一闪，几乎同时一枚导弹打中我的飞机，飞机顿时失去控制。我试图恢复高度，但机头下沉，翻了个身。我想这回活不成了。我松开驾驶杆，拼命地去抓头上的弹射把手，摸到后，我从右侧陡直上升，原来弹射系统还正常。我听到爆炸声，感觉肌肉一紧，几乎就在我落到地面的同时，降落伞才打开。我的一根锁骨被摔断，单臂和一侧膝盖也脱臼了。

天开始暗下来，我知道现在没人能找到我，于是我把膝盖固定住，想尽一切办法试图活下来。在小艇完成充气后，我用固定绳把它拉过来，钻了进去，用一些手头工具和伞包铺了一张床。接着我从塑料箱里倒了一升水喝，为了缓解身上的剧痛，我前后吞了7颗止疼药。这一晚我实在难受得要命，迷迷糊糊的，根本睡不着。我听到发动机的响声，于是点燃一枚曳光弹，可是没有得到回应。天气实在太冷了，我被冻得牙齿咯咯作响，就这么昏昏沉沉地睡着了，一觉醒来已是早晨九点。

醒来时我发现自己正躺在峡谷之中，四周群山环抱，距离霍华德港大约20千米。我去四处找来我那架坠机的还能派上用场的残片，用小刀改了改，做了块金属夹腿板；我得让自己看起来像个现代版海盗。我把所有用得着的东西都放上了橡皮艇，接着就出发了。撑着金属拐棍的样子有多怪，接下来的路该怎么走，我脑子里尽是这些东西。到了中午12点30分，小艇再也拽不动了，于是我把它扔了。我循着昨晚声响传来的方向不停地走着，可是我腿脚不方便，走得实在艰难。15点15分时我碰上一对坐在路虎车里的男女，还有三个骑着摩托的人。我赶紧上前打招呼，但他们一句话都不说，照旧赶路，把我扔在路上。我因为腿伤得厉害，而且肩膀发麻，所以只能挂着金属拐棍跟在车辙印后头一瘸一拐地走着。我越走越感到吃力。我绕过一座小山，看到一所房子，屋子前面还停着几辆车。我朝前走去，几个人就这么盯着我。我暗自嘀咕，说不定他们是想杀了我，要不就是把我交到敌人手里，但我心里也清楚，我现在这副狼狈样哪儿也去不了。在我离房子400米左右的时候，他们开着路虎车朝我过来了。一开始他们不愿意帮我，其中的一个态度尤其强烈。

我意识到他们一定很想看看我的生存装备，于是我把小刀给了他们，还有飞行手套和手电筒。这招明显奏效了，他们的态度开始缓和，同意带我去那个拿着收音机的男人家里。后来我才知道，那是个地道的"英国绅士"；他招待我，还对我说，会帮我归队。我们和阿根廷港方面取得了联系。之后的两天时间，他每隔3小时就给我吃止疼片，直到部队里的人找到我。

我曾试图找到这个帮助过卢纳的地道的"英国绅士"，但没有结果。

1982年5月21日的空袭就这么结束了。本土方面总共派出45架飞机，包括26架"天鹰"和19架"匕首"，其中有36架飞到了福克兰群岛，有26架对英舰发起了攻击。"热心"号被击沉；"安特里姆"号和"阿尔古水手"号被几枚并未引爆的炸弹穿透舰身，暂时撤出战斗；"华美"号和"大刀"号则被航炮打伤。一共有32名英国水兵阵亡，超过20人在袭击中受伤。阿根廷飞行员凭借过人的勇气和坚持不懈的精神完成了攻击行动，可惜犯了两个严重的错误。第一个错误是，阿根廷军将侧重点全都放在了攻击福克兰海峡的军舰上。这使得圣卡洛斯海域的登陆舰艇得以在地面导弹防御系统尚未建立的相对安全的环境下，展开人员、火炮和其他物资的卸载。当然，对于这一失误的严重程度也不能过度解读。阿根廷飞行员再怎么也没机会去发现待在圣卡洛斯港内，面对空袭毫无还手之力的运输舰。第二个错误则是，多数空军飞行员飞得过低，导致许多炸弹都没能爆炸。当然也不该对此过于苛责，因为虽然这些阿根廷飞行员只要飞得稍稍高于甲板再发动攻击就能获得更大战果，但这也会给自身带来更大的伤亡。这次袭击所付出的代价已经足够沉重。10架阿根廷飞机（"匕首"和"天鹰"各5架）没能返回本土基地。除其中1架外，其余都是被"海鹞"

击落的。这一损失相当于能够参战的阿根廷飞机的四分之一。

夜幕降临，掩盖了战场紧张激烈和凶险残酷的氛围。英军舰艇的卸载行动正在快速推进，"堪培拉"号和其他三艘大型舰艇都已被清空，并重返海上特混编队，那样相对安全些。受损的"安特里姆"号作为护卫舰随同出发。这些舰一走，就给那些前一天留在福克兰海峡暴露于空袭之中的英舰在圣卡洛斯海域腾出空间。不到 24 小时，英军就完成了登陆，包括 3000 多名步兵、24 门野战炮、8 辆轻型坦克，还有一组轻剑（Rapier）防空导弹发射装置。

斯坦利的阿根廷军队指挥官们曾经讨论过英军从斯坦利成功登陆的可能性，也意识到对这样的行动发起直接攻击难度很大。梅南德兹准将的第一步行动要求飞机从本土发动空袭，这个已经得到批准。梅南德兹和他的手下一直相信，登陆后的前 48 小时至关重要；一旦过了 48 小时，英国人的滩头据点完全巩固，再想发动进攻就绝无打赢的可能了。但斯坦利方面要作出的一个重要判断是，这到底是英国人的主要登陆行动，还是说他们仅仅是虚晃一枪。阿根廷军和这些滩头阵地没有直接接触，甚至都没能从远处进行观测。以后要想派飞机飞越该区域上空，搞清楚到底有多少英军已经登陆这样的细节情况，恐怕机会也十分渺茫。

梅南德兹下令召开两次参谋紧急磋商会。第一次会议，他的参谋小组是和帕拉达准将一起商讨的，因为英国人已经在帕拉达的防区登陆；第二次会议是和霍夫雷准将的班子，霍夫雷负责的是斯坦利战区，虽然并未直接卷入其中，但其个人意见或许值得考虑。最终的联合会议则是由梅南德兹的情报主任瑟尔波上校召开的。最终的结论是，英国人有不到一个旅的兵力在圣卡洛斯登岸，而他们现在手头上还有第二个旅，几乎可全部调动，在其他任何地点继续登陆。会议决定不调动直升机空中预备队。要对付这么庞大的登陆部队，阿根廷手头可以调动的只有一个步兵连，无论如何这都将是一场恶战。直接下达的行动命令只有一个，那就是通过海运的方式向鹅原湾调去一批 105 毫米炮，因为那边的守备部队缺乏火炮。于是第二天凌晨 4 点，第 4 空中机动团的 2 门火炮就被拆散后装上了海岸警卫队的"伊瓜苏河"号，从斯坦利出发。

不过到了次日，也就是 5 月 22 日清晨，阿根廷军一上来就遭遇挫折。由于出海太迟，因此天光大亮时"伊瓜苏河"号还在航行途中，距离目的地尚有 21

千米。它也实在是太不走运了，当天从"竞技神"号航母上起飞的"海鹞"正好从它头顶飞过，其中1架下降高度向它开炮，该舰严重受损。海岸警卫队的2名队员受了伤，其中1人后来不治身亡。该船在岸边搁浅，鹅原湾方面后来下令全力打捞2门火炮和其他物资。直升机上放下1名空军军官、1名年轻的陆军军官和几名水手，他们上船后立马就钻进浸水的货舱抢救火炮。后来，2门火炮都被及时拉到鹅原湾用于作战；其中1门火炮有所损坏，但另1门还能用。下文还会提到这位年轻的陆军军官，他就是胡安·戈麦兹·森图里昂（Juan Gómez Centurion）少尉。

海岸警卫队的那名水兵是1982年5月22日唯一的阵亡人员。这一天的其余时间里，双方相安无事。阿根廷本土天气恶劣，白天大多数时间都无法从基地派出飞机展开空袭。到了晚上才有2架"天鹰"飞抵英国人的登陆区，不过扔下的炸弹没有造成任何损失，两机也都平安返航。

接下来的两天，也就是1982年5月23日和24日，双方又上演了一场你来我往的全武行打斗。开始阶段是1艘小货轮"季风"号（230吨）遭到攻击。这是阿根廷军所征用的2艘当地舰船中的1艘。英国人通过无线电信号截收获悉，这艘船晚上要从鹅原湾出航，驶往斯坦利，于是派2架"山猫"直升机在5月23日凌晨对其进行拦截。"季风"号船员用机枪成功自卫，但最后还是被迫靠了岸。后来这艘船被拖往鹅原湾，不过被一直放着，直到英国人占领鹅原湾，它才又派上用场。算上这艘"季风"号，阿根廷到目前为止一共损失了5艘本地运输船，都是被英军舰艇和飞机干掉的。现在就剩下1艘吨位虽大，但机动性较差的"福摩萨"号，以及"福雷斯特"号、"马岛"号和"叶温"号3艘小船，它们被用来承担为偏远的守卫部队运送补给品这样的危险任务。实际上，这之后没太大动静，皇家海军就靠着这种零敲碎打的方式，在很大程度上使阿根廷军在战争最后几周始终无法有效机动。

损失"季风"号后不久，阿根廷军的机动能力又遭受一次打击。阿根廷陆军的4架直升机——3架"美洲豹"、1架"阿古斯塔"（Augusta），在向霍华德港守备点运送弹药的途中，被2架在西福克兰岛巡航的"海鹞"发现。"海鹞"用航炮扫射，击落2架"美洲豹"和那架"阿古斯塔"，但奇怪的是居然没人丧生。

福克兰的阿根廷直升机部队从最初的 19 架飞机可用,到现在只有 10 架飞机能用了。

但这两天的焦点一直是圣卡洛斯地区,英国人在那里建立滩头阵地的行动,被阿根廷军的空袭多次打断。这些空袭都是从阿根廷本土发起的;当地机场的空军部队所能使用的飞机数量已经很少,自然不会被拿来冒险,去和防卫森严的英军占领区硬碰。攻击英军登陆部队这样的艰险任务,于是落到第 4、第 5 和第 6 战斗机大队的"天鹰"和"匕首"身上;加上那些残余的海航"天鹰",它们多少也能帮上点忙。这两天从本土派出的飞机到底有多少架次很难统计,不过据信仅 33 架次成功飞抵圣卡洛斯地区。阿根廷军的攻击在不断加大的压力和消耗之下变得越发缺少章法,很多飞机已经无法出航,和负责空中补给的"大力神"加油机的空中对接也并不是都能成功。但阿根廷飞行员依然斗志昂扬,一如既往地对英军发动进攻。这两天,英军共有 4 艘军舰被炸弹击中,但阿根廷飞行员依然从非常低的高度发起攻击,结果没有 1 枚炸弹爆炸。但是"羚羊"号(Antelope)护卫舰,于 1982 年 5 月 23 日被第 5 战斗机群的"天鹰"飞机所扔下的 2 枚炸弹击中,遭袭当晚就在英军试图对炸弹解除保险的时候,却发生了爆炸。当时舰上的多数舰员已经撤离,只有两人丧生,但"羚羊"号后来沉没,这也是阿根廷空军的第一个重要战果。其他 3 艘舰的炸弹都被安全拆除,这几艘舰撤出战斗的时间并不是太长。

为赢得这些胜利,阿根廷军又损失了 6 架飞机——4 架"匕首"、2 架"天鹰",而英舰和地面防空部队声称他们击落了更多。阿根廷人将这片战区称为"死亡之谷",英国人则叫它"炸弹小道"。6 架被击落飞机的飞行员中,有 4 名飞行员身亡。海军第 3 战斗机中队从 1982 年 5 月 23 日后,不得不撤出战斗。这一天他们派出 4 架"天鹰",其中 2 架在圣卡洛斯受损,第 3 架在返回里奥格兰德的途中遭遇事故。飞机飞到圣卡洛斯上空时,4 枚 500 磅炸弹"悬而不落",卡洛斯·祖维扎雷塔(Carlos Zubizarreta)摇晃了半天也没能把它们扔掉。里奥格兰德仅有的跑道上吹来一阵强风,使正在着陆的"天鹰"突然转弯。可能是害怕炸弹会爆炸,祖维扎雷塔弹射出舱,可"天鹰"飞机倒向一边,弹射没能获得足够距离打开伞具,结果他就摔死了。炸弹倒是没炸,"天鹰"后来也被修好了,可当天的这些伤亡事故,却使得这个三天前有 8 架飞机可用,实力本就有限的空中单位，仅剩下 1 架飞机可以派出，因此该中队也只能暂时退出进攻行动。这对于阿根廷的空中行动确实是一个很大的打击，因为这些海军飞行员是承担对舰攻击任务的最佳人选。

祖维扎雷塔少校一死，阿根廷军这两天阵亡的飞行员人数就升至 5 人。这一时期，其他阿根廷人员仅有 2 人死亡。其中，鹅原湾有 1 名新兵病死；部队的一名战友在日记中提到他营养不良，但也有可能是因为他没能出去打仗，呼吸不到室外空气，所以得病而亡。另一个死在斯坦利机场的是一个高炮手，就在他走出散兵坑准备去机场食堂吃饭的时候，一枚定时炸弹突然爆炸，致其当场死亡。

英军这两天，"羚羊"号护卫舰上死了 2 人，另外有 1 名"海鸥"飞行员坠海身亡。1982 年 5 月 23 日晚，这名飞行员驾驶飞机从"竞技神"号航母上起飞，不久飞机就发生了爆炸。

5 月 25 日周二这天是阿根廷的国庆日，由于各种机缘巧合，加上阿根廷飞行员的出色技术，使这一天成为他们为之奋斗的这场战争中最为辉煌的日子之一，也是唯一可与 1982 年 4 月 2 日占领福克兰相提并论的光辉时刻。

当天的最初行动，源自伍德沃德少将做出的一个冒险决定，他让担任防空任务的舰艇向前推进到一个更为开阔、暴露的位置，好让在圣卡洛斯地区遭受空袭的舰艇和地面部队稍稍休整一番。这两艘舰分别是装备海镖导弹的"考文垂"号和配备海狼导弹的"大刀"号。两舰当时正在卵石岛外的公海上执勤，位于圣卡洛斯西北方 64 千米处，基本任务是为圣卡洛斯防御部队提供来袭预警。但舰上的导弹和雷达配合，可以直接在最远约 19 千米的距离上拦截阿根廷飞机，并引导"海鸥"搜寻其他飞机。这个计划进展得一直很顺利。前一天，两舰就引导"海鸥"飞机发动了一次袭击，击落 3 架阿根廷飞机。但这两艘舰艇被卵石岛上阿根廷军的雷达所发现，也或许是直接被山上的对空警戒员目测到的。于是阿根廷空军指挥部决定，对这两艘舰发起攻击。

第一个对舰攻击的机会，给了里奥加列戈斯的第 5 战斗机群。部队事先经过周密计划。参加作战的 4 架"天鹰"在黎明前就要起飞升空，途中由 1 架"大力神"飞机加油，后者同样天不亮就要出发。这样一来，飞机在抵达作战空域并发起袭击前，就有了充裕的时间做准备。另外还派出 1 架"大力神"执行前期侦察任务，通过雷达找出两舰的准确位置，随后将所获情报通过电台告知"天鹰"小队。但这个精心计划的行动，却被阿根廷人自己给彻底搞砸了。"天鹰"小队选择下降到海平面高度的时间太晚，"考文垂"号发现了阿根廷飞机，并发射了1枚海镖导弹，打中小队中雨果·德尔瓦列·帕拉贝尔（Hugo del Valle Palaver）的领头长机。"天鹰"坠毁，飞行员身亡，其余3架决定放弃行动。早先的战后记录一度认为帕拉贝尔的"天鹰"是被鹅原湾的阿根廷高炮误射坠毁的，这并非事实。之后不久，阿根廷军又发起一次针对滩头阵地的空袭。4架来自圣胡利安的第4战斗机群的"天鹰"，采取迂回靠近的战术，成功抵达目标地域上空，但就在对英军锚泊地发起攻击时，其中2架飞机上的炸弹没能成功投放，另外2架"天鹰"也没能击中任何目标。里卡多·卢塞洛（Ricardo Lucero）中尉的飞机还被击落了，但卢塞洛及时弹射，后来被英国人从水里救起。他的战友们回到圣胡利安后，在当晚的电视新闻中看到他在英舰"无恐"号（Fearless）上接受治疗的镜头。卢塞洛也成了阿根廷本土空军部队中唯一一名在战争中被英军俘房的飞行员。编队的霉运还没完结。霍尔热·加西亚（Jorge Garcia）上尉被"考文垂"号所发射的另一枚海镖导弹击落，这已经是"考文垂"号这天内打下的第二个编队长官。没人看到加西亚的"天鹰"坠毁，但他肯定是弹射了，而且开始的时候应该还活着，因为他的尸体是一年以后在西福克兰岛偏远海滩的一艘橡皮艇里被找到的。其余2架"天鹰"返回基地，其中1架伤得很重，返航途中一直都在漏油。后来，这个小队传出的有些说法显得很夸张：返回的飞机中有1架被画上了21型护卫舰的标记，机头还被喷涂了日期；遇难的加西亚上尉在飞近目标区域时把1架追击他的"海鹞"逼得落地坠毁。

这天下午，阿根廷对这2艘活动在卵石岛外，引来这么多麻烦的英舰再次发起空袭。第5战斗机群的2个"天鹰"三机编队原本已做好出击准备，但有1架在飞时突然放弃，另有1架升空后不久也被迫返回。于是两组仅有4架"天鹰"继续前往。在靠近目标的最后阶段，他们得到各种有趣的帮助。他们和搭乘在一架可能是"大力神"支援飞机上的2名资深"天鹰"飞行员取得联系，这架飞机一直对英军舰艇保持远程雷达警戒。另外，他们还和斯坦利的地面空管保持信息畅通，空管方面是通过卵石岛获得情报的，卵石岛那边在山顶上安插了一名海军飞行员达尼尔·曼泽利亚中尉。他拿着双目望远镜，天气晴朗时，两方面的舰船还有附近的"海鹞"巡逻队，他都看得一清二楚。而在"考文垂"号上，有一名懂西班牙语的军官正在监听阿根廷军的报告。这4架"天鹰"保持无线电静默，一边悄然飞来，一边注意侦听任何有用的情报。

曾经有一段时间，战争的天平朝着阿根廷一方倾斜。两对"天鹰"几乎同时从不同方向抵近目标。它们被英舰雷达探测到，但因舰载导弹出现故障，加之舰艇本身战术处理不当，"考文垂"号上的海镖导弹没能及早发射。这甚至影响到了"大刀"号，该舰的近防海狼导弹也没能射出。更糟的是，处在最佳拦截位置的2架"海鹞"得到警告，不让它们靠近，以免影响舰载导弹的作战自由。"考文垂"号只成功发射1枚海镖导弹，但对这样的导弹而言，目标距离太近，结果来袭"天鹰"非常敏捷地避开了。两舰上的火炮同样没能有效拦截空袭。

帕布洛·卡瓦利奥上尉那两架飞机首先杀到。卡瓦利奥之前的表现很鲁莽，搞得铩羽而归。1982年5月1日第一次执行任务时，他就犯了错，误击1艘阿根廷商船。5月21日他的僚机也错把另1艘阿根廷舰艇当敌舰打，扔下卡瓦利奥独自一人前去攻击"热心"号，而这次扔下的炸弹又与目标舰擦身而过。两天后，他的另一架僚机所扔下的炸弹，最终导致"羚羊"号发生爆炸并沉没。现在卡瓦利奥又一次面对英军的炮火，这也是他五天以来第三次对英舰发动近距离攻击，但因为座舱盖前凝结了一层盐雾，再一次功亏一篑。生物化学家开发了一套专门抗盐雾凝结的技术，可用于低空飞行，谁曾想地勤太勤快，当天上午擦座舱玻璃时擦得格外卖力，连这特殊涂层都一块儿擦掉了，算是帮了倒忙。卡瓦利奥和他的僚机卡洛斯·林克（Carlos Rinke）发起攻击，降低到贴着水面的高度，飞速扑向目标。这是卡瓦利奥后来的描述[①]：

两艘英舰笼罩在薄薄的雾霭之中，与海岸相隔甚远，被天际线衬托出清晰的轮廓。我对自己说"我们现在已经进入最艰难的阶段，要暴露在敌舰炮火中很长时间"。我把飞机开到最大推力，按下甚高频按钮，大声喊了句"祖国万

---

①　原注：选自《上帝与鹰》一书未公开发表的英译本。

岁"，开始进入进攻前的最后冲刺。我记得当时几乎没什么感觉，身边除了一个斗志昂扬的僚机战友外没有别人，我们就这样开始对这两艘巨大的"海上堡垒"发起进攻。为了吓退我们，敌舰在我们刚刚从水面冒出头来，进入火炮射程之前便开始射击。

开始的时候，炮弹都落在了我们面前的水中。炮弹在空中划出一道道轨迹，海面溅起浪花，每一次开火，两舰都被烟雾团团包围。有那么一阵子，我觉得自己仿佛置身于那些海战老电影的画面之中。三个月前，我还没想过我会有这样一次可怕而又激动人心的亲身体验。面前射出的弹幕真是密不透风，两舰都使出浑身解数。我看不清炮火到底离我们多近，因为我得回头看看风挡两边的情况。

我的僚机问我"到底打哪艘？""打后边这艘，它的防护弱些"，我回应道。两舰开始加速航行，朝着东边驶去，两舰相隔大约 200 米。当我能看见那艘大舰的时候，我正通过被部分遮挡的前风挡两侧进行观察，我按下投弹按钮，因为观察不便，用的时间比平常可能长了些。我记得炸弹投下去的时候，另一艘舰还在对我开火。我马上招呼道："你在吗，2 号机？"我听到他开心地大叫："是的，长官。就在你背后，我能看见你。"就在这时，我听到同频道又传来一个声音："我们看见目标了，正赶过来。"这是准备发起攻击的另两名飞行员。

卡瓦利奥和他的僚机打得很漂亮，可惜还是运气欠佳。1 枚炸弹从水面弹起，飞过"大刀"号舷侧，跳到甲板另一边，把舰上"山猫"直升机的机鼻给削去了，然后又掉入海中，一直没炸。这次实在是运气差到极点，因为当天的炸弹还用了新的头锥引信，炸弹只要碰到任何硬质物体，应该就会爆炸，最起码也该重创英舰。

第二对"天鹰"飞行员，一个是马里亚诺·维拉斯科（Mariano Velasco）中尉，他先前也经历了几次失败，所以急欲获胜加以弥补，另一个是年轻的霍尔热·巴里奥努埃波（Jorge Barrionuevo）少尉，他可能是第一次执行实战任务。两人驾机冲破英舰的防空火力网，而且毫发无伤。巴里奥努埃波的炸弹没能投下，可维拉斯科的表现却堪称本次海战的作战典范，他所投放的 3 枚炸弹都砸中"考文垂"号。舰体被深深砸穿，炸弹在内部引爆，导致该舰最终沉没。这 4 架"天鹰"安全返回本土，基地还为他们搞了一个大大的庆功宴。两小队击沉 1 艘、击伤 1 艘，将威胁阿根廷军的英舰部队就此赶出卵石岛。当天，该单位失踪的唯一一名飞行员是发起较早一轮攻击的德尔瓦列·帕拉贝尔上尉，他的战友们相信他在飞越陆地上空时，完全有机会成功弹射，因此他的缺席并没有影响到宴会的气氛。但他的战友不知道的是，实际上他已经坠机身亡。

当天阿根廷军的第二个成功战例在此只需简单交代一下，因为对阵双方并未短兵相接，加之我也没有从阿根廷人的口中得到个人证言。但实际上，其重要性并不亚于击沉"考文垂"号，甚至可能更重要。"超军旗"中队在里奥格兰德基地耐心等待，一旦获得确切情报，他们就将再次用飞鱼导弹发动攻击。这天上午，斯坦利的空军指挥部侦测到英军特混编队主力的准确位置是在斯坦利东北方向大约 161 千米处；为了支援在圣卡洛斯受到阿根廷军空袭的登陆部队，特混编队现在只能向前抵近。海军少校罗伯特·库里罗贝茨（Roberto Curilovic）和中尉胡里奥·巴拉扎（Julio Barraza）负责打头阵，正午时分他们便双双起飞。他们的飞行表现堪称完美，2 架"超军旗"中途加油之后，便从北部接近特混编队。他们一开机探测，就发现了目标英舰，发射完飞鱼导弹后便掉头飞走，心里一直盼着这一次袭击能打中英军航母。有 1 枚飞鱼导弹找准目标，大型集装箱船"大西洋运送者"号得左舷被导弹击中。导弹打穿舰体，随即爆炸，引发一场熊熊大火。阿根廷飞行员从没有凑这么近攻击过一艘航母。英军特混编队的部署方式一般是这样的，在飞鱼导弹可能的来袭路径上以及最重要的航母之间安排几艘其他舰艇。"大西洋运送者"号正好就在这批充当挡箭牌的最后一排舰艇中，如果它没能诱骗导弹，那么导弹真的有可能打中航母所在的位置。

战果最为辉煌的阿根廷国庆日，就这样过去了。阿根廷付出 3 架飞机坠毁、2 名飞行员丧生、1 名飞行员被俘的代价。但阿根廷军击沉"考文垂"号，击伤"大刀"号，还将"大西洋运送者"号付之一炬，舰上所搭载的价值无可估量的军用物资和直升机也全部葬送。"考文垂"号上有 19 名水兵丧生，"大西洋运送者"号上一共死了 12 人。

然而 1982 年 5 月 25 日的胜利，已是阿根廷军在空中行动中所能够发挥出的最佳状态。在这之后仅有两次针对圣卡洛斯登陆区的小规模空袭，5 月 27 日出动 6 架"天鹰"，两天后又出动 4 架"匕首"。第一波空袭首次炸到海岸据点，导致 7 名英军死亡，多人受伤。两天前击沉"考文垂"号的马里亚诺·维拉斯科在空袭中被击落，但他成功弹射并活了下来。第二次攻击并未取得战果，反而损失1架飞机。而且这一次飞行员未能存活，他就是胡安·贝纳尔特中尉，1982年5月21日第一个投弹攻击"热心"号的那位。

这两次空袭给阿根廷本土空军打击英军登陆区的行动画上句号。在整整九天的紧张行动中，阿根廷大约出动120架次的飞机，其中有90架次抵达战区。英军有3艘舰艇在登陆区或者附近水域被击沉，分别是"热心"号、"羚羊"号和"考文垂"号。另有3艘战舰和3艘两栖舰被炸弹砸中，但并未发生爆炸。还有一些舰艇被航炮打中，受了些皮外伤。某一次空袭还导致地面部队人员伤亡。另外，"超军旗"还摧毁了"大西洋运送者"号。阿根廷的空军和海军飞行员已经尽了最大努力，也想着继续发动空袭，但现在英军的防御已十分完善，阿根廷要想一战定乾坤，再无可能。空袭确实重挫了英军，但现在他们已在岸上修建牢固的防御工事，并打算以滩头阵地为跳板继续挺进。而此时，阿根廷军已经遭受巨大损失。21架飞机被击落，将近占到飞抵战区飞机数量的四分之一。这中间有12架飞机是被"海鹞"击落的，有8架是被舰载或者岸基武器摧毁的，还有1架是被上述三种力量共同打下的。

可悲的是，阿根廷的宣传机构却给航空部队的英勇作战抹了黑，他们以空军的名义发布了大量虚假报道，肆意歪曲事实。斯坦利的《阿根廷公报》显然秉承了布宜诺斯艾利斯方面的旨意，发表了一份所谓的《阿根廷军1982年5月25日的战果统计》，统计结果显示阿根廷军击沉5艘战舰（实际上是3艘），击沉包括"堪培拉"号在内的3艘运输舰（仅有"大西洋运送者"号1艘），摧毁14架"海鹞"（实际只有2架被击毁，另有3架为失事坠毁），重创包括"竞技神"号在内的多艘舰艇（"竞技神"号根本毫无损伤）。最后公报还称"所有这些具体数字仅仅是依据可靠来源做出的判断，尚不包括估测和未经证实的消息"。

真正对英军登陆构成威胁的实际上是阿根廷军的空袭。至于阿根廷海军舰艇部队，根本就没露面。当然，海航的"天鹰"和"超军旗"中队可以说是表现英勇，并取得积极战果。福克兰地区强大的地面守备部队，也未出动一兵一卒干扰英军登陆，更别说发起突袭行动了。在埃斯特万中尉及其手下于第一天上午撤出圣卡洛斯港后，英军和阿根廷地面部队就再无交战。直至 1982 年 5 月 27 日，英军陆战队抓获一名留守高地俯瞰圣卡洛斯，涉嫌通过电台向斯坦利通报英军动向的阿根廷陆战队军官。这个有着大无畏精神的人是海军少校当特·卡米雷提（Dante Camiletti）。

福克兰的阿根廷军队指挥官们，现在面临一个两难的问题。随着日子一天天过去，对他们来说，英军的登陆行动显然已经超出转移他们注意力的初衷。因此阿根廷军考虑了几个可行的行动方案。斯坦利的直升机部队，其实可以将前方部队从大的兵营送到那里。位于鹅原湾的第 12 团，距离圣卡洛斯约 27 千米，也能发起地面攻击。霍华德港和狐狸湾的第 5 和第 8 团，只要坐上直升机，或者搭船穿越福克兰海峡，就能前去攻击圣卡洛斯。英国人试图通过军舰在夜间炮袭两地的方式造成威慑，彻底扑灭阿根廷军反扑的可能。炮击中，阿根廷军共有 5 人丧生，还有一些人受了伤。即便如此，还是有人提议，从本土派出伞兵部队飞往鹅原湾机场，并从那里对滩头发起攻击；科尔多瓦的第 4 空中机动旅的一个团当时就做好了随时出发执行这一任务的准备。结果却并未行动，原因有两个。第一个原因是，根据先前所商定的方案，斯坦利被看作是福克兰的关键区域。不管英国人从什么地方登陆，他们都得去往斯坦利，与守在那里的阿根廷军正面对抗。第二个原因是，斯坦利和其他守备点的行动，或者从本土派出的伞兵部队发起的行动，除面临英军空中兵力的威胁外，还会在运输机动的问题上面临难以逾越的困难。加尔铁里对梅南德兹表示强烈不满，指责他未发一兵一卒前去阻击英军滩头部队，而梅南德兹却提醒他，自己正是在坚定执行他先前所批准的策略。唯一的应对措施就是向鹅原湾调派几门火炮（前文已有提及），另外就是对可能遭到圣卡洛斯的英军入侵的斯坦利防御区的几个据点进行兵力加强。但现在甚至都无法确定，英国人是否真的会从滩头阵地发起行动。从圣卡洛斯到斯坦利防区的边缘地带有 64 千米远，地形复杂，几乎不可能逾越。阿根廷军还猜测，英国人可能会巩固登陆成果，并以此为筹码重新开始政治谈判，但结果却并非如此。英国人现在的打算是继续向前推进，整场战争的性质将再次发生改变。阿根廷陆军基本上是孤军作战，因此只能放手一搏，争取在最后阶段的战斗中为阿根廷力保马岛不失。

第十二章

鹅原湾之战[1]

英国人于 1982 年 5 月 26 日晚开始撤离滩头阵地，第 2 伞兵队最先离开圣卡洛斯岛上的苏赛克斯山驻地向南进发，来到一间被遗弃的牧人小屋——卡米莉亚河屋（Camilla Creek）前，这里距离扼守鹅原湾的阿根廷守军前沿不到 4.8 千米。第 2 伞兵队的任务是要攻占鹅原湾。这在当时的英国陆军指挥官朱利安·汤普森（Julian Thompson）准将看来，可不是什么好差事。鹅原湾及其机场和兵营，位于英军从圣卡洛斯通往斯坦利的必经之路的南侧，但汤普森不愿意像现在这样动用五分之一的步兵，即整整一个营的兵力，来给行动打掩护，他认为一小股兵力就够了。不过伦敦方面催促他早点打一场胜仗，于是对鹅原湾的大规模作战就这么打响了。

鹅原湾上的这片牧羊草场算是福克兰群岛第二大平民聚居区，连同据此 1.6 千米，比它小得多的仅有几座小房子的达尔文，总共 120 余人。从 1982 年 5 月 1 日晚上起，这些人就只能在社区礼堂活动。民房靠近独特的狭窄陆地最南端，和东福克兰岛的附属大岛拉佛尼亚连为一体。这处管状地峡长 8 千米、宽 3.2 千米，将会是首次地面战役的主战场。

最先在鹅原湾驻扎的是卡洛斯·埃斯特万的 C 连，隶属第 25 团，不过后来发生多次变化。根据英军所掌握的情报，阿根廷方面当时出现在该地域的是梅赛德斯特遣队，主力部队是第 12 团，在阿根廷本土的基地是位于科连特斯省的梅赛德斯，这也正是该特遣队名字的由来。团长伊塔洛·皮亚吉中校是个高个子军官，脸刮得很干净，总是精神十足的样子，有点像电视里的柯亚科探长。皮亚吉面临多方掣肘，首先他的 B 连不在身边，该连作为直升机机动预备队被

---

[1] 原注：第 2 伞兵队的英军士兵更习惯称其为"达尔文——鹅原湾之战"。

留在了斯坦利附近。辖下连队的部分兵力和他 A 连辖下的一个排，当时已被调去支援在登陆当天投入作战的范宁角—圣卡洛斯港分遣队。不过第 8 团的某个排却不知怎的抵达了鹅原湾，于是皮亚吉从其团中抽调了一批被英国部队称为"备用件"或"下脚料"的人员，组建了一个排。这样的话，皮亚吉手里的部队在名义上算是整团满编，可实际上这些兵分属 3 个团。战斗刚打响的时候阿根廷军实际上一共有 11 个步枪排，和对方第 2 伞兵队的 10 个步枪排基本相当。皮亚吉手里的步兵人数一共是 554 人。

鹅原湾还有多支其他的阿根廷部队。当时第 4 空中机动炮兵团 A 炮兵连的一部分成员和 4 门 105 毫米炮已经赶到，有 2 门是从"伊瓜苏河"号巡逻舰上打捞起来的，另 2 门是后来直升机吊运来的。"伊瓜苏河"号上的 1 门已经严重受损，没法发射。这些炮所配备的弹药总共 1800 发，相比之下英军第 2 伞兵队的 3 门火炮当时仅有 840 发炮弹，好在当时第 2 伞兵队还能得到"箭"号护卫舰上 114.3 毫米主炮的速射火力支援，皇家空军中承担对地攻击任务的"鹞"式到时候也能过来帮忙。不过后来战场上的情况是，双方火炮所发挥的效能都不是很大，主要是步兵之间的直接对抗。算上空军的高炮兵连、几名工程师、一大批空军各部门杂七杂八的人员，当时驻守鹅原湾的阿根廷士兵总数大约在1500 人。机场上没有可以升空的飞机，所有能飞的"岩堡"飞机都被撤回了斯坦利港。陆军和空军各自的指挥官级别相当，空军司令威尔森·佩德罗萨（Wilson Pedroza）准将的军中地位略显资深，不过接下来在战场上直接负责指挥的却是皮亚吉中校。皮亚吉声称自己和佩德罗萨关系不错，两军之间也没什么矛盾。帕拉达准将负责整个战区，他本来应该在鹅原湾，但之前接到指令，要他把指挥部搬离斯坦利港，不过还没来得及行动。后来帕拉达因这一失误而受到军方的责罚。

皮亚吉中校算是我在阿根廷遇到的最肯帮忙的军官之一；文中有两段篇幅很长的章节，里面就有他精心搜集并整理的文字和地图资料。此外他也着重谈到自己在指挥中出现的各类失误。他的团隶属第 3 旅，是最晚被派去福克兰的，大多数的重武器都还没抵达。征召预备役军人的工作还未结束，他的很多士兵都是 1963 届的新兵，入伍还不到 4 个月就被派往福克兰前线。之后，在穿过斯坦利港时，几个主要的军官和他的一些士兵因为各种任务脱不开身，便留在了那里，而且整个 B 连也坐上直升机撤了回去。皮亚吉给我看了一些装备的短缺情况。他带着几个连队出发时只有两部电台，电台装在路虎车上，车是从鹅原湾当地百姓那里征调的。除此之外就没什么车辆了。他的团本来应该有 25 挺 7.62 毫米机枪，结果只配发了 11 挺。10 门 81 毫米和 4 门 120 毫米迫击炮里，2 门 81 毫米和 1 门 120 毫米的因为座钣和炮身被焊在了一起，所以只能设定一个射程。105 毫米无坐力炮也没有 13 门，实际上只有 1 门，还是不带瞄准具的。指挥部缺这个缺那个，他总结了这么一句话：梅赛德斯特遣队也只好这么衣衫不整地去和英国人硬碰了。

面临的难题还不光是武器和人员不足。他最初的任务是保护两个居民点和当地机场，承担 17 千米范围的防御圈，重点是防御来自海上的登陆行动。不过当英国人在圣卡洛斯完成登陆后，帕拉达准将便下令让皮亚吉将防线向北推进，做好准备以应付来自圣卡洛斯的地面攻击。皮亚吉所部才刚刚在通往地峡的半路上筑起一道坚固防线，通过前沿地带几片雷区形成防护，可现在不得不跨过雷区去建一条新防线。现在他的防御圈被拉长到 31 千米！"这么一变，带来了很多问题"，皮亚吉说道。

第 2 伞兵队在 1982 年 5 月 26 日至 27 日晚挺进到卡米莉亚河屋。行进过程中，遭受刚刚部署到鹅原湾的阿根廷炮火的袭扰，对方不清楚英国人是否正在推进，只是对着一片英国人可能途经的区域射了一通。一名皇家炮兵军官听出对方投入的是 3 门 105 毫米炮，这也是英国人第一次意识到鹅原湾的部队得到了火炮增援。次日一大早又发生了一些奇怪的事情。BBC 全球广播站发布了一条新闻报道，声称英国伞兵正在向达尔文推进。新闻主要是基于 BBC 方面的推测，但也是以国防部的强烈暗示为背景的，军方急欲要让人觉得部队在圣卡洛斯登陆后进展顺利、势如破竹。斯坦利港和鹅原湾的阿根廷人都关注到了这条新闻，第 2 伞兵队也听说了，他们简直气不打一处来，不知是谁写的报道，真是要人命！英国老百姓信以为真了，可就因为这通广播，对于鹅原湾的增援就此彻底断绝。而在大多数阿根廷人看来，这是英国人在虚张声势。皮亚吉中校的反应是：我也没怎么当回事，想来多半是英国人在打心理战，真正的作战意图像这么大肆宣扬的话，那真是发了疯。因此，我没有因为这次广播作出任何部署和调整。

伞兵队的 2 支观察组 27 日在向前行进过程中，对营部晚间将会发动攻击的地带进行了仔细摸排。他们发现一些新挖的战壕。两架皇家空军的"鹞"式飞临上空，通过地面引导投掷了几枚集束炸弹，希望能借此端掉阿根廷的火炮，但几乎没有造成任何损失，阿根廷士兵也毫发未伤。于是"鹞"式飞机又发起第二轮攻击，用航炮对第 12 团的 A 连进行扫射，但照样一无所获。一名"鹞"式飞行员还打算搞第三波打击，结果座机被一枚 35 毫米高炮炮弹击中坠毁；这名飞行员在数千米外弹射逃生，最后被英方直升机成功搭救。

观测组此时已被阿根廷军发现，并遭到机枪射击，但同样也并未出现伤亡。皮亚吉中校下令让侦察排去探明北边到底出了什么事，排长卡洛斯·莫拉雷斯中尉和 3 名士兵于是坐上指挥部的民用路虎出发了。这也是皮亚吉最后一次听到他们的声音，因为车辆在半路上遭到巡逻的英军伞兵伏击，4 人全部被俘。那辆路虎车连同车上的电台也都成了英国人的战利品，阿根廷北部防区原本也只有两套无线电设备。这一损失后来导致皮亚吉中校在战时遭遇多个严重问题。谈到此处，他不由得长叹一声，说道："每念及此，我都不由得热血沸腾。此阶段的战斗中，我方和前方连队保持通信联系，大部分时间只能依靠年轻战士的脚板！"

在这种情况下，鹅原湾的阿根廷士兵算是做好了大战在即的准备。皮亚吉谈到自己的感受时这样说道：

中午过后，我通过从各处获得的消息，尤其是路虎车失踪一事，意识到一场攻击近在眼前。我认为我们撑不了多久，因为我看过英国人的作战史，他们进攻讲究技巧，起码会投入足够的兵力，有时候甚至更多。这些我在关于二战的书上都读到过。

这场战役是在 1982 年 5 月 28 日周五凌晨 3 点 55 分打响的，看来英国人更喜欢发动夜袭，凭借自身高出一筹的战术素养来扭转在福克兰群岛这种缺少遮蔽物的地形上作战的不利局面。英军指挥官希望部队能够抢在拂晓前突破阿根廷军设在居民区北面的多道防线。英国人以为某幢名叫本特赛德（Burntside）屋的房子里驻扎着阿根廷士兵，于是打响了第一枪。但实际上房子里没阿根廷人，不过前一晚这里确实住过一支巡逻队。伞兵一通狂扫后，房子弹痕累累，万幸的是，里面的 4 位阿根廷平民逃过一劫，没有成为战争的第一批牺牲品。

英国人对 1.6 千米宽地峡自上而下的总攻就此展开。早在几天前，阿根廷军便接到命令，要他们扩大在此处的防守据点。据守在此的是第 12 团的 A 连，此时仅有 2 个排的兵力。连长霍尔热·曼雷萨中尉手下有 3 名军官、14 名军士、大约 100 名新兵，以及来自侦察排守在各个前哨站的那批人。可以调动的守城武器包括一批底钣被焊死的 120 毫米迫击炮、1~2 门 81 毫米迫击炮、2 挺 7.62 毫米机枪。A 连身后是横穿地峡的主力防线，但新修的据点位于北边大约 2.4 千米，完备程度也大为不如。

初期的战斗令人一头雾水。伞兵在黑暗中没看到阿根廷军的那几个前沿据点，就这么稀里糊涂地闯了过去。此时天开始下雨，双方就在泥泞的地面和呼啸的风声中打成一片。英军不断向前冲，交火渐趋激烈，很快大多数的阿根廷连队都投入战斗。这也是双方成建制部队第一次真刀真枪地作战，一方是气势汹汹、灵活善战的英国陆军，另一方是新兵为主的阿根廷常规部队。有些据点的阿根廷士兵打得不错，给敌方伞兵造成一定伤亡。但从英方的战报来看，也有一些新兵被吓破了胆，弯着腰躲在战壕里，一枪未发就成了俘虏。"他们看上去就像一群小鸡崽"，一个英国军官说道。天还太黑，对双方来说，都没法呼唤炮火支援。英军犯了些错误，这种仗他们也是第一次打，平时再怎么训练也抵不上亲身经历，不过他们还是不断地在向前推进。阿根廷军的据点，被一个一个拔掉，有些守军顶不住便向后撤，弃皮亚吉中校固守的命令于不顾。战斗一直持续到天色破晓，曼雷萨所部起码在天亮前拖住了英国人，没让对方攻到鹅原湾，而此时他们才发现，英国人距离居民点还有 3.2 千米。

接下来所采取的一系列重要行动，在这里值得细细研究一番。下个阶段的作战发生在横贯地峡 1.6 千米长的战线上，早在英国人登陆圣卡洛斯前一周，阿根廷军就在这里精心修建了战备工事。几处蜿蜒曲折的小山丘散布其间，阿根廷军的战壕背后是一道长长的金雀花藩篱，但前方基本都是开阔地，中间地带是雷区，意在把英军先头部队引向侧翼。战壕火力点经过精心配置，有些顶上还加了遮盖物。为叙述方便，我们不妨称其为"阿根廷军主线"。

在接到把防御圈进一步向北扩大的命令后，阿根廷军曾被迫放弃这些军

鹅原湾战争示意图（1982年5月27日至29日）
（主要战役发生在5月28日）

27日下午，侦察排长被俘

阿根廷连队所在位置

阿根廷排级单位和其他单位

英军行动方向

阿根廷军前进方向

阿根廷军撤退路线和其他行动路线

时间为估计值

本特赛德屋（民众占据）
3点30分遭"攻击"

侦察部队

4点30分至7点30分：
在侦察排和A连阵地交战

宴雷萨的
A连

9点30分，在博卡屋阵地阻过
英军前进；侧翼被围后，阵地于
12点30分陷落

A连残兵
撤退方向

9点30分，英军在达尔文
山暂停推进；琼斯中校10
点阵亡；13点之前，战斗一
直僵持

主防线

佩鲁佛

13点30分英军继
续向前推进

达尔文

阿里亚加

艾斯特贝兹

15点至16点的校舍之战

5月29日11点50分
鹅原湾守备部队投降

高炮群

鹅原湾

野战炮

机场爆发激战，
巴里中尉战死

戈麦兹：森图里昂
埃斯特万

下午的撤退路线

12点30分来自斯坦利的
直升机，由瓦斯奎兹中尉
带领参战

C连
费尔南德兹

B连
柯西格利亚

17点20分搭乘直升机，
夜间晚些时候进入居民区

17点英军建立松散包围圈

事据点。而当这场战役打响时，人手奇缺，只有厄内斯托·佩鲁佛（Ernesto Peluffo）少尉手下第 12 团区区一个排的行政人员可以调用。不过在英军抵达防线之前，后方组建了两支生力排。阿根廷军左侧是由新上任的吉列莫·阿里亚加（Guillermo Aliaga）少尉率领的第 8 团的一个排（C 连 3 排），之前一直守在南边的滩头阵地，以防英军海上登陆，不过这会儿已经转移到主线最左端，据守在一座被称为博卡屋（Boca）的废弃建筑周围的战壕内。另外，右翼也得到兵力加强，这是第 25 团 C 连的一个排，该排留驻居民点，被作为中央预备队使用。皮亚吉中校给排长罗伯特·艾斯特贝兹（Roberto Estévez）下了命令，要他继续向前移动发起反击，分担 A 连的压力，同时要他们夺回 A 连之前失守的阵地。艾斯特贝兹很快就带兵经由机场移防到主力防线。据信他已经占据防线最东端的几处据点，部署在达尔文山这么座小山包的山顶和周围。在该条防线驻守的 3 个排中，他的这个排可能是战斗力最强的。部队武器配备齐全，还拥有几部内部通讯电台；排长是个经验丰富的老兵，比其他两个排的指挥官更高明。

下达给艾斯特贝兹的关于反击并夺回前方阵地的命令不可能得到执行，因为他来到这里的时候正赶上曼雷萨中尉所在连队的残部撤退，同时第一波英军已经抵达。但当双方再次发生交火时，三个还没被派上去过的生力排，加上从先前战斗中撤退下来的三四十人，是能够守住主力防线的。这些阿根廷部队无法及时得到火力支援；鹅原湾的 3 门火炮已经把弹药给打光了，本地的那些迫击炮也已经把弹药供应给消耗完。但向前推进的英军也几乎得不到炮兵支援。"箭"号护卫舰已经撤走，之前的弹药也被消耗得差不多了，需要返回圣卡洛斯防空安全区进行补充。返回卡米莉亚河屋的 3 门英军大炮现在处在射程极限边缘，不能太靠近己方人员发射，因为如果刮来强风，炮弹落点可就说不准了。因此，接下来的战斗将是一场纯粹的轻步兵武器的碰撞。

这里所爆发的战斗极为残酷，英军一度败北。第 2 伞兵营的参战连（A 连）先前并没轮着上阵，一直在沿着地峡东岸行军，避开了先前的交火。该连在开阔地带快速推进，他们认定阿根廷军的主要据点已经被突破。伞兵们打算部署到达尔文山，然后对达尔文居民点附近的小片建筑群展开进攻。不过就在达尔文山上，艾斯特贝兹中尉刚刚把一个排的部分兵力安置下来。英军来到近前，看到前方山头上有人，似乎正在向他们挥手。这些都是阿根廷士兵，他们以为来的是从刚刚的交火中撤下来的友军。伞兵们则以为这些人是当地居民，正告诉他们只管往前走，于是他们继续在开阔地行进，但接着主力防线上的其他阿根廷士兵开火了。伞兵完全暴露在对手面前，好几人伤亡，于是赶紧四面散开寻求隐蔽。他们还试图对山头发起冲击，但阿根廷军的这片阵地掩蔽得很好，包括 2 名军官在内的 3 名伞兵不一会儿就都被打死了。

第 2 伞兵营指挥官琼斯（Jones）中校冲上前来，试图对山头右侧再度发起攻击，但就在他独自对某处阿根廷战壕展开突袭的时候，被一枪撂倒。英军将他拖了回去，他身上伤痕累累，在上午早些时候死去。后来他被追授"维多利亚十字勋章"（Victoria Cross），他是福克兰战争中受此殊荣的两名军人中的一位。到底是谁打死了琼斯中校？这个永远也说不清楚。阿根廷没有就此发表过特别战报，对阿根廷而言这只不过是一个英国军人。打死琼斯的阿根廷士兵可能是艾斯特贝兹那个排的，但也可能是被派到主力防线的其他部队的人。

这边正在交战，而在防线另一头推进的英军，也正遭到年轻的阿里亚加和博卡屋据点的一个排防御阻击。英国人在这一地带的伤亡同样很大，伞兵被迫后撤。

英国人的后撤行动是在上午 9 点到 10 点进行的。第 2 伞兵营副营长用了大约 2 个小时向前冲锋并重新组织进攻，趁此空隙正好交代一下其他地方的战况。皮亚吉中校当时正在向斯坦利的帕拉达准将报告战斗进程，急切地请求提供支援。帕拉达回复说会发起多轮空袭，从斯坦利派出一批"岩堡"和马基飞机。该机部署在福克兰的目的，就是为了发起这样的近地支援攻击。但对阿根廷飞行员而言，这个任务绝不轻松；低空多云的天气很不适合飞行，飞机也很容易被地面炮火击落。3 架"岩堡"飞机在大约上午 9 点发起首轮攻击，针对的是距离双方近战交火区有一定距离的英军部队。"岩堡"的火箭弹没有给英军造成伤亡，同样飞机也躲过爆炸的英军吹管导弹和地面炮火。另有 2 架"岩堡"飞机在上午晚些时候返航，这次它们立了大功，逮着 2 架正向前方运送弹药和撤走伤员的"侦察兵"（Scout）直升机。其中 1 架直升机在得到抬走重伤的琼斯中校的命令后，实际上是在向南飞，正在这时 1 架"岩堡"发起攻击，用航炮将其击落。直升机飞行员坠亡，另一名成员受了重伤，断了一条腿。第 2 架直升机及时逃脱，毫发未损，但阿根廷方面的报道却与此完全相反。

那名击落直升机的阿根廷飞行员在取得战果后也没活多久。他的战友看到他飞入云层，飞机可能是被地面火炮伤到了，但没有严重丧失飞行能力。飞行员米盖尔·吉梅内兹（Miguel Giménez）和鹅原湾空军基地有过两次无线电通话，但这之后连人带飞机彻底消失。此次出击中第 2 架"岩堡"的飞行员"奇诺"辛瓦罗（'Chino' Cimbaro）中尉驾机逃离，高度非常低，驾驶舱前方玻璃被他所说的"压力波"激起的泥浆蒙了厚厚一层。吉梅内兹击落的"侦察兵"直升机是整场福克兰战争中"岩堡"飞机取得的唯一可证实的空战成果。

帕拉达准将还派出一批地面增援兵力。第 12 和第 25 团的 84 名士兵（一说106 人）在埃斯特万中尉的率领下在斯坦利完成集结。其中有些人是之前跟着埃斯特万守在范宁角和圣卡洛斯港，后来一路逃回斯坦利港的那些；其他都是些散兵游勇，曾在斯坦利执行过各种任务，现在被派到鹅原湾。士兵们被 11 架直升机一次性运走，飞机沿着海岸经由舒瓦瑟尔海峡北上，之后在鹅原湾降落，因为天气恶劣，他们没有遭到英国人的空中打击。埃斯特万马不停蹄地完成部队整顿，带领他们进驻居民区，然后向皮亚吉中校报告并请求指示，前后仅用了 20 分钟。

战局的短暂缓和，给了曼雷萨中尉充足的时间从主力防线上坐路虎赶过来，向皮亚吉报告当前战况，补充大量弹药，然后返回连部与残余人员会合。同时阿根廷的炮火也都得到弹药补充。这些火炮和居民区住宅靠得很近，让英国人颇感头疼；英国人现在还不能锁定他们的确切位置。

这段时间发生的另一临时事件是皮亚吉对驻防鹅原湾南部的连队进行征调。该连队是第 12 团的 C 连，指挥官是拉蒙·费尔南德兹（Ramón Fernández）中尉。连里派出一个排坐上直升机去调查英军从海上登陆的消息是否属实，结果发现是虚惊一场。其他地方现在也需要直升机；这个排没有电台，在当天晚些时候便失去联系。C 连其他成员正靠近鹅原湾，加上早先英方在北部的推进，阿根廷守备部队的控制区明显缩小。

接近中午时分，双方战端再开。达尔文山前受阻的英军连队最终迂回到那里的阿根廷阵地右侧（从英方一侧）。这是一名士官扛着66毫米反坦克火箭筒，从阿根廷军的某条掩蔽战壕的火力缝隙中迂回穿插换来的。就从这个突破口，伞兵从一道道战壕中突围而出，但进展很慢，而且打得很艰苦。第25团艾斯特贝兹中尉的那个排打得很不错。艾斯特贝兹先后三次负伤，分别是腿、手臂和左眼中弹，最终战死。他的无线电手，列兵法布里克·卡拉斯库尔（Fabrico Carrascul）接替指挥防御，直到中弹身亡。两人在战后都被追授了英勇作战勋章。罗伯特·艾斯特贝兹是在鹅原湾战死的唯一一名陆军军官，他的排只有三四个人成功撤回居民点。

主力防线另一端博卡屋的战况与此相似。其中一个英军伞兵连（D连）沿着海岸右侧边缘的人行小道包抄到阿根廷军的据点背后。部队沿小道杀入博卡屋战壕的侧翼，道路非常狭窄，上涨的潮水没过他们的双脚，冲到据点前面的伞兵把阿根廷军的炮火给压制了下去。1名阿根廷士官和4名新兵战死，还有多人受了伤，包括年轻的排长阿里亚加少尉，几周前他还只是一个军校学员。阿根廷军缴械投降。负责据守主力防线中部的一个临时拼凑起来的排于是带上他们头部受伤的排长佩鲁佛少尉一起撤退了。

英军取得一连串的胜利，阿根廷军被迫退回到机场周边防区，这也是涵盖鹅原湾的最后几个据点。为了阻挡英军前进，皮亚吉中校将守在定居点的剩余预备队派上前线。这里有胡安·戈麦兹·森图里昂少尉的第25团的一个排，还有从斯坦利刚刚搭乘直升机抵达这里，由何塞·瓦斯奎兹（José Vásquez）少尉指挥的第12团的士兵。这个指挥大约80人的联合部队的任务，本来应该落在埃斯特万中尉肩上，但他此时正好被叫去指挥即将参战的200人的空军部队。森图里昂和瓦斯奎兹带兵向北行进，但走了不到1.6千米就看到英军从北边向机场发动突袭。阿根廷军立刻抢占有利位置，双方再度交火。当时刚过中午，1点到2点的样子。

交战期间，发生了一件意想不到的事情。参战英军是刚刚接受博卡屋阵地投降的那些人。英军的一个排长詹姆斯·巴里（James Barry）中尉在电台里请求他的连长走到阵前，像之前那样劝说阿根廷军投降。他判断现在战场形势对阿根廷军非常不利，对方可能会接受英军的条件。连长同意了，让他的手下暂时停火，他打算和阿根廷军谈判。巴里中尉和 2 名军士于是走上前去，武器举在头上，表示他们无意攻击。迎上前来的是戈麦兹·森图里昂少尉，能说一口流利的英语，他父亲曾经是驻华盛顿的武官。戈麦兹·森图里昂是一个作风顽强的军官，他的那个排也刚刚投入战斗，还以为是英国人打算投降，闹了半天才知道是来劝他投降的。他严词拒绝，并给英国人两分钟时间返回原位，答应两分钟过后阿根廷军再开火。于是巴里中尉和 2 名士官只好转身往回走。

就在此时，一名英军机枪手开火了，打中几个阿根廷士兵。这挺机枪是布置在达尔文山地势较高处的几挺机枪之一，第 2 伞兵营的机枪排借此向英军先头部队提供全面支援。这些机枪手在北边 1.6 千米左右，并不清楚巴里中尉这边已经严令禁止开火；机枪的射程接近极限。阿根廷军并不知情，看到英军射击导致己方伤亡，顿感怒不可遏；几名阿根廷士兵朝着刚刚爬过铁丝网的巴里中尉及其手下开火。三个人被当场打死。这确实是一次悲剧性的意外，双方的举动其实都无可厚非。

但事情并未到此为止。后来发现第 2 伞兵营的琼斯中校在此役中阵亡，有人提出当时走上前去和戈麦兹·森图里昂少尉交涉的正是琼斯。可以肯定的是，充当谈判角色的只可能是英方高级军官。于是阿根廷的很多公开报道认定是戈麦兹·森图里昂打死了琼斯，这与英方所说的琼斯中校的死因大相径庭。这段故事在战后传遍全球，第 2 伞兵营的战士被传得神乎其神，好多人还说自己看到琼斯从天而降，孤身一人对达尔文山发动袭击。尽管我没能见到戈麦兹·森图里昂本人，不过在和阿根廷军官交流过后，我很快搞清楚这根本就是两件事，琼斯中校在 3 小时甚至可能 4 小时之前就阵亡了，距离巴里中尉被打死的地方有 1.6 千米远。

之后在机场附近的全面交战中，英军逐渐占据上风，不过这次依旧打得非常艰苦。阿根廷军的 35 毫米高炮加入战斗，这种炮火力强劲、弹道平直，让英军士兵恨得咬牙切齿。一些空军人员可能也参加了战斗，有 3 名新兵战死。戈麦兹·森图里昂少尉和瓦斯奎兹的两个排都遭受一定伤亡，一直在步步后撤，几乎逼近居民点。这里有几处地方位置稍高，对阿根廷军来说是理想的射击地形。这里也是组织防御的最后一线希望。在撤到这里的过程中，戈麦兹·森图里昂被迫撤下一名受伤严重的中士。但他答应会返回战场将其带回，到了晚上他果然如约而至。由于此举以及他先前在机场防御中的出色表现，这名年轻军官被授予"阿根廷英勇作战国家勋章"，这是阿根廷最高荣誉，战后或者接受这一奖项的仅有4人。而他也成为福克兰战役中名气最响的阿根廷战士之一。[①]

下午的这场战役还有空中部队的参与。发起第一波攻击的是斯坦利方面的2架海军马基飞机，可惜天气非常恶劣，鹅原湾的空军控制台又让它们返回了斯坦利。但这2架飞机后来重返战场，这一次它们接到指示，对机场附近的英军部队展开火箭攻击和航炮扫射。地面火炮朝着2架飞机猛烈开火，其中1架被吹管导弹击落。飞机在众目睽睽之下坠毁机场，飞行员达尼尔·米盖尔（Daniel Miguel）少尉当场身亡。这片空域还有2架"岩堡"飞机在执行攻击任务，有1架还扔了凝固汽油弹。米舍罗德（Micheloud）中尉的飞机就挂了凝固汽油弹，他对这次"岩堡"的攻击是这样描述的[②]：

我们从西北方向逆着风飞过海面进入目标上空，指望风声能够掩盖我们飞近的声音。进入有效射程之后我就朝着敌人的阵地开火了，对方也凶狠还击。我只能从敌人上方飞过投弹，感觉这一过程没完没了。灰沉沉的下午淡烟飘荡，四处是燃烧后的残骸，还有地面上消失的人影，曳光弹从四面八方射过来。我找准之前选中的目标投下炸弹。我感到我的飞机被击中，于是把高度降得更低。我略微转弯，想看看我所投下的炸弹爆炸的景象，腾起的一道道烟柱表明那些炸弹真的投下去了。

第2架"岩堡"被击落，但飞行员克鲁萨多（Cruzado）成功弹射。他的飞机断为两截，伞包打开的时候，他看到飞机后半截从下方滑落坠地，摔得粉碎。他降落到英军中，成了俘虏。这些代价高昂的空袭并未给英军造成人员伤亡，但皮亚吉中校表示，这极大地鼓舞了战士们的士气，尽管他也承认，阿根廷飞行员执行这些"一去不回的任务等同于自杀"。

---

① 原注：一些报道把鹅原湾之战中的戈麦兹·森图里昂说成是突击连的成员。这种说法是不对的，他是在战争结束后才加入突击队的。
② 原注：选自《上帝与鹰》一书未公开发表的英译本。

当天的最后一次空袭行动是由 3 架皇家空军的"鹞"式完成的，它们在黄昏时分抵达目标，用集束炸弹和火箭弹对那些给英军带来极大麻烦的阿根廷高炮一顿狂轰。

皮亚吉中校身处军人生涯最为关键的时刻，在军民区某幢民房的指挥所内，努力指挥防御作战。他和斯坦利方面一直保持着联系。通过直升机运送更多弹药的要求还没得到批准，不过在上午斯坦利派来一批增援部队，还出动几架次的飞机。他和斯坦利的无线电联系一度中断，好在很快恢复了。而他和自己连队通话倒是更加困难，通常要依靠士兵跑着传信，或者由士兵开着路虎车传信。但皮亚吉发现，英国人越靠近，他和他的军官联系起来就越顺畅。中午刚过，大约 12点 25 分的样子，根据皮亚吉的日机，斯坦利的帕拉达准将下令让皮亚吉整顿部队，展开一场全面反攻。这是在皮亚吉派上他的全部预备队后发来的命令：

听到这个命令时，我简直气得发疯。反攻！拿什么反攻？老天保佑。我记得我当时一把操起铝杯子，狠狠朝墙角扔去。平常我是个脾气随和的人，但这种命令根本就没法执行。我告诉他没法反攻，也告诉他为什么不行，话说得很客气，但态度也很坚决。

战斗中去过指挥部的埃斯特万中尉说，皮亚吉中校看上去似乎很平静，但其他几名军官都有些惊惶不安。

英军在下午 5 点就已经逼近据点周围的最后一道防线，距离南北双方两端仅 366 米，离西边稍微远一些。皮亚吉命令炮兵停止近距支援射击; 炮管几乎垂直，射程已经调到最短，现在只能打稍稍远一些的目标了。投入作战的步兵正逐渐减少。英军连续作战已经超过 14 小时，突破阿根廷防线 5.6 千米。居民区中的福克兰当地民众超过一百人，不能危及他们的生命。这一天也实在是打够了。

这之后不久，下午 5 点 20 分左右，阿根廷直升机群不期而至，越过即将完成对居民点合围的英军头顶，开始在鹅原湾南端大约 4.8 千米处投放武装士兵。这些都是皮亚吉中校的 B 连士兵，上个月曾作为直升机预备队被派到 64 千米外的肯特山。这批部队又被称为索拉里特遣队，由艾杜亚多·科西格利亚（Eduardo Corsiglia）上尉全权指挥，在皮亚吉麾下时被称为S4。B 连的连长是伊格纳西奥·格里提中尉；他的生动描述显示出该连被派到鹅原湾，多少让人有点迷惑不解：

　　我先前就去了爱斯坦西亚屋（Estancia），想要找人都帮我手下的士兵，他们身体不舒服，大多数是冻伤，或者腿脚不方便。我只能带着一个卫兵走着去，因为我的吉普车坏了没法开。等我走回连部的时候，浑身湿透，一点儿力气都没了。副连长告诉我直升机已经在路上，打算把全连都送到鹅原湾去。我们的团正在和英军交火，就在这时直升机到了。我让他带第一批人先走，我先留下，换完衣服休息会儿，等第二波再出发。我知道自己这副样子跑去打仗，根本于事无补。我身边有一瓶产自里瓦达维亚海军准将城的红酒，专门等特殊时刻才喝。我拿了出来，分给手下那些军官，为他们送行，他们马上就要赶去增援还在与英军苦战的团部战友了。

　　就在直升机刚刚着陆的当口，我从电台里接到旅部的命令，我想应该是帕拉达准将，他要我取消这次直升机调兵行动。我赶紧让士兵出去拦下他们，士兵冲出去，想要去敲停得最近的那架直升机的机身，可还是太晚了。飞行员打开窗，看到其他直升机都起飞了，于是也跟着升空。我只好在电台里向斯坦利方面如实报告了情况。我打点好自己的装具，带着其余40人走下山区，来到接机点，直升机群没有再回来。下面要说的事情，让人有点伤心。战争结束时，我沦为战俘，我看到你们的75架直升机同时在上空飞过，那场面真是壮观至极。

　　之后不久，我听到皮亚吉上校在电台里要求和帕拉达通话。皮亚吉投降了。我开始哭，这是我从小到大第一次这么大哭。我哭是因为我的团全军覆没，我的连也基本上完了。我的士官跟我说："别哭啊，我们需要您。"我告诉战士们所发生的一切，对他们说，第12团就剩我们这些人了。这真是一个令人动情的时刻。就在这时，2架"鹞"式飞来，炸了我的指挥部，霎时间让我回到了现实！

　　柯西格利亚上尉带着大约140人降落在鹅原湾附近，他们的到来完全出乎皮亚吉中校的意料。当时天快黑了，电台数量不够，因此皮亚吉没法将这批生力军派上大用场。当晚他发现英军包围圈的一个空隙，于是他们就撤到了居民区内。

　　英国人也在源源不断地增派部队。当汤普森准将获悉阿根廷军刚刚派来一支援军时，他就意识到，如果第二天接着打，那么需要派兵增援第2伞兵营。

第 42 突击队的 J 连搭乘直升机赶往鹅原湾以北 4.8 千米的一个阵地。该连的一些人原先是鹅原湾之战前整整 8 周，即阿根廷军占领福克兰时，被派到斯坦利的皇家陆战队分遣队成员。随同他们一起抵达的还有 3 门英制野战炮和全新的弹药补给。

第 2 伞兵营的高级军官克里斯·纪博（Chris Keeble）少校，在当晚试图劝说阿根廷守军投降。如果阿根廷军决意要在次日继续交战，那么至少先让平民安全撤出。纪博少校向阿根廷军晓以利害、摆明形势，称对方负隅抵抗毫无出路。阿根廷军现在已被英军团团包围，也等不来友军的支援。如果不投降的话，第二天军舰和地面火炮就会把这里夷为平地。纪博少校告诉皮亚吉中校，自己和他一样，也是天主教徒，呼吁他出于人道主义考虑，停止无谓的牺牲。皮亚吉现在进退两难，这也是过去无数战斗中，每个指挥官都可能面临的抉择。他向斯坦利的帕拉达准将请示，可帕拉达准将让他自己做决定。于是他找来本地的空军指挥官威尔森·佩德罗萨和代表极少数海军人员的海岸警卫队舰长卡内巴里·戈普柯比奇（Canevari Gopcovich），一起商量何去何从。讨论结束后，皮亚吉宣布，他决定缴械投降。之后他把副团长和几个连长都叫了来，告诉他们自己的决定。一个军官当时就哭了，另一个烧了第 12 团的团旗，还有一个问他能不能从居民区突围出去，斯坦利方面可能已经派直升机运来援兵和他们会合。卡洛斯·埃斯特万扭头走了，跑到他的防区各处，把这个决定告诉了他的手下，"他们听了都默然不语，神情哀伤"。

和英方的电台通话一直持续到次日凌晨 1 点 20 分。一开始阿根廷军只同意暂时停火，双方于上午 9 点 30 分在机场的一个小屋内会面，讨论平民撤退的问题。皮亚吉派了 2 个会说英语的军士前去，还让他们做笔录，结果两人回来说，英国人坚持要求阿根廷军彻底投降，否则就只能用炸弹说话了。结果上午 10 点45 分双方又开了一次会。这一次，皮亚吉、佩德罗萨和那名警卫队军官都见到了纪博，双方就投降的细节条款达成一致。皮亚吉和威尔森·佩德罗萨决定，由军衔较高的威尔森·佩德罗萨代表部队在一个小时后正式投降，放弃守备区。上午 11 点 50 分，英军进入居民点，首先碰到的是大约 500 名从阅兵式上抽调上前线的空军分遣队员，之后又吃惊地发现，还有排列整齐的上千陆军士兵。

一些阿根廷士兵惊奇地发现，打败他们的英军士兵还不到 500 人。当纪博少校把手伸向皮亚吉中校的时候，出现了尴尬的一幕，皮亚吉以为对方是要跟自己握手，于是也伸出手去，但纪博却是在命令他交出手枪，履行投降仪式中的正式程序。英军的翻译官贝尔上尉，向阿根廷军宣布了《日内瓦公约》的细节。现在他们是战俘，必须交出武器；皮亚吉中校和威尔森·佩德罗萨准将也不再是他们的指挥官了。这两名军官很快就被直升机送到圣卡洛斯。在"阿根廷陆军日"经历的这一切，真是令人痛苦不堪。这天下午，第一场冬雪悄然飘临，不多时便将这片满目疮痍的战场装裹成银白的世界。

鹅原湾一战，阿根廷军战死 55 人。人员构成如下：

所属部队	军官	士官	士兵	总计
第 12 团	—	4	28	32
第 25 团 C 连	1	4	8	13
第 8 团辖下的排	—	1	4	5
空军	1	—	3	4
海军	1	—	—	1
总计	3	9	43	55

对阿根廷军而言，这也是代价最为惨重的一场地面固定区域战。伤员的确切人数不详，不过梅南德兹准将后来写到一共有 131 人伤亡，因此陆军伤亡人数可能是 86 人。有 2 名伤员被扔在了战场上，躺了三天才被人发现。阵亡的阿根廷士兵都被埋在达尔文山北部的开阔地，这里也是罗伯特·艾斯特贝兹和他那个排顽强捍卫的阵地。英军一共有 17 人战死，其中有 5 名军官（包括 1 名直升机飞行员）、7 名士官和 5 名列兵；受伤的一共有 33 人。幸亏阿根廷军及时放弃抵抗，平民总算没有受伤。投降的阿根廷军究竟有多少人并不清楚，不过起码得有 1500 人。坐上"诺兰"号（Norland）被遣送回国的第一批阿根廷战俘总共 1536 人，几乎都是在鹅原湾一战中被俘的。

真刀真枪地打了不到 24 小时，这么坚固的要塞就被攻破了，还搭上了鹅原湾机场，阿根廷政府对此极为震惊。本土方面一开始并未获悉这一情况，之后又传出消息说，守军是在弹药全都打光的情况下投降的。这和英国方面提供的消息相反，守军投降之后英军明明发现大批弹药。以讹传讹，这里面肯定存在不少夸大的成分。阿根廷对英方关于不到 500 名英军打败了 1500 名阿根廷士兵的说法予以驳斥，指出阿根廷军中有好几百人是没有受过步兵作战训练的空军。实际上，战争中阿根廷方面受过训练的步兵大约有 630 人，英军大约有 450 人，而在战斗结束后双方派来的增援兵力还没计算在内。

战俘在鹅原湾被关押了几天，住在羊圈里，英国人还让他们帮着清理残留的弹药。第 12 团的 4 名士兵被叫去清理凝固汽油弹储弹箱，结果不幸发生事故。阿根廷士兵在清理过程中出了点差错，导致凝固汽油弹突然爆炸，顿时火光迸射，英国人怀疑那是一枚带弹簧的诡雷。一名倒霉的阿根廷士兵被大火包围，身上着了火，疼得死去活来，由于火势太猛，其他人根本没法上去救他。出于人道主义，一名英军士兵给了他一枪。这次事件引发了阿根廷战俘的强烈不满。一批受伤的战俘被转送到阿根廷的"巴伊亚·帕拉伊索"号舰上，也就是 3 月份废金属危机中载着阿斯提兹中尉和其手下去往南乔治亚岛的那艘；现在该舰成了医院船，鹅原湾的那些伤兵在战后不到一周的时间，就都回到了阿根廷的家。其余的战俘被直升机带去了圣卡洛斯，战争结束前他们在那里搭船返回阿根廷。关于他们回国的情况稍后将有交代。

皮亚吉中校则倒了霉，他是第一个碰上英国人的阿根廷军队指挥官，结果还吃了败仗。战争结束后，他和那些士兵一起返回了阿根廷，发现自己遇到了麻烦。他拒绝考虑自愿退役，于是从第 12 团团长的位子上被撤了职，接着又被关禁闭，直到 1983 年 2 月被强制退役。第二年他出现在第一场民事和军事审判中，先是被判定为有罪，接着又被判定为无罪。当我在 1987 年碰到他时，他还在为恢复军职以及过去几年中应当获得的晋升而奔波抗争着，在参加过福克兰战争的团级指挥官中，他是唯一受到如此粗暴对待的。他手下的那个副团长跟他同样的结局。

第十三章

"无敌"号攻击和其他战斗

鹅原湾之战结束后，双方又进入一段相对平静的停战期时间将近两周，这期间地面部队主力没有直接碰撞。一旦圣卡洛斯的滩头阵地相对安全，建立起稳定的物资供应体系，英国人就打算让大多数步兵和炮兵搭乘直升机与斯坦利的阿根廷守军直接对抗，但"大西洋运送者"号上所损失的直升机使该计划泡了汤。结果，大多数英国步兵只好徒步穿越 64 千米的漫漫长途。正是因为这次费时费力的行军任务，就像先前的停顿一样，最终导致了接下来的一段插曲；不过各种零星的交火还是时有发生。

两支英军部队，即第 3 伞兵营和第 45 突击队，是从 1982 年 5 月 27 日鹅原湾之战的前一天开始挺进的，之后的一周他们几乎横跨整个东福克兰岛。他们两次遭遇阿根廷军，一次是 1982 年 5 月 28 日在提尔入海口碰到一个患病的阿根廷士兵，还有一次是两天后抓获一个由 3 人组成的空军观察组。这两次遭遇，第 3 伞兵营都赶上了。到 1982 年 5 月 29 日晚和 30 日，英军行动加快，当时已经调动足够的直升机，它们把 42 名突击队员和 3 门野战炮从圣卡洛斯运到肯特山脚下，一口气向前迈进 58 千米。肯特山先前由阿根廷军的一个连把守着，但后来大多数士兵都被直升机运往鹅原湾参战了，故而英军的推进并未遭遇抵抗。他们在途中只发现 1 名阿根廷士兵，自称"是被长官给落下的"。调至肯特山前线的英军大炮在 1982 年 5 月 31 日上午对斯坦利地区发起首轮炮击。

英军采取的所有这些行动，都是以小股特种兵打头阵，其任务是确保英军大部队通行无阻，尤其是防止直升机在运送武器和人员的过程中因无力自卫而遭受打击。在肯特山一带，英国空军特种兵和阿根廷军有过几次交手。对手通常是阿根廷军的第 602 突击连，他们负责在该地区前沿警戒，对英军的动向发出预警，必要的话还要展开袭扰。但突击队员们对上级分派的这个任务却颇有怨言。他们认为自己应当投入敌后作战，而不是站岗放哨，可问题是阿根廷常规陆军部队训练水平不高，不足以承担前沿侦察任务，所以只能让突击队员们顶上去。这几次战斗，阿根廷军表现极差。在 1982 年 5 月 30 日的夜战中，2 名阿根廷士兵阵亡，还有 1 人在断崖峰中了英国空军特种部队的埋伏，成了俘虏。英军在孤零零的托普马洛（Top Malo）大楼内，发现了第 602 突击连的一批阿根廷士兵，在之前的行进途中，英军曾与他们擦肩而过。天明时分，19 名皇家陆战队员搭乘直升机赶到大楼并发动攻击。战斗十分激烈，大楼陷入火海。皇家陆战队后来对阿根廷突击队的顽强抵抗大加赞扬，突击队有 2 人阵亡、6 人受伤，还有 4 人在未受伤的情况下被俘。2 名阵亡的阿根廷军人，厄内斯托·埃斯皮诺萨（Ernesto Espinosa）中尉和马特奥·斯贝尔特（Mateo Sbert）中士，因作战英勇被追授阿根廷最高勋章。阿根廷军声称至少打死 2 名英军，并表示他们的战友还对着尸体伤心落泪。但实际上英军陆战队无人战死，阿根廷军所说的实际上是接受照料的英军伤员。

英军在这里只有 1 人死亡，当时一支空军特种兵巡逻队在 1982 年 6 月 2 日清晨意外走火，误击了舟艇部队的巡逻人员，造成舟艇部队的一名中士死亡。这段时间英国空军特种部队还有一名军官战死，但是是在西福克兰。约翰·哈密尔顿（John Hamilton）上尉和其他 3 名士兵当时在霍华德港北部山头观测居民区周围的阿根廷据点，就在这时他们被阿根廷军发现，何塞·杜阿特（José Duarte）中尉带领第 601 突击连的 4 名阿根廷士兵对他们发起攻击。空军特种兵两两散开。哈密尔顿上尉带着信号兵掩护另 2 人成功撤退，但就在哈密尔顿打算掩护信号兵逃走时，却被一枪打死，后来这名信号兵被阿根廷军抓获，这也是战争主要阶段唯一一名被阿根廷军俘虏的英军士兵。哈密尔顿上尉在战后被追授了勋章。

另外一些阿根廷士兵伤亡并非直接源自交战。1982 年 5 月 30 日上午，1 架陆军的"美洲豹"直升机载着一支国民宪兵队执行特殊任务，突然发生意外，直升机在肯特山北部某处坠毁，7 名乘员全部丧生，飞行员和机组幸免于难。飞机坠毁可能是因为飞行员担心被"鹞"式打击，因而飞得很低，结果飞机的一片桨叶打到地面。这使阿根廷军倍感难堪，他们一度想把坠机原因归结为飞机遭到英军导弹拦截。

　　在上述的与英军特种部队交战的过程中，阿根廷军有 5 人阵亡、至少 14 人被俘；直升机坠毁死了 7 人。相比之下，英军仅 2 人死亡，1 人是战死，另 1 人是遭遇事故；另外还有 1 人被俘。这些小规模交战中的最后一例阵亡事件令人扼腕痛惜。年轻的阿根廷军官胡安·阿伯拉罕（Juan Abraham）是几周前在军校接受动员上战场的，临时被授予少尉军衔。当时他隶属第 181 装甲骑兵侦察分队，他奉命坐上吉普车去侦察疑似由英军特种部队发起的海岸登陆，结果遭遇海水涨潮回不来，最后就这么死了。

　　空中行动还在进行，但时断时续；阿根廷空军已经丧失集中作战的能力。第 2 轰炸机团的"堪培拉"重新投入战斗，但只在夜间出航。这一阶段第一次出动的是 2 架"堪培拉"，它们在 1982 年 5 月 31 日晚对圣卡洛斯地区的英军据点展开轰炸。这次夜袭出乎英军意料，但造成的破坏微乎其微，只有 1 人受伤。"堪培拉"在之后几晚多次发起这样的夜袭，绝大多数是针对肯特山一带的英军据点。轰炸精度不高，但确实起到了骚扰英军的作用。

　　两种先前还未战损的飞机，这次也经历了伤亡。第 1 空运团的 C-130 "大力神"飞机在战斗中承担多项任务，其中有 1 架在 1982 年 5 月 29 日执行特殊任务，这天该机发现 1 艘英国油轮"不列颠怀"号（British Wye），当时这艘船正在给英军特遣部队战区运送补给的航行途中。"大力神"扔下 8 枚炸弹，仅有 1 枚击中油轮，结果也没有爆炸。空运团另 1 架飞机更不走运，1982 年 6 月 1 日在福克兰北部执行侦察任务时，遭到 2 架"海鹞"拦截。英国战机又是导弹又是航炮，很快就把这架大型运输机打得起火坠海，机上 7 名机组成员全部丧生。6 月 7 日那天，4 架飞越福克兰执行照相侦察任务的"利尔喷气"（Learjet）飞机中的 1 架，被"埃克塞特"号驱逐舰上的海镖导弹击落。"利尔喷气"的尾部被整个打掉，而机身主体相对完整，机组 5 人没能逃出。断尾的前机身在空中缓缓飘荡，直至坠毁在卵石岛上，机上人员全部罹难。这两架飞机坠毁造成此战阿根廷空军中最高级别的人员伤亡，"大力神"上的雨果·迈斯内尔（Hugo Meisner）和"利尔喷气"上的罗多尔夫·德拉科里纳（Rodolfo de la Colina）的军衔都是空军中校。

　　这段时期英国方面也有 5 架飞机受损。1982 年 5 月 30 日，皇家空军"鹞"

式在攻击斯坦利外围不远处的阿根廷据点时被地面炮火击落。这架"鹞"式的燃油消耗大半,坠入大海,飞行员被己方直升机救起。两天后,1架飞近斯坦利的"海鹞"被罗兰导弹盯上,该导弹是斯坦利防空阵地上效能最高的武器。斯坦利的防空部队从1982年5月1日起投入作战,战斗力还很强盛,所以英军飞机通常会保持一个相对安全的飞行高度。在这种情况下,阿根廷的高炮要想取得战果机会渺茫,但确实在一个月的时间内,这有效保护了机场和斯坦利附近的军事设施。然而这一回,"海鹞"飞机飞得有点太近了,一名保持高度戒备的罗兰导弹操作手很快就盯上了它。初始发射是目测控制的,但在飞行途中切换到雷达跟踪状态,结果直接命中。飞行员成功弹射,开伞落入海中。阿根廷军出动飞机搜寻橡皮艇,但当晚还是英军直升机率先找到小艇,并将飞行员救出。这也是斯坦利周边被防空部队击落的唯一一架英军飞机。另外几次都是意外事故导致的:1架"海鹞"在恶劣天气下滑出了"无敌"号航母的甲板;1架皇家空军的"鹞"式在降落到圣卡洛斯港的前线机场时发生坠毁;陆航的1架"瞪羚"直升机被"加迪夫"号(Cardiff)驱逐舰误击,机上4人全部死亡。

最受关注,同时争议也最大的一次空中行动发生在1982年5月30日,这在阿根廷历史上后来被称为"'无敌'号攻击日"。里奥格兰德基地的"超军旗"部队还剩下1枚飞鱼导弹,于是决定用它发起最后一次导弹攻击,运气好的话说不定2艘航母能打中1艘。下文将会提到的阿根廷方面的资料称这是针对"那艘航母"所发起的一次攻击,航空部队有可能相信了阿根廷方面的宣传,真以为"竞技神"号已经失去战斗力。对于飞鱼导弹的最后一击,阿根廷方面做了充分准备。一共派出2架"超军旗",其中2号机负责用雷达搜寻目标。有意思的是,这次行动的规模后来还有所扩大,又加入4架空军的"天鹰",每架携带2枚500磅炸弹;它们要在飞鱼导弹发射后寻找机会对航母实施轰炸。为了确保任务顺利完成,阿根廷还派出2架"大力神",为6架飞机提供两次加油,一次是出航途中,另一次是返航途中,如果它们还能全身而退的话。这次行动需要从里奥格兰德向东飞出很远距离,然后转向西北,总共是1296.4千米,最好是从背后赶上英军特混编队的一部分,这也是接近戒备森严的航母最好的途径。

参与此次空袭的空军部队来自圣胡利安的第4战斗机团。5架"天鹰"在

1982年5月29日被调至里奥格兰德，当天下午在行动即将展开的前夕，2架"天鹰"突然出现问题无法出航，因此只能从483千米外的圣胡利安找飞机替补上去。"天鹰"飞行员对于执行这类复杂任务一点儿都提不起兴趣。他们要从陌生的基地起飞，还得和不认识的海军飞行员搭档，而且还得破天荒地飞这么远去执行任务。在他们看来，海军飞行员肯定巴不得独自包揽这次攻击行动，他们和上边反映过，要求取消空军的参与，但上级是要尽最大力量使英军的航母瘫痪。有人详细地说到过这次行动的细节，他是行动中军衔最低的吉拉尔多·伊萨克（Gerardo Isaac）少尉，他是一名"天鹰"驾驶员[1]：

　　命令传达下来了，但并不是一开始所说的那种牵制性的任务；这是一次真正的攻击。现在的形势很严峻。我们开了个作战指示会，仔细规划这次行动的具体步骤。这次行动以"超军旗"为中心。1架挂载飞鱼导弹，另1架提供雷达支援。我们接到指示，只要任何1架"超军旗"、2架"天鹰"或任何1架KC-130加油机被迫返航，所有飞机都得跟着一起返回基地。如果我们在抵达目标前发现对方的雷达警戒舰，我们也得打道回府。总之，一切都要做到滴水不漏、万无一失。

　　"超军旗"比我们提前5分钟起飞。我们在跑道尽头一起说了声"玛利亚保佑"，接着4架"天鹰"就升空了。我们在预定空域会合。离开海岸70千米左右时我的地平仪失灵了，何塞·达尼尔·瓦斯奎兹（José Daniel Vásquez）中尉下令让我返航，但地面控制人员要求我继续往前飞。

　　可这会儿我已经往回飞了一段，落后友机大约50千米，因此我独自飞去加油。2架"超军旗"在前面那架"大力神"那里加油，而我们和后边那架对接。它带着我们在海上飞了将近200千米，我们通过受油管轮流接受加油。最后我们把加油机抛在身后，整队继续朝着湛蓝的无边大海飞去，内心极其无助。又飞了100千米左右，我们开始下降。海上出现积雨云，又是狂风又是暴雨，汹

---

　　[1] 原注：选自《上帝与鹰》一书未公开发表的英译本。在这里我对原文未作任何修改，目的是不想被人说成是在这一充满争议的问题上修改证词。

涌的海浪翻起大团的水花，能见度非常低。我们保持低空飞行。过了一阵，"超军旗"开始爬升，打开雷达搜索目标，之后再度下降。这个动作重复了好几次。我一直在留心我的航向，我知道到了某个特定时刻，他们就会投下飞鱼导弹。当我的仪表指向那个时刻的当口，我朝领头飞机看去，飞鱼导弹从它的右翼落下。我看到导弹头部是灰色的，还看到导弹后边拖着推进剂燃烧的火焰。刚一发射，导弹就以15°角开始爬升，但突然又以30°角向下落，眼看着要碰到海水了，它又在挨着水面的高度改平了。它接着掠海疾飞，尾部拖着一道清晰优美的尾烟。"超军旗"的任务算是完成了，于是它们掉头返回基地。之后，那枚导弹飞出了我们的视野。

一分钟后，我看到前方有什么东西，明显非常庞大，也可以说相当壮观。原来我们已经飞近"无敌"号的舰艇。我呼叫长机。这之前，我们一直保持绝对静默。"航母在我们前方！"我们马上调整编队，准备攻击。我的心都提到嗓子眼了，这真是令人难忘的时刻。我一时间情绪激昂，但还是极力克制，提醒自己保持冷静。

我们开始攻击，每侧各有两架。就在我们快要接近目标时，舰岛两边开始冒烟，而且越来越浓，这是被飞鱼导弹打中所致。在13千米外，我看到左侧爆出一团火光；原来是瓦斯奎兹中尉的飞机被击落了。乌雷塔中尉现在是长机了，他两边分别是卡斯蒂里奥中尉和我。三架飞机差不多在同一位置，距离目标大约2千米，就在这时卡斯蒂里奥中尉的飞机也被击中，爆出一团火球，爆炸冲击波把我的飞机也震了一下。卡斯蒂里奥在科尔多瓦的军事航校里学习那会儿曾是执旗手。我愤怒地按下航炮按钮，就在我追上目标的时候，它基本上已经被浓烟吞噬，我眼前几乎全被大团烟雾遮挡。我按下投弹按钮，然后做了一个转弯动作，以免撞上被浓烟完全笼罩的舰岛。长机也在我前面完成了投弹。我转弯侧飞，先拉了一个负过载减速，接着又拉一个正过载，还做了几个机动，试图规避正在向我射来的导弹。当我驾机离开时，航母已经面目全非，我只看到海中央的一大团浓烟。

我担心碰上护卫舰或者"海鹞"飞机，于是贴着海面一直飞了大约200千米。座舱里热得要命，于是我想能不能开空调降降温，可突然我的手不听使唤了，一直死死地抓着操纵杆。我呼叫电台，可没人回应。之后我看到前方出现一个小点，我想那一定是敌机。我现在手无寸铁，航炮炮弹都被打光了，但还好来的是乌雷塔（Ureta）中尉。他看到我了，于是我靠了过去，飞到他的侧面组成一个两机编队。"我们去找加油机吧"，他说。这时候我长舒了一口气，因为有人可以带我安全回家了。我们分头去找一架KC-130，我发现要想和加油软管锥罩对接可能有点困难。后来我看到乌雷塔中尉坐在舱内低着头，可能是想心事出了神。我跟他说要保持警惕，以免被护卫舰打个措手不及。

我们下降高度，穿过云层，海面出现在我们下方。就这样，我们接近了海岸，然后成功着陆。跑道上挤满了人，眼里都是泪花，他们上来祝贺我们，和我们拥抱，问这问那，又是好一阵的热泪盈眶。两名阿根廷勇士何塞·达尼尔·瓦斯奎兹中尉和奥马尔·赫苏斯·卡斯蒂里奥（Omar Jesus Castillo）中尉，就这样长眠于茫茫大海中了。

但真实情况英军特混编队知道得很清楚，英方相关出版物中也有过多次详述。"超军旗"在抵近目标的过程中，由于缺乏最新侦察手段，没能向东太远，因此并未攻击编队后方防御薄弱的航母所在位置，而是进入航母群西侧大约48千米由42型驱逐舰组成的外围防御圈。"超军旗"的出现和飞鱼导弹的发射都被英军发现，编队中的每艘舰都采取了预警措施。通过全速航行来规避飞鱼导弹，与此同时发射"诱饵"火箭弹，飘散的银箔云能让飞鱼导弹偏离所有目标，概率非常之高。特混编队还装备了一批特种直升机，其机载专门设备也有诱使飞鱼导弹脱靶的功能。两者之间肯定有一种发挥了作用，因为飞鱼导弹确实没有击中英舰，最终燃油耗尽坠入海中。

那么被伊萨克少尉攻击后浑身冒烟的那艘"无敌"号又该怎么说呢？实际上他所瞄准的是小许多的21型"复仇者"号（Avenger）。当时该舰正打算在当晚驶入福克兰海域，让炮兵观测军官带队在斯坦利北岸登陆，因此距离42型的防护圈很近。讽刺的是，要么飞鱼导弹告警出现错误播报，要么"复仇者"号自身出了差错，该舰没有尽量规避导弹，反而朝着导弹和紧跟其后的4架"天鹰"的来袭方向全速迎了过去。由于其114.3毫米舰炮对着来袭飞机一通怒射，加上烟囱里冒出的浓浓蒸汽，因此给人一种被烟雾团团包围的感觉。"复仇者"

号上的许多舰员都看到了来袭的"天鹰"，有一架被击落的"天鹰"其实就坠入附近海面；舰员还派出小艇前去打捞坠机和遭遇不幸的飞行员，在机上和飞行员身上都找到一些资料。"复仇者"号未被击中，这一点证据确凿，毋庸置疑。"无敌"号则起码在48千米外！这次空袭可以说是完败。

可阿根廷当局却迫不及待地宣称自己大获全胜。幸存的2名"天鹰"飞行员刚一着陆就被匆匆召去开战斗评估会；"超军旗"飞行员当然掺和不上，因为他们刚刚射出飞鱼导弹就掉头而去了。我和参加过评估会的海军飞行员费里皮少校有过一次交流。伊萨克少尉不是绘声绘色地讲到着陆那会儿又是紧张机动，又是热泪盈眶的吗。费里皮也说，那两个飞行员开评估会的时候还在那儿哭。有人还给他们看了英国军舰识别册。费里皮说，起初还有人表示怀疑，但两名飞行员最终都各自认定"无敌"号就是它们攻击的那艘英舰。于是阿根廷很快就举行了新闻发布会，宣称"无敌"号遭到打击，已经丧失作战能力。消息一出，举国欢庆。之后，阿根廷方面也并未撤销这份声明，而事实证明这是本次战争中影响最深远的一大谣传。阿根廷在这方面的证据无非是两个惊吓过度、疲惫不堪的年轻飞行员的证言。他们看到友机就在自己身边被击落坠海，他们一边飞一边遭到舰载武器射击，于是贴着海面高度，直接对着一艘被烟雾层层遮蔽的舰艇射击。这样的角度要做出准确判断存在一定困难，以喷气机的速度在舰船面前一晃而过，回去还被逼着要他们认出打中的是哪艘舰。而英国方面，"复仇者"号上有170名水兵都声称遭到"天鹰"袭击，而"无敌"号上的1100名舰员则都表示，并未受到攻击。阿根廷方面坚持最初的说法越久，要让他们纠正错误也就越困难。于是以讹传讹，使这成为战争"信史"。我办公室里放着阿根廷在战后出版的三本相关书籍，另外还有一本英译版。其中三本依然坚持"无敌"号被阿根廷军击中这一说法，声称该舰被带往某个秘密港口进行维修，所以在战争结束三个月后又重返英国。事实是"无敌"号撤出战场的时间有些迟，而较老旧的"竞技神"号先返航回国。在阿根廷拒绝停战的这段时间，"无敌"号则留在福克兰，直至完工不久的姊妹舰"卓越"号前来接她的班。当时皇家海军也确实派不出其他航母。战争结束五年后，我在阿根廷的那段时间碰到的大多数人都相信，是英方向公众隐瞒了"无敌"号遇袭受损的真相；他们无法接受的一点是，要想骗过"无敌"号和"复仇者"号上的所有舰员几乎是不可能的，更何况当天编队中其他多数舰艇也都在现场。

这段时间内的其他空中行动没有太大争议。在即将对斯坦利防区发动快速打击的准备过程中，1架"火神"轰炸机加挂了百舌鸟（Shrike）导弹，可以对阿根廷军的雷达信号进行寻的追踪。这针对的主要是西屋公司的 ANTPS-44"戒备"雷达，后者可以在斯坦利 322 千米半径范围内提供警戒。"火神"首次发射 2 枚雷达导弹是在 1982 年 5 月 31 日晚。由于阿根廷人将西屋雷达撤到了斯坦利居民区边上，而且当"火神"飞过头顶时，雷达操作手临时关闭了雷达，还通过降低信号强度将"火神"引入高度较低的防空武器射程范围，因此"火神"机组要想完成任务面临极大困难。最后，"火神"飞机在首轮空袭中扔下 2 枚导弹，但没有造成任何破坏。

这架"火神"三天后再度前来。但机组人员还是没能骗过西屋雷达，4 枚导弹中有 2 枚最终射向两门 35 毫米厄利空火炮的"天空卫士"雷达。雷达的"碟形"天线装在拖车顶部，而拖车完全埋于斯坦利港和机场之间公路边的坑内，但是有 1 枚导弹成功突破这道为拖车和操作手提供头顶保护的防御铁网，最后导弹在从拖车到坑边的中间位置爆炸。一共炸死 4 人：1 名军官、拖车内的 1 名士官，以及操作外部通信设备的 2 名列兵。雷达完全报废，不过它本来就不是斯坦利防御体系的重要组成部分。"火神"的两次出击，可以说并未达成初始目的。但这却产生一个值得注意的结果，后来在返回阿森松岛的途中，"火神"与加油机成功会合却没能完成加油，因此只能改变航向，降落在里约热内卢。

在远离福克兰的地方，阿根廷的 2 架"堪培拉"轰炸机鬼使神差地打中 1 艘利比里亚籍超级油轮"大力神"号。当时该船距离福克兰东北方向大约 805 千米，正在压载状态下驶往阿拉斯加，并打算绕道合恩角。1982 年 6 月 7 日该油轮首先被阿根廷军的"大力神"侦察机发现。该船当时正朝着西南方向航行，似乎是驶向英军特混编队，于是阿根廷飞行员认定该船是去给英舰提供燃油的。他们两次通过电台试图与油轮联系，劝其离开，但该船还是坚持固有航向。结果阿根廷军派来 2 架"堪培拉"，瞄准该船投下 8 枚炸弹（一些书上说是"大力神"飞机投下的炸弹，但这一说法并不准确）。有 1 枚炸弹击中目标，但和此战前期经常出现的情况一样，该炸弹没能爆炸。船主和保险公司后来决定把船直接凿沉，他们不愿冒险排除那枚未爆弹。这艘"大力神"号的排水量为22万吨，相当于英国和阿根廷双方战沉舰艇排水量总和的四倍！

在地面战场上，英军部队一直在向前稳步推进，逐渐逼近斯坦利西部的阿根廷军防区。第5步兵旅的3个营和支援部队从1982年5月30日开始陆续抵达圣卡洛斯海岸，英军由此实力大增。随同前来的杰里米·莫尔（Jeremy Moore）少将，后来出任英军登陆部队总指挥。英国政府决定增派一个旅的兵力，这是阿根廷派出增援兵力的直接结果，当时帕拉达准将的第3旅在1982年4月的最后一周完成了横跨福克兰的行军；这些看起来已经是很久以前发生的事情了。

英军新调来的这个旅中第一支接到任务的部队是I/7廓尔喀（Gurkhas）营，他们被送往鹅原湾打扫战场，同时还负责搜寻可能还盘踞在边远地区的阿根廷部队。结果在一个未被占领的牧羊人房舍，即战争中经常出现的蛋港屋，发生了一场小规模遭遇战。蛋港屋距离鹅原湾大约25.7千米，但和鹅原湾的阿根廷守备部队毫无关系。一批苏制SAM-7红星便携式防空导弹和一群阿根廷空军导弹操作手刚刚抵达这里，接着导弹发射小组便被分派到各个地方。海梅·乌加特（Jaime Ugarte）带上10枚导弹从狐狸湾搭乘直升机来到蛋港屋。乌加特的任务是将导弹交给当地的陆军小分队，让他们能对飞近福克兰海峡的任何英军飞机实施拦截。按照原计划，直升机会在第二天把乌加特接走，结果却一去不回，而10名弹尽粮绝的阿根廷士兵只能焦急等待。乌加特描述了当时所遭遇的困境[①]：

到了第三天，我们的食物储备就消耗殆尽了，于是我们抓来一只大鸨，个头跟鹅差不多。我们担心生火会被发现，于是撕下几块肉，用打火机稍微热了热就开始吃。我们还捞到一些贻贝和其他海产，也是如法炮制。我们在一个废弃花园中找到一颗卷心菜，它也被我们就这么吃了。天实在太冷，一名战士脚上出现坏疽症状，于是他只能整天待在屋子里。我感到身体一天比一天虚弱，但表面上还是努力保持乐观，不让我手下的士兵因此丧失斗志。但到了晚上，我总是习惯性

---

① 原注：选自《上帝与鹰》一书未公开发表的英译本。

地走到几码远的地方一个人待着。我先抽上一支烟，然后开始祈祷，这时无助的泪水便会从我腮边滚落。这多少让我感到放松些，之后又重新做好直面艰难挑战的准备。严寒天气下忍受营养不良的煎熬，我们每个人都十分虚弱，成天精神恍惚、头痛难忍。我们其实并不缺乏食物，只是都不能吃，主要的问题是没法烹煮。

就在我们从电台中听到英军挺进阿根廷港的消息后，希望彻底破灭。随着时间一天天过去，我们越来越觉得糟糕。天已经下雪，还刮着大风，我们虚弱的身子骨越发撑不住了。

廓尔喀小分队搭乘直升机抵达这里时，守军并没怎么抵抗，双方也并无任何伤亡，这些阿根廷军就这么束手就擒了。廓尔喀士兵之所以能轻松抓获乌加特中尉及其所部，完全是因为客观环境的帮忙。他们也因此成为战争结束前夕，所属部队中唯一一批和阿根廷士兵有过正面接触的人。阿根廷出版的书籍中，都是什么英国人把磕了药的廓尔喀人送去趟地雷阵之类的，还有的书上说廓尔喀人在夜间渗透阿根廷军的防线，用反曲刀砍下阿根廷士兵的首级，这些都纯属虚构。

第十四章

轰炸"加拉哈德爵士"号

刚刚抵达的英军步兵旅后来向前线推进的举动，给英军带来此战中最大的一次挫败。源源不断的夜间海上运输的结果是，英舰"加拉哈德爵士"号（Sir Galahad）和"崔斯特瑞姆爵士"号（Sir Tristram）在 1982 年 6 月 7 日上午完全暴露在毫无遮蔽的福克兰南海岸入口。这个地方被阿根廷人叫作"快乐港"（Bahía Agradable）。最后几天低空一直浓云不散，现在终于放晴，天气明朗，能见度非常理想。"崔斯特瑞姆爵士"号几乎是空载，而刚刚抵达的"加拉哈德爵士"号却满载兵员、弹药、燃油和车辆。英军原本安排士兵尽快下船躲避空袭威胁，结果出现失误，大多数人一上午只能在船上等待。

"崔斯特瑞姆爵士"号早在前一天就已经被 16 千米外哈列特山（Mount Harriet）上的阿根廷军发现，到了次日上午，另一艘舰也被阿根廷军发现。阿根廷本土指挥部接到相关报告，于是下令发起大规模空袭行动。第 5 和第 6 战斗机群的 8 架"天鹰"和 6 架"匕首"，满挂炸弹后向南飞行，前去轰炸两船的锚泊地。阿根廷军还派了架"利尔喷气"在前方开道，为攻击编队提供精确导航，将他们一路送到马岛。在攻击机群抵达目标区域前数分钟，4 架第 8 战斗机群的"幻影"飞机出现，从 1982 年 5 月 1 日以来，这些"幻影"还是第一次出现在战场上。"幻影"飞机沿着岛屿南岸展开低空模拟攻击，不过只是虚晃一枪，一旦引得"海鹞"巡逻机群出动，就立即掉头离开，返回基地。隆巴尔多中将提到过阿根廷计划中的一个小细节。他说 42 型驱逐舰"桑迪斯玛·特立尼达"号当天驶离了阿根廷海岸，前去执行无线电干扰任务，对英军空中控制舰的频率进行诱骗。

阿根廷飞机在傍午时分起飞，但包括 2 架小队长机在内的 3 架"天鹰"，还有 1 架"匕首"由于遭遇各种问题提前返航。"幻影"的诱敌策略很成功，暂时吸引了"海鹞"巡逻队的注意。最先抵达目标岛屿的攻击飞机是 5 架"匕首"，但是向东飞往快乐港的计划却被中途放弃，因为其中 1 架飞机在福克兰海峡发现一艘落单的英舰。"匕首"机群转回身来，对这艘"普利茅斯"号（Plymouth）护卫舰发动了一次漂亮攻击，一共 4 枚炸弹打中目标。尽管这艘舰确实受损，4 名舰员也挂了彩，但跟以前一样，1 枚炸弹都没能引爆。舰载防空武器也仅仅造成 1 架"匕首"轻伤，所有这几架飞机都安全返回本土。

现在就看另外 5 架"天鹰"的了，它们还得继续搜寻快乐港的那 2 艘登陆舰。先是"幻影"飞机引蛇出洞，然后"匕首"飞机又对"普利茅斯"号发动攻击。这搞得"海鹞"巡逻机群无法分身拦截其他来袭飞机，而"天鹰"正在搜寻的那两艘登陆舰几乎没有自卫能力。由于 2 架小队长机过早返航，因此现在由仅仅执行过三次实战任务的卡雄中尉担任联合飞行队中 5 架"天鹰"飞机的长机。卡雄所提供的资料显示，这些"天鹰"由于得到关于英舰在快乐港北边不远处的菲茨罗伊港的错误信息，因此差一点儿错过目标。卡雄一开始谈到的就是长机掉头返航，自己顶班领飞的情况[1]：

现在我成了长机，之前我从没承担过这样的职责，可现在突然机缘巧合，我管的可不仅仅是 1 个小队，而是 2 个。上尉离开前叮嘱我说："每次攻击的间隔时间控制在 1 分钟；3 架在前，2 架殿后……一定得带着大伙儿打个大胜仗！"就这点儿要求，一点儿也不算高吧？可我当时真觉得脊梁骨一阵发冷，但我很快就平静下来了，因为跟在我身后的都是技术炉火纯青的个中高手。此次行动成功与否就看我如何指挥了。

飞行途中的一系列检查点，促使我将精力完全集中在了飞行上面。在飞越贝尔格拉诺岬（西福克兰岛最南端）后，我们又用了几秒钟的时间穿过一片雨云区。接着又飞过福克兰海峡的南部。一眼望去，海面上到处都是悠闲翔翔的海鸥。我们在"天鹰"岛〔又叫斯皮德韦尔（Speedwell）岛〕上空又通过一个检查点，接着又碰上雨云区，我们不管这些，还是一直朝着菲茨罗伊飞行。我们又被瓢泼大雨给淋了 30 秒，这会儿的时间能够飞差不多 8 千米。我当时都想

---

[1] 原注：选自帕布洛·卡瓦利奥《上帝与鹰》一书未公开发表的英译本。卡瓦利奥担任的是小队长，也就是"长机"，他必须得飞回来。

打退堂鼓了，因为心里实在担心，雨一直这么下，整个岛可能都看不清楚了。不过还算好，过了这道雨水帘幕，天又放晴了，这让我备受鼓舞，我们坚持既定航程继续往前飞。当我们距离目标越来越近的时候，我下令让小队加速到 900 千米／小时，持续降低高度向着海面飞。

抵达目标之前的 40 秒，我们发现 1 架"海山猫"直升机，于是我躲到一座小山背后，避免被其发现。又过了 20 秒，我们发现地面上停了 1 架"海王"，我们又做了一次类似的机动，随即抵达菲茨罗伊港。这里可就什么都看不到了！我决定继续飞上 30 秒的时间，然后向右转往回飞。当朝着地面压低高度时，我们看见地面有很多英军士兵，他们开始朝我们开火。我们航迹背后，一枚导弹以大约 30° 角从右往左飞了过去。就在我们完成掉头的时候，"暗黑破坏神"冲我大喊："舰在那儿！"只见离海岸不远的地方，矗立着两艘拖着浅灰色影子的舰船。我驾机直接冲了过去，然后转弯向左侧飞。我们又该行动了！

我扔下炸弹，直接砸中"加拉哈德爵士"号。2 号机的炸弹抛得更远，但运气倒不错，一辆车被砸得翻了个底朝天，接着就炸开了。接着，卡莫纳（Carmona）少尉也打中目标。身后的那 2 架看到前面已经得手，于是转而攻击"崔斯特瑞姆爵士"号；"非洲战神"和"暗黑破坏神"也都弹无虚发，一扔一个准。目标舰甲板上有一根长长的管子，救生衣在那儿被摆放得整整齐齐。很多小人（反正远看是挺小的）纷纷跑了过去，每人套上一件，然后一个接着一个地往冰冷的海里跳。

我紧贴水面飞行，赶紧脱离是非之地。我左顾右盼，看看队友们是否都在。没错，一个都不缺。我们又各自看了看受损情况；"非洲战神"和"暗黑破坏神"都被击中，但问题不大。敌人今天可是损失惨重，我也算是完成了我们小队长所交代的任务——带着大伙儿打了个大胜仗。

卡雄（Cachón）和另 4 名飞行员完成了此次战争中阿根廷方面最为精彩的一次空袭行动。对方稀稀拉拉的防空炮火，使得他们能够获得理想高度，确保多数炸弹有足够的留空时间来成功引爆，另外飞行员的瞄准也完成得非常出色。击中"加拉哈德爵士"号的 3 枚炸弹，爆炸后引发熊熊大火，船上 48 人死亡，整艘船由内到外被炸了个干干净净。"崔斯特瑞姆爵士"号挨的 2 枚炸弹中仅有 1 枚爆炸，所以损伤略小。对于正在为攻击斯坦利做积极准备的英军而言，这绝对是一个巨大的打击，而阿根廷军无疑是取得了一次辉煌的胜利。

"天鹰"返回基地后，报告此次行动取得成功，军方决定增派两个编队总共 4 架"天鹰"继续发起攻击，在英国人的伤口上撒把盐。第 4 战斗机群的 4 架飞机打头阵，呼啸着扑向部署在菲茨罗伊周边的英军舰群。不过那里的英舰可以说是防御严密，舰上的各类步兵武器以及"轻剑"导弹朝着"天鹰"飞机雨点般地招呼过来。因此这次攻击并未给英军造成任何损害，而 4 架阿根廷飞机都有损伤。如果说攻击"加拉哈德爵士"号算是阿根廷军最成功的一次空袭，那么这一回算是阿根廷军最侥幸的一次行动。受伤的飞机勉强飞回圣胡利安，差点就一去不还。

在这令人难忘的一天中，阿根廷军的最后一次空袭成果寥寥，而且好运也到此为止了。第 5 战斗机群的 4 架"天鹰"在舒瓦瑟尔海峡发现一艘孤零零的英军登陆艇。飞在前面的 2 架"天鹰"发起攻击，先是投炸弹，然后用航炮扫射了一通，打死了艇上的 6 个人，眼看着就要把小艇打沉了。就在这时 2 架"海鹞"发现情况，飞快地赶了过来，一下子干掉了 3 架"天鹰"。第 1 架"天鹰"被一枚响尾蛇导弹炸成了一团火球；第 2 架"天鹰"被另一枚导弹炸成两截；第 3 架"天鹰"的飞行员试图通过加速甩掉响尾蛇导弹，结果飞机坠海。3 架"天鹰"上的飞行员都没能幸免。惊慌失措的 4 号机在逃离途中靠着"大力神"加油机的接力才勉强返回基地。一些在 11 千米左右高空警戒护航的"幻影"战斗机根本没有机会出手相助。

哈列特山的阿根廷部队观察到了"加拉哈德爵士"号和"崔斯特瑞姆爵士"号遇袭的情形，目睹了"加拉哈德爵士"号在烈焰翻腾下的滚滚浓烟。英军伤亡惨重的消息很快传到斯坦利，军方还曾考虑派一支部队，趁对方一片混乱，尚未从打击中缓过劲来的时候，对菲茨罗伊的英军发动袭击。不过要想发起这样一次攻击，意味着部队要脱离布防严密的炮火掩护区，突入到英军的眼皮子底下，这极有可能招来英军火炮和飞机的全力打击。因此，阿根廷军权衡之后还是决定避免轻举妄动。

第十五章

斯坦利守军

英军不断稳步推进，使得双方终于迎来了决战。"加拉哈德爵士"号遭袭，让英军的计划推迟了 48 小时。不过，到了 1982 年 6 月 11 日周五，他们还是做好了对斯坦利西部的阿根廷防御阵地发起进攻的准备。一系列的山头争夺战胜负已分，那些岛上的原住民给这些小山起的名字听上去倒也朗朗上口，什么朗顿山、两姐妹高地、哈列特山、摇晃山、无线岭、威廉山、工兵山之类的，在此前提下南大西洋广大地区的政治前途也进入决策拍板的日程。趁此机会正好来介绍一下被迫应战的阿根廷军的情况。

当地阿根廷部队的总兵力在 8500~9000 人，其中大约有 5000 人属于作战部队，包括步兵、炮兵、装甲兵和一些突击队员。总共是 6 个步兵单位，即 5 个陆军团和 1 个陆战队步兵营，他们面对的是英军能派上战场的 7 个步兵单位。阿根廷军有 45 门野战炮：3 门 155 毫米（另有 1 门刚刚空运过来）和 42 门 105 毫米。储备的炮弹至少有 1 万发。英军拥有 30 门 105 毫米炮，弹药完全依赖直升机从圣卡洛斯运往前方，但英军拥有海军舰炮，每晚可从海岸不远处发起支援。

对阵双方可能只有地面部队才能获得物资补给，但好在阿根廷军的据点固若金汤，备战已有数周之久。而问题是阿根廷军的空中和海上优势已经完全丧失。当然，驻守在斯坦利城和机场周围区域的阿根廷防空部队能够阻止英军从低空发动袭击，但双方即将争夺的那些山头高地并不在其防空火力掩护之下。此外，阿根廷军的空中支援力量也已消耗殆尽。现在仅能派出几架还能上天的"岩堡"对地攻击机；这对即将打响的战斗来说，能发挥的作用微乎其微。阿根廷海军的马基飞机和"涡轮导师"飞机也基本都丧失了战斗力，只有 1982 年 5 月 30 日逃到本土的 1 架马基飞机尚能一战。直升机部队的情况也是一样，战斗力严重缩水，几乎为零。仅剩的 2 架还能上天的"支奴干"隶属空军，它们也在 6 月 9 日撤回了本土。阿根廷的一名突击队军官告诉我，当时他就在撤回本土的途中，打算搭载一个新成立的突击连，加上从阿根廷国内一个法国汽油公司购买的1万发空爆弹杀回福克兰，从英国人背后发动袭击。这名军官不肯透露姓名，但不管真相如何，反正两架"支奴干"后来没能重返福克兰，可能空军看到战局已经无可挽回，不想再做无谓的投入。

本土空军部队也几乎是置身事外，甩手不管了。谁都没法否认，攻击部队已经为阻止和迟滞英军推进尽了全力，可到今天已经损失36架飞机，本土派出的其他飞机只有少量执行夜袭的"堪培拉"轰炸机，还有一些"打了就跑"的"匕首"和"天鹰"，它们对战局的影响微不足道。最后再来说说"超军旗"，飞鱼导弹已经全部打完，英国人对此一清二楚，所以现在英军舰艇，尤其是那两艘航母，能够无所忌惮地靠近作战地域。

阿根廷海军怎么样了，10周前不是还意气风发地远征马岛吗？我问过隆巴尔多中将，这一次是否考虑过派上舰队进行最后一搏，他回答说：

> 没有，实际上我们已经没什么舰队可言了。"贝尔格拉诺将军"号已被击沉，"五月二十五日"号上连飞机都没有。两艘42型驱逐舰也已丧失行动能力：一艘触了礁，另一艘发动机出了毛病。我们也没有潜艇可派。此外，两艘老式的美制驱逐舰速度最快只能达到15节。我们最好的油轮"梅达诺斯角"号（Punta Medanos）也根本指望不上，它当时正从南边被拖回来。剩下的几艘现代化舰艇，也就是"德鲁蒙德"号、"格兰维列"号和"盖雷科"号，当时都在海上，靠近贝尔格拉诺港。我请示过阿那亚上将，能否派这几艘舰去拦截在阿森松岛和马岛间航行的英国运输船。他说"不行"，而我也不想扩大矛盾跟他争吵。

斯坦利的阿根廷军队指挥官也清楚他们的那些据点有多么的孤立无援。加尔铁里一直催促他们，要他们"更有进攻性，更有灵活性"，可是斯坦利周围的防御架构和兵力配属都是在统筹协调基础上建立起来的静态防御模式，非得英国人向前逼近，才能发起反击。福克兰的阿根廷军发现自己已被敌军包围，得不到任何海空支援，也看不到本土会出手相救的任何迹象，当局连采取一些积极措施的意向都没有，这让他们埋怨不已。总的来说，他们有一种被抛弃的感觉。空军和海军留在本土基地按兵不动，只留陆军独自面对危局。

正是在这样的背景之下，"达厄尔行动"出台了。这一行动得名于阿梅里科·达厄尔准将，也就是梅南德兹的参谋长。加尔铁里下令让达厄尔返回布宜诺斯艾利斯，就梅南德兹的意图递交第一手报告，梅南德兹借机提出了更多援助要求。达厄尔在 1982 年 6 月 9 日晚搭乘 1 架运载补给品和伤员的海军福克 F-28 出发。这是达厄尔的记录：

我和加尔铁里的会面地点是在自由者大厦的陆军总部，时间是 1982 年 6 月 10 日昼间，可是却一直拖到了晚上。因为天气不佳，我的飞机在从南方飞来的途中受了耽搁，导致当晚所有人都熬了一个通宵。

我提出了一系列的行动构想，基本意图是要争取时间，这样我们就能赢得最后的胜利，或者起码能够争取一个双方充分协商后均满意的解决方案。这需要集中使用手里的资源：派出海军部队，必要时不惜倾巢而出，另外还得调动本土的空军部队以及科尔多瓦第 4 旅辖下的伞兵部队。这些军队的任务只有一个，就是确保我们形成局部海空优势。在靠近斯坦利的英军后方投放伞兵部队；从霍华德港抽调第 5 团前去攻击圣卡洛斯；第 8 团从狐狸湾出发，机动到鹅原湾的英军后方。

但加尔铁里表示，军政府不会拿舰队和所剩无几的空军部队孤注一掷，马岛已经留驻足够兵力，完全可以自己解决。而我认为，军政府本来就应该敢于冒险，营救马岛被困部队。但说这些也无济于事。加尔铁里要我转告梅南德兹，要他务必做好战斗到底的准备，甚至为国捐躯。我们不能投降。

于是我去见了加西亚将军和隆巴尔多中将，要求他们提供更多的弹药、燃油和食品。我们一直在给空运过来的军属信件和巧克力礼品腾地方，而送过来的有用物资却非常少。

因此可以说，这次任务等于白忙一场。隆巴尔多中将表示，达厄尔的那些方案可说是"不合情理"。他还指出，要想派出两个陆军团从西福克兰穿越福克兰海峡，就得动用"巴伊亚·布恩·苏塞索"号，而这艘船已经在狐狸湾搁浅，被弃置不用了。

1982 年 6 月 13 日晚，达厄尔又飞回斯坦利。当时英军炮火正在轰击机场，达厄尔的座机没法着陆，因此只能掉头返回本土。当我提出这么一来等于救了他一命，使他免受战俘之辱时，他马上表示否认，说自己确实成了囚徒，战争结束后被自己人关押在布宜诺斯艾利斯附近长达两个月，自己所部还因为在福克兰战败受到调查。

　　在福克兰服役的阿根廷士兵表示，实际上陆军分为三部分：城镇陆军、海岸陆军和山头陆军。城镇陆军也就是斯坦利驻军，多数是行政编制，或是指挥部直辖部队，或是后勤支援部队；这批人住处宽敞，带有淋浴设施，还能吃上热食，不用担心遭遇炮弹和空袭打击，因为他们和福克兰当地百姓混居。海岸陆军是斯坦利周围海岸防区和机场内的部队，其中包括第3、第6和第25团的步兵，其他大多数是炮兵和空军。他们虽然没斯坦利守军那么好的命，但是也不用忍受太过严酷的环境，偶尔还能去一趟斯坦利。过得最艰难的是那些山头陆军。他们守着斯坦利11千米外的开阔高地，基本上没机会去城里转悠。英国人迟迟没在圣卡洛斯登陆，后来英军向斯坦利推进，于是山头陆军又待了一段时间。这些战士在山头阵地苦等了整整六周，精力消耗甚大，这比英军任何一支部队在开阔地所花费的时间都长起码一倍。英军从西面逼近，这些军队只能作为主力仓促应战。必须接受严酷考验的三支阿根廷部队分别是第4团、第7团和第5陆战队步兵营。这几支部队分别是从第3旅、第10旅和一个陆战团抽取的，能否打赢全凭运气。

　　这些战士已经在军营、战壕以及草皮泥块搭建的掩体内待战多日。冰冷刺骨、刮风漏水的战壕，以及长久等待中的饥饿和消乏，令他们终生难忘。在泥土深厚的地方挖掘工事看似简单，但阿根廷军很快发现，土壤上层虽能快速渗水，但下层部分会吸收和积聚水分。因此每逢下雨，战壕底部就完全泡在了水里。大多数士兵都被冻伤，还有的得了"壕沟足"，这造成人员不断减少；一些人将其与一战时期的战壕对比。朗顿山第7团的一名英裔阿根廷战士阿兰·克莱格，曾对他和战友们必须面对的这种状况作过一番描述：

　　按理说我们每礼拜可以回镇上一次，去带有淋浴设施的小棚子里冲个澡，可我们都饿得不行，身体虚弱得很，走一趟又远，所以大部分人都懒得去；两个月里我只去过两次。大家身上又湿又冷，肚子饿得简直撑不住，而且一点儿力气都没有。我们的装备其实不错，但是缺乏清洁保养，被弄得锈蚀不堪。洗衣服是根本不可能的了，当然更别说洗后晾干了。我有3条部队发的短裤，还有 3 条自己带来的；最后也只能全都扔了。我还有 3 双袜子，都只穿过一次，从没换洗过。我们穿的军服是在拉普拉塔发的那套，只能适应拉普拉塔当地的气候；此外，唯一给我们过冬穿的是一件以色列产的厚夹克，衣服材质不错。凌晨 1 点到 3 点，我通常要和一个小伙子出去站岗，后来我们成了好朋友。那时候真是冷得刺骨。我们每人有 3 条毯子、1 个睡袋和 1 张床垫，但加在一块儿还是不够热乎，为了抗冻我们就两人睡一个被窝。

最难挨的还是没吃的。每到上午就来一杯马黛茶，这算是一种热茶，但里面不加牛奶，就搁点糖。中午可以喝上一点儿热汤；说是热汤，可端到手里基本都凉了，汤里就加了点脱水蔬菜和肉片，其实肉也没多少。到了晚上，还是一样的汤。面包根本吃不上，只能偶尔啃几口淡味饼干。另外还有一群羊。我们那儿有一帮人隔三岔五地宰头羊，然后煮熟了卖给我们，要不就拿来跟我们换烟抽。穆迪布鲁克存了一批粮食，这些人白天就会过来，把吃的卖给我们；那些没钱的可就惨了。去那儿可真是吃香喝辣了：有人干脆摸进食品仓库去偷，那儿有人看门，可还是有办法能进去的。我没去偷过，但我的一个朋友去过，还差点让人逮着。部队给我们配发了一塑料袋的食物，这点量每个人管一周。每袋一共是两包甜食、4 块淡味饼干、1 罐速冻炖汤、一些能量补充片和 1 盒火柴。大多数人刚拿到手里就坐下来开始吃，但罐头可能会留到明天，因为吃完了要再等上 5 天才能领到食品袋。袋子领到手里，发现已经被人撕开，里面的东西不翼而飞，这种事也是家常便饭。我听说斯坦利港还有几个礼盒食品集装箱，可我从没领到过，不过倒是有几个战士卖给过我一点儿巧克力。

香烟！那可就另当别论了。包装分两种，一种带有官方戳记，价格印在蓝封条上；这些都是通过私人渠道打包分发的。战争结束后我妈跟我说，她总共给我送来过 6 包这样的烟，还有些饼干。我回去后发现其中 4 包在拉普拉塔，另 2 包准是送去马岛了，可我连看都没能看上一眼。还有一种其他牌子的香烟，是各个烟草公司给军人的免费赠品。通常，好多人从镇上回来后就开始卖那些赠品烟，发展到最后干脆就卖蓝带烟，这说明斯坦利港邮局里的某些人拆了我们的包裹，把里面的东西拿去换钱了。

把我们逼到绝境的，一是身心极度疲劳，二是物资样样匮乏。有一次，我们不得不走到斯坦利去拿回点弹药。回来后我们都累得精疲力竭，其中一个累得倒在地上彻底起不来。有个军官走过来，掏出手枪发号施令，要他最好乖乖爬起来，结果有个战士劈手夺过手枪，指着那名军官告诉他，最好让那人一个人待会儿。这回军官的脑子冷静了下来，灰溜溜地走开了。还有一次，我们去取一口装在两轮车上的行军锅。为了支起这口锅我们砍掉了一整片篱笆，我们将砍下来的木材做成支架拿电线绑上，跟行军锅栓在一块儿。接着我们中的二三十人用足力气推着锅走。我们就像拉车的马一样，一路推着大锅，来到朗顿山脚下。整整一下午就忙这个。支架一直在泥地里被拖着走，地面坑坑洼洼的，有时脚突然踩进覆盖着青草的小溪。

很多战士都非常能吃苦。不少人来自布宜诺斯艾利斯的贫民窟，习惯了艰苦条件，泥啊水啊这些对他们来说都不算什么，他们也没见过太多世面。而那些念过书、家境优越的士兵最觉得难熬，他们都习惯了家里的舒适生活，每晚能在床上踏踏实实地睡个好觉。我们连有两个战士选择自残，B连也有一个；可悲的是，他们还都是像我这样出身的毛头小伙。一个开枪打断了自己的大拇指，还有一个朝自己脚后跟开了一枪，第三个伤了哪儿我不清楚，只听人说纯属意外。后来这几个都被送回了家。

在和平时期，第5陆战团的基地位于火地岛的里奥格兰德，该团驻扎在山头，配发了足够的冬装，拥有此类地形作战经验的三支部队中的一支。哈列特山和两姐妹高地的第4团，发现自己驻地的天气条件与阿根廷大陆的差别很大，先前士兵招募和训练的地方都是在亚热带的科连特斯省。

随着"巴伊亚·帕拉伊索"号抵达目的港，1982年6月的食品供应有所好转。"巴伊亚·帕拉伊索"号现在是医院船了，6月1日运来一批食品，然后将一批伤员运回了本土，之后在6月8日又运来一批食品。所以现在食物供应在总量上不再是问题，如何分配才是关键。每个部队都在驻地留有5天的余粮，但前线部队获得新鲜和烹煮过的食物仍很困难，特别是有些部队的炊具都还在本土没有运来。霍夫雷准将对于部队士兵抱怨伙食一事有着自己的看法："18岁到20岁的年轻人胃口太大，总嚷嚷吃不饱。天气这么冷，还得在露天里待这么长时间，也难怪他们整天就惦记着吃。"霍夫雷还对所谓军官能够享受特殊配额的说法予以严厉驳斥。斯坦利机场空军人员的日记则显示，他们的食物配给和陆军部队存在差别，相比之下他们过得相当滋润。"空中桥梁"并未中断，但也只运来一些特殊装备。"巴伊亚·帕拉伊索"号的到来意味着伤病员可以及时地撤离，因此斯坦利从来没有伤病员过多的情况出现；这对维持士气具有关键作用。第2艘医院船是"伊利扎尔海军上将"号，它也是在6月份才有机会被派上场的。

英军主力从圣卡洛斯远道而来，促使阿根廷的斯坦利指挥部重新考虑了防御部署和相关策略。直接负责的指挥官是霍夫雷准将，而梅南德兹作为总司令，有权最后拍板。霍夫雷谈到了阿根廷军的想法：

1982年5月26日这天，英国人差不多已经做好了从圣卡洛斯进发的准备。梅南德兹跟我说，他相信英军会"骑着马"向斯坦利挺进；所谓的"骑着马"是一个军事术语，意思是他们要在高原山脊两侧长途跋涉。因此他把先前帕拉达准将的第4团交给我来指挥，并下令让该团撤离原先驻地，他们不再面对挑战者山和城墙山边上的大海了；现在他们得向北快速挺进，前去固守两姐妹高地和哈列特山。这样一来我们就多了一层防御，可以用来加强横亘该岛的高地两侧入口。

我和我的参谋想要搞清楚英国人到底会用何种策略对我们的防线发起进攻。我们相信，他们肯定会进攻朗顿山、两姐妹高地和哈列特山，如果他们成功夺取这些阵地的话，他们肯定会选择从南边沿着深入斯坦利的主干道发起最后的总攻，这些可能发生在同一天里。我们真没想到，英国人的夜战能力这么强。我们都知道鹅原湾之战是昼夜各半，但这还没有完全体现出他们夜间作战的能力。我们也相信，英国人还有能力另选一片场地展开登陆，可能是在贝克利海峡，然后从北边对斯坦利发起攻击。

战略评估的结果是，除对第4团进行改组外，阿根廷军并不准备大规模地调动部队。整个斯坦利地区将会采取封闭的"刺猬"式防御手段，许多部队仍然留驻原地，在机场周边和城镇东部防守，而关键的战役将在西侧展开。改变驻防地的仅有第4团。该团是本土派来的，隶属第3旅，后者的重型装备一直没有运抵前线。到1982年4月末，该团才被调到岸防区备战待命。其驻地距离条件优越的斯坦利最远，相隔 14.5 千米左右。团长迭戈·索里亚（Diego Soria）中校谈到了最近一次开拔命令所产生的效果：

> 我们在 1982 年 5 月 28 日接到新任务，必须动身去另一处驻地筹备新据点。大战在即，防御工事只能仓促完工。我们没有带刺铁丝，向上面请示也没能要到一星半点。造沙坑得有木材，而这个我们也没有。最糟糕的是，连工兵铲都做不到人手一把；铲子是公用的，团里一共都没几把。不过我们还是尽最大努力，争取做到最好。1982 年 5 月 31 日，英军开始发动炮击。

第 4 团一共有 450 人，当时防守两个山头，并参与低地争夺。但正如霍夫雷所说，该团属于防御体系的附加层次，在其之外还有其他部队殿后。但在北边，第 7 团兵力稀薄，零星分布于朗顿山和无线岭，其防御据点多数朝着北边，西侧相对较少。因为根据阿根廷的估计，英国人将会从南端发起总攻。该部队的战线被拉得很长，还要独自面对英国人从北边任何一点发起的进攻，身后连后勤部队都没有。

阿根廷军从斯坦利派出一股增援力量，前去加强西侧防御，尤其是开阔的布雷区。英军后来提出控诉，称一部分直升机撒布的地雷过于杂乱，而且保留下的记录也不完整。霍夫雷则强调说，那些地雷确实是被直升机运至前方的，但并不是直升机布放的。他还说，布雷记录在战后已经由他的工程兵司令按规定完整上交，但他也承认，最后几场布雷是匆忙完成的，没有留下准确的记录。两姐妹高地的一位迫击炮军官，在日记中提到了于最后几天运至前线的其他几类增援物资：首先是 1982 年 6 月 4 日运来的 1 门 120 毫米迫击炮及炮弹，然后是 6 月 6 日运来的 4 副夜视仪，最后是 6 月 11 日从 1 架"岩堡"飞机上拆下的 2 挺用于防空作战的机枪。[1]

之后就有飞机被击落了，英军当时派出飞机四处巡逻，试图找出阿根廷军准确的防御地点。另外有几名英军踩了地雷，造成多人伤亡。有一次，皇家陆战队的两支部队出现在同一片阿根廷防区，双方人马混杂，阴差阳错地进行了

---

[1] 原注：日记是战斗结束后在两姐妹高地找到的，作者不详。

一番交战，造成 4 名英军士兵被己方射杀。还有一次，当时一支英军巡逻队（来自第 3 伞兵团）在穆雷桥（Murrel Bridge）附近巡逻，正好处在阿根廷炮火的精确打击下，必须快速撤退，因此只能把一些装备留下；英军声称击杀了 5 名阿根廷士兵，但在阿根廷方面的资料中找不到相关记录。最可信的记录是发生在 1982 年 6 月 6 日清晨的一次冲突，当时有一股阿根廷陆战队工程兵在第 4 团步兵的护送下，前往两姐妹高地的南部山道口埋设地雷。该部队相信在浓雾和大雨的掩护下，他们不会被英军发现。但这批人偏偏与一支英军观测巡逻队（来自第 45 突击队）撞个了正着，巡逻队已经在周围埋伏了好几个小时。双方发生了激烈交火，英军后来宣称打死了 15 名阿根廷士兵，打伤了 3 人。实际上阿根廷军战亡人数为 4 人，其中 3 人为陆战队工程兵、1 人为步兵，其中 1 名陆战队员是被一枚小型导弹炸成两截死掉的，还有 1 人受了伤。想必阿根廷军当时打得非常出色，因为根据英方记录，巡逻队已经不得不呼叫炮火支援，并施放烟幕弹打算撤退了。英军中唯一受伤的是巡逻队的带队军官，他的一根手指被打中。战斗结束后出现了人性化的一幕。双方停止冲突后不久，阿根廷陆战队工程兵和皇家工程兵的一名中士取得联系，后者同意让阿根廷军抬回阵亡者的尸体，埋到两姐妹高地去。阿根廷军对这位态度友善的中士赞誉有加，称他为"山姆大叔"。皇家工程兵部队后来找到了当事人，他就是哈尔科特（Halkett）中士，当时服役于皇家工程兵第 59 独立突击中队。

山头的阿根廷士兵一直处于英军炮火和空袭的威胁下。现在英军的野战炮和舰炮不断地射击，那些战舰大多数夜晚都会开火。海军舰炮对岸轰击是传统战法，在阿根廷部队看来射击效果有限，所以称之为"一片火"。而英军的野战炮则被认为凶狠危险得多，至少对斯坦利西部地区的阿根廷部队而言是这样。哈列特山的阿根廷部队实际上看得到远处英军直升机向前线调运火炮的场景。野战炮的到来使得英军可以在白天展开精确炮击，这样一来，先前白日里的宁静自此不复存在。这一阶段，"鹞"式的攻击大多来自空军，虽然令人胆战心惊，但出动频率不高。山头的阿根廷部队刚刚全部配发了苏制的 SAM-7 便携式防空导弹发射器，不过该导弹所取得的战果一般，主要是因为战士们还不熟悉。两姐妹高地的一名迫击炮军官在日记中写道：1982 年 6 月 5 日，阿根廷军出现"人

斯坦利守军战位示意图（1982年6月11日）

第6团 团部；箭头表明防御所面对的方向

① 炮兵单位

① 第3炮兵团（18门105毫米炮、3门155毫米炮）
② 第4炮兵团（14门105毫米炮）
③ 陆战队炮兵营（6门105毫米炮）
④ 第101防空团B炮连（8门30毫米炮）——同时负责地面防御

肯特山

第7团

朗顿山　无线岭

两姐妹高地

第6团B连 当地预备役

第4团（新战位）

③ 第5陆战营

摇晃山

威廉山

哈列特山

城墙山

第4团的原阵地

挑战者山

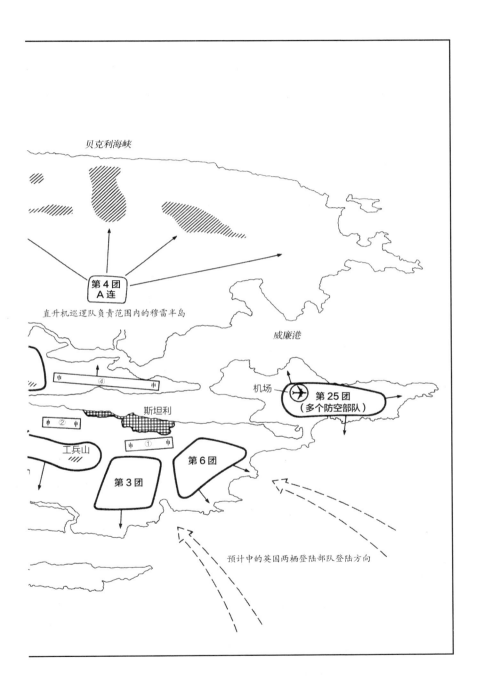

贝克利海峡

第4团
A连

直升机巡逻队负责范围内的穆雷半岛

威廉港

机场

第25团
（多个防空部队）

斯坦利

工兵山

第6团

第3团

预计中的英国两栖登陆部队登陆方向

为失误"没能有效瞄准，结果让 2 架"鹞"式侥幸逃脱；6 月 9 日，阿根廷军的一名下士射出 1 枚导弹，结果却落在了离阿根廷阵地 10 米远的地方；6 月 10 日，阿根廷军对准 2 架"鹞"式发动攻击，结果还是没打中。这名军官还写道，负责导弹发射的中士"背负着极大的心理压力，因此根本无法有效作战。后来由我全权负责，我盼着第二天'鹞'式能再送上门来，看看能不能一下子干掉 2 架。很显然，在这种情形下，人的性格会发生很大的变化。我希望当我们不得不放手一搏时，不会输得太难看。"

准确数字较难统计，但这段时间大约有 17 名阿根廷士兵死于英军炮火和"鹞"式的空袭，分别是 8 名步兵、4 名炮兵和其他兵种的 5 名士兵，受伤人数不详。当时在阿根廷医院船上服役的军医表示，撤到船上接受救治的士兵绝大多数都是被野战炮给打伤的。阿根廷军的士气总体来说还不错，战士们的心情也比较轻松，自认为守住马岛没什么问题，他们中的大多数都信心满满，准备在英军发起攻击时付出全力与之一战。不过当时阿根廷人还是想得太简单，对于战争的结局过于乐观。很多人对之前的战况茫然无知，加之一直受到谎言的蒙蔽，因此没有充分考虑到，一旦真正的恶战来临，这些士兵会有怎样的表现。第 12 团在鹅原湾一战中被击溃，关于该守备点的阿根廷军被迫投降的情况，很少有其他阿根廷人员了解。阿根廷军对于雷场的作用，抱有很大的信心。他们相信，有雷场的阻碍，英国人就只能在白天发起进攻，而阿根廷军的步兵武器和精确瞄准的火炮就能在开阔地上迟滞英军前进的步伐。阿根廷方面自认为装备精良、士兵训练有素，可问题是陆军所装备的武器大多数都是二手的，而士兵基本上都是新兵，从出娘胎到现在还没有过任何对外作战的经历。只有一小部分阿根廷士兵心里清楚将对他们发起攻击的是何等强大的对手。梅南德兹准将在 1982 年 6 月 1 日对所有部队发表特别讲话：

我的战士们，决战时刻已经来临！我们的所有努力、时刻等待、严寒疲惫、枕戈备战，就快迎来一个最终的结果。敌人磨刀霍霍，做好了攻打阿根廷港（斯坦利）的准备，妄图一举攻克马岛首府。我要你们每个人都清楚地知道你们肩上所担负的责任。在每一个坚守战位、顽强作战的军人面前，敌人一定会被消灭殆尽。只要每一位战士都拿起手里的步枪、迫击炮、机枪或大炮，凭借与生俱来的英雄气概和勇猛无畏，就一定能够取得最终的胜利。

　　所有的阿根廷人都在看着我们，所有的家人都对你们寄予厚望。在此神圣时刻，我们肩负重任，理应不负所托。

　　我们在此向每一位已经为国捐躯的英灵庄严承诺，他们的牺牲必将彪炳史册，忠魂与国同在、永不湮灭。

　　我们不但要痛歼敌军，还要令其惨败而归，使其再不敢轻举妄动，犯我疆土。拿起武器！准备战斗！

第十六章

斯坦利之战 I

　　到1982年6月11日周五晚上，英军已经做好进攻的准备。当天白天静得出奇，只不过和往常一样，英军对阿根廷军山头阵地发起了几轮炮击，还有"鹞"式搞了几次空袭。几架"岩堡"飞机在前一天攻击了肯特山的英军炮兵阵地，并在晚上再次发动空袭，但双方都未有伤亡。这天最不寻常的一次行动，是英国人企图暗杀梅南德兹准将。英军相信梅南德兹每天上午都会到斯坦利海滨的邮局大楼开会，于是派出1架"威塞克斯"直升机，在距离北边4.8千米的高地上盘旋了一阵，朝着大楼发射了2枚AS-12线导导弹。第1枚没射出去；第2枚一直朝前飞，稍稍偏离了目标，打中马路另一边的警察局。导弹没有造成人员伤亡，只是让阿根廷军慌乱了一阵子。其实发起这次攻击依据的是错误的情报。梅南德兹并不会定期走进大楼；所有的会议都是在阿根廷军总指挥部召开的，该指挥部位于斯坦利大厦549米外。万幸的是，没有平民伤亡；英军在导弹发射前曾对邮局人员发出警告，但他们没有收到。

　　所有人都在等着英军的进攻。很多人都一心扑在总体作战计划上。英军并未像阿根廷预想的那样，做出看似有利的选择，他们没有从南侧狭窄的前线向前推进。如果选择这条路线，那首先就要打下两姐妹高地和哈列特山，然后一路长驱，翻越摇晃山、威廉山和工兵山，这样一来英军就可以集中优势兵力，绕开部署在朗顿山和无线岭的阿根廷阵地。不过如此一来，第一阶段攻击过后，英军就必须动用直升机向前线调运火炮，而这一行动会被朗顿山上的阿根廷军一览无余，这样一来英军将被迫在超过6.4千米的宽大正面投入进攻。第一阶段的行动会在当天夜间展开，完全由汤普森准将的第3突击旅负责实施。攻击从北侧开始，然后逐步向南。第3伞兵队在晚上9点过1分开始进攻朗顿山，第45突击队攻打两姐妹高地，第42突击队攻打哈列特山。英军步兵人数大约是阿根廷守军的两倍。

　　当然，对于即将到来的行动的重要性也不宜过高估计。英国人几乎把所有的战斗部队都拉到了斯坦利防线上，虽然不至于在第一晚就倾巢而出，但基本上没有留出生力军预备队，而遥远的英国本土也派不出更多军队了。英军本已十分疲劳，而日益寒冷的天气更是让他们叫苦不迭。对阿根廷军唯一一条外围防线发动的进攻一旦以失败告终，并假设英军士兵没能掌握夜战技能，而阿根廷士兵又能顶住英军的攻势，那么英国人就有大麻烦了。英军的行动存在一定风险，如果战斗进入僵持，那么接下来能否有效控制福克兰群岛可就不好说了。

　　第一场进攻战发生在朗顿山，该山大致上自西向东横亘 1.6 千米，山崖陡峭。某处主峰高度为 183 米，比周围地势高出大约 91.5 米。这座山仅仅是奥提兹·吉梅内兹（Ortiz Giménez）中校带领的第 7 团所驻扎的较长防区中的一小段。该防区被命名为普拉塔，东边最远到朗顿山，北翼最远处是斯坦利港，相距将近 11 千米。阿根廷军没料到英军会从这里发动进攻，所以第 7 团驻守的区域被拉得很长。

　　朗顿山本来由 B 连把守，该连一共有 3 个排，不过获得第 10 工程兵连充当步兵的 1 个排，以及装备 5~8 挺重机枪的陆战队部分兵力支援。和英方的报告相反，这里没有突击队。守军指挥官是第 7 团的副团长卡洛斯·卡里佐·萨尔瓦多雷斯（Carlos Carrizo Salvadores）少校。由于朗顿山处在斯坦利周围阿根廷军防线的西北角，因此其据点基本上面朝北部和西部：北侧是 2 个排，最西面是 1 个排，另外还留有 1 个工程兵排充当预备队。阿根廷方面没有给这个山头专门取名，有人错把它称为"伦敦山"。

　　英军部队中攻击山头的部队是第 3 伞兵营，该营士兵勇猛强悍、训练有素，从圣卡洛斯一路跋涉而来，他们摩拳擦掌，急欲证明自己同样能打一场漂亮仗，丝毫不输于在鹅原湾大获全胜的兄弟部队。第 3 伞兵营的主要问题是，他们的位置在维内特山上，正对着朗顿山，距离开阔高地将近 8 千米，高地上散布着多个雷场。英军对朗顿山的远距离昼间观测并未找到阿根廷军防线的确切位置，而夜间巡逻同样没找到。第 3 伞兵营的计划是派出 2 个连发起进攻，一个连负责夺取朗顿山以北 457 米左右的附属高地，并以此作为火力点，第二个连负责攻击山头西侧，争取在北侧阵地连队的炮火支援下，沿着主山脊向前推进。但

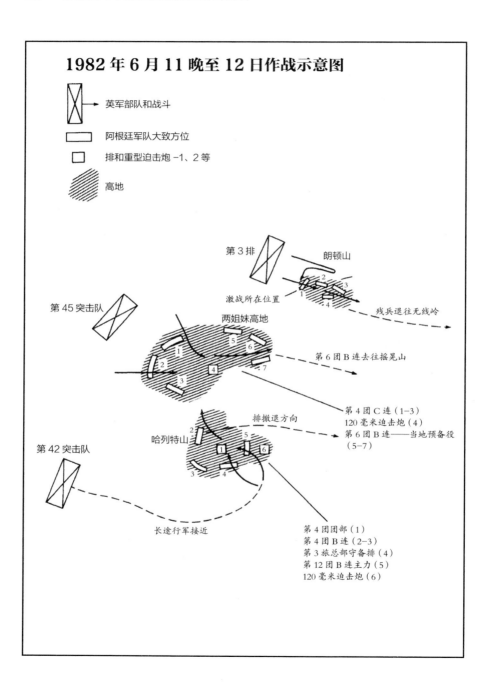

1982 年 6 月 11 晚至 12 日作战示意图

英军部队和战斗

阿根廷军队大致方位

排和重型迫击炮 -1、2 等

高地

第 3 排　　　　　朗顿山

激战所在位置

残兵退往无线岭

第 45 突击队

两姐妹高地

第 6 团 B 连去往摇晃山

第 4 团 C 连（1-3）
120 毫米迫击炮（4）

第 6 团 B 连——当地预备役
（5-7）

排撤退方向

哈列特山

第 42 突击队

长途行军接近

第 4 团团部（1）
第 4 团 B 连（2-3）
第 3 旅总部守备排（4）
第 12 团 B 连主力（5）
120 毫米迫击炮（6）

不幸的是，这个计划是让军队去和山头上火力最为强大密集的守军硬碰。

　　伞兵部队成功抵达跳伞落点线，这里有一条小河，距离山脚大约 800 米。两个攻击连到得稍迟，晚上 9 点 15 分才开始在最后一段挺进。这段路没有炮火支援，英军的意图是要悄无声息地快速接近阿根廷军的据点。先头部队走了一半多的路才被阿根廷军发现。这也多亏老天帮忙，阿根廷军出现了严重失误。山顶上设有拉西特（Rasit）雷达站，前几晚倒是成功地发现了一路靠近的英军巡逻队，并招呼阿根廷军对着他们开火。但当晚，一名军官下令关掉雷达，他担心英军探测到信号位置会开炮。这也体现了阿根廷方面的普遍想法，他们认为英军发起重点进攻行动的时间会选在白天或者黎明前。一名阿根廷军官说："要是朗顿山的雷达当时开机的话，英国人要打赢这场仗得付出高得多的代价。"

　　不过当 1 名英军士兵踩上地雷，被严重炸伤时，英军的优势也就不复存在了。突然袭击的意图就此落空，于是大批英军向前冲锋。双方开始猛烈交火，打得不可开交。而接下来的几次交锋，英国人都被打得焦头烂额。英军在朗顿山北部附属山头建立火力点的企图同样落空，英军的一个连（第 3 伞兵营 A 连）到了那儿，却发现有阿根廷守军监视，伞兵遭到轻武器和迫击炮火打击，只能撤走。同时第 2 个攻击连（B 连）也在山头西侧峭壁下的峡谷内，被阿根廷军的重火力打得难以脱身，而且伤亡很大。

　　双方主力部队在朗顿山的交锋持续了好几个小时才在山头最西侧决出胜负。伞兵向前推进，但速度很慢，路上经常受阻，尤其是面临对方陆战队员的重机枪，对方的射击效率很高。英军很快调来大炮，对山头东端进行火力覆盖，没多久阿根廷军的迫击炮阵地就失去了战斗力。英军一度稍稍后撤，让己方炮火沿着英军先头部队将要抵达的山脊慢慢往回缩，好让阿根廷军的防御火力稍稍松懈一会儿，这样英军便又能向前推进。英军的迫击炮一刻也没闲着。火炮的照明弹和机枪的曳光弹交织在一起，爆炸的刺眼光芒此起彼伏。此时的战场，已经成了血与火的炼狱。对山头最西侧发动攻击的英军连队，付出半数伤亡的代价才抵达目标区域，占领长长山岭的中间点。阿根廷部队中负责拖住英军的那个排的排长胡安·巴尔迪尼（Juan Baldini）少尉战死，后来因作战英勇被追授勋章。阵亡者中还包括前方的炮火观察官阿尔贝托·拉莫斯（Alberto Ramos）中尉，他在死前给炮台发出了最后一条消息，告诉他们自己的阵地已经被包围。有一阵子，阿根廷军开始发起他们所谓的"反攻"，将工程兵排预备队派了上去。不过要在夜间发动反攻极为困难；可能工程兵排能做到的仅仅是稍微往前推进，对千疮百孔的防线稍加巩固，迫使英军暂停前进。

英军最终还是取得了胜利，阿根廷军的防线被攻破。英军士官伊安·麦凯伊（Ian McKay）中士战死，他因为拔除了最为顽固的阿根廷军据点之一，所以被追授"维多利亚十字勋章"。在斯坦利周边战斗中，他是唯一获此殊荣的，这也从侧面反映了朗顿山西侧战役的残酷血腥。现在第 3 伞兵营 A 连冲上前来接手攻击任务。一开始他们也必须啃硬骨头，不过最终阿根廷军还是被击溃，天明前，整座山头都被英军攻占。卡里佐·萨尔瓦多雷斯和后方 3.2 千米远的团指挥部仍然保持着联系，驻守无线岭的那个连派出一个排前去支援正在朗顿山与敌鏖战的友军；不过据团里的作战军官安东尼奥·佩雷兹·科梅托（Antonio Pérez Cometto）少校说，"该排后来被消灭了"。于是阿根廷军又派出一个排，而在斯坦利指挥部里时刻关注着战争态势的霍夫雷准将却下令取消增援行动，因为他很清楚，朗顿山失守的局面已经无可挽回。战斗持续了将近 10 个小时。阿根廷人打得非常漂亮。总共 19 名英军阵亡，大约 35 人受伤。对英国人而言，这是战争期间代价最为惨重的一仗。阿根廷军的具体阵亡人数不详，因为第 7 团的战场记录对于在夜间和其他行动中战死的士兵人数并未加以细分。不过战争结束后，第 3 伞兵营从墓里挖出 29 具尸体，尽管已无法辨认，但可以据此估计，其中可能有 21 名第 7 团的士兵、3 名陆战队机枪手、1 名炮长、1 名工程兵。此外，还有 1 人可能是在此战后因伤重而死的；他的尸体后来在特阿尔（Teal）被找到，身份也得到确认。除已经提到的两名军官外，战死的大多数是新兵。其中有一人特别倒霉：死者中有一个叫阿尔弗雷多·加托尼（Alfredo Gattoni）的，已经结了婚，他的应召有效期被推迟了 7 年，这已经是最长年限。死者中没有 1963 届的那批最年轻的士兵，这是因为第 10 旅能够从往年的后备役人员中抽人来替代新兵，而且该旅的内部政策规定：已经到福克兰的 1963 届的新兵，不会被投放战场。朗顿山的守军中大约有一半人，包括卡里佐·萨尔瓦多雷斯所部，在战斗结束时成功撤出朗顿山，不过还是有大约 50 名阿根廷士兵被英军俘虏。

接下来遭到英军攻击的阿根廷据点是绵亘 3.2 千米的两姐妹高地，之所以称之为"两姐妹"，是因为它有两座主峰。西侧主峰的高度刚好超过 305 米，而东侧那座稍微低矮些。阿根廷军把这座山叫作"二女山"，跟"两姐妹"是一个意思。这一带并未被纳入斯坦利防御的最初规划，不过在英国人登陆圣卡洛斯后，这里就被划入迭戈·索里亚中校第 4 团的防区。因此，相比其他地段，这里的防御并不算太强。两姐妹高地的守军主要是两个连，但隶属不同的团。第 4 团的 C 连据守西侧山头，第 6 团的 B 连据守东侧山头，后者也充当该地区的常规预备队。指挥部也被一分为二。西山的指挥官是第 4 团的副团长里卡尔多·柯登（Ricardo Cordon）少校，而东边的指挥官是奥斯卡·海梅特（Oscar Jaimet）少校。柯登对索里亚中校负责，后者就在与之相邻的哈列特山；海梅特听从斯坦利的霍夫雷准将指挥。柯登少校所部位于西侧山头，正对着从圣卡洛斯前来的英军先头部队，实力相对较强，总共 170 人左右，装备了若干门迫击炮。该部还拥有一具拉西特雷达，不过已经出毛病没法用了。据守东山的海梅特少校指挥着 100~120 人的部队。战争结束时，一名英军军官对霍夫雷准将说起，此地易守难攻，实为天险，若让他来镇守，则"未等两姐妹高地失守，自己便已苍苍年迈"。

对这里发起攻击的部队，是从圣卡洛斯一路赶奔而来的英军皇家陆战队第 45 突击队。该部队计划将攻击行动分成三个阶段，首先派一个连的先头部队携带一部分重武器从西侧直接占领西面山头，之后在山上建立火力点，为从北侧发起后续攻击的另两个连提供火力支援，这两个连负责打击两山山坳之间的部队，然后转过头来抢占东侧山头。不过后来的攻击并没有遵循该计划。打头阵的皇家陆战队连（第 10 连）由于携带了重武器和大批弹药，因此抵达发起攻击的前沿阵地比计划中迟了两小时，而这次攻击又必须与北部的主攻行动同时进行。

结果西侧山头的阿根廷军遭到英军从两个方向发起的进攻，一面来自山头西侧边缘，一面来自阿根廷军部署有迫击炮和重机枪的地方。而英军的火力支援同样非常有效。唯一一次较为严重的停滞发生在北侧，那里的英军部队被阿根廷军的轻武器和迫击炮牵制了一个多小时。不过，英军第 45 突击队 Z 连所发起的一次冲锋却打破了僵局，阿根廷军的西侧防线被突破。阿根廷军迫击炮排的排长阵亡，还有 1 位步枪排排长受了伤。虽然双方轻武器打得不可开交，但皇家陆战队没有因此遭受任何伤亡，不过倒是有不少人被迫击炮和其他火炮打伤。阿根廷军西侧连队的具体阵亡人数不清楚，但据信除迫击炮排排长外，至少还有 5 人阵亡。大多数阿根廷士兵朝东南方向撤到了 4.8 千米外的摇晃山，洛佩兹·帕特森将他们召集起来，后来将那些伤兵送至斯坦利。

东侧山头第 6 团的 B 连，并未在英军发起的第一轮攻击中遭受打击。奥古斯托·拉马德里少尉是这里的一名排长，他描述了当晚的情景：

英军对两姐妹高地发起攻击前，我一直盯着朗顿山的战斗。我的位置实在是太好了。利顿夜视望远镜也非常好用，我可以看到穆雷桥的英军正朝朗顿山开火；可能是迫击炮或小分队吧。我甚至能听到他们发号施令的声音。他们距离我大约 400 米，于是我将我的一挺机枪向右搬动了一些，这样就不会暴露机枪的确切位置，然后朝着英军远远射击。

接着两姐妹高地进攻战打响了。敌人从我身后包抄过来。我最先听到的是第 4 团 12.7 毫米机枪的射击声。双方的交火隔得非常远。打的时候，很难说离得到底有多远。有时候炮火会波及我们这边，但实际上是皇家陆战队和第 4 团在交火。然后我听到有人用英语在大声喊着什么。我考虑过发起反击，但这么做的话太冲动了，因为我得先冲山下，然后再往山上跑，于是我决定按兵不动，再说我也没接到任何指令。

之后我们得到命令，让我们转移到另一个备选阵地堪比奥，该阵地在两姐妹高地的后方储备着一批弹药。于是我们就出发了，做好了遭受攻击并发起反击的准备，反正我们不会后撤。可皇家陆战队并未继续上前。他们朝我们开火，还发射迫击炮炮弹，但并未派兵压上。我想他们的伞兵并不具备向前进攻的能力。我们也用火炮还击。之后我们接到第二道命令，让我们转去摇晃山的备用阵地。阿根廷军的大炮当时正准备对两姐妹高地展开轰击，他们可不管我们在不在那儿。弗朗克（Franco）少尉的那个排留下来殿后，后来他带着部队平安地回到摇晃山。

该连有 3~4 人阵亡，都是遭炮击身亡的。[1]

两姐妹高地一役，阿根廷军被迫仓促抵挡一阵后，便于黎明时分撤出阵地。阵亡的阿根廷士兵不超过 10 人，而皇家陆战队有 4 人阵亡、10 人受伤。包括柯登少校在内，一共有 54 名阿根廷战士被俘。战争结束后，柯登被军方判定为指挥严重不当，后来被勒令退役。

当晚的最后一战是围绕地势狭窄、遍地岩石的哈列特山展开的。这对英国人来说是一块难啃的骨头，因为攻击部队要想打进去得突破几片雷区。守在山头的主力是第 4 团的指挥部和 B 连，他们拥有一些常见的重武器。就在不久前，守军还得到第 3 旅总部警卫连和第 12 团 B 连独立排的增援，该连主力在战役开始的当天就被直升机从肯特山运至鹅原湾。现在阿根廷守军的总兵力大约为 300人，由索里亚中校负责指挥。这座山被阿根廷称为恩里克塔山（Enriqueta），当然这也是英文名称的直接音译。

发起进攻的英军部队是第 42 突击队，他们是坐直升机从圣卡洛斯到肯特山的，之后在这座寒气逼人的山上待了很长时间。皇家陆战队一刻也未耽搁，立即投入紧张的巡逻，指挥官提出一个大胆巧妙的行动计划。部队绕开哈列特山西侧的阿根廷主力防御部队，投入两个连的兵力直接穿越雷场，然后正好到达山的南侧，这样就能从南侧和东南侧发起进攻，从而对阿根廷军防线的左翼和后方展开攻击。

第一步的行动进展得非常顺利，将近 250 名英军士兵整晚推进大约 6.4 千米，避开雷区，抵达进攻起始位置，而且未被阿根廷军发现。第一攻击连（K 连）继续保持静默，悄悄向山上进发，走在前面的陆战队员实际上是在哈列特山后的阿根廷军战壕与营帐之间穿行，就在此时，阿根廷军发现了他们。一声枪响，双方开始交火。之后的交火，是在第 4 团的迫击炮阵地和第 12 团所属排的步兵

---

[1] 原注：该连的列兵奥斯卡·波尔特罗涅利（Oscar Poltronieri）获得了"阿根廷英勇作战国家勋章"，这是为表彰勇士所设立的最高奖。该奖并未指明具体日期，但提到是在两姐妹高地一摇晃山地区。"自愿执行危险的任务，手拿机枪抵挡住多次敌方进攻，每次都是最后一个撤退。多次被英军追击，两度决意殉国，但最终安全归队。"波尔特罗涅利活了下来，成为战时唯一一名获得该奖章的新兵。当晚的作战表现，可能也是他受表彰的原因之一。

阵地之间展开的，后者所在的位置，在英军打来之前，被看作是一个拥有一定纵深的备用阵地。双方步兵打了大约一个小时。据信一共有 6 名阿根廷士兵阵亡，1 名皇家陆战队员阵亡。该陆战队员冲进阿根廷军营帐，和帐中的阿根廷士兵直接照面，就在他把阿根廷士兵的步枪推到一边时，被对方射杀。受伤者中包括阿根廷军迫击炮排的排长，他的 4 门 120 毫米迫击炮都失去了战斗力。

在解决了防守在后山的阿根廷部队后，皇家陆战队绕到左侧，开始直插主阵地中央部位。与此同时，第 2 攻击连（第 42 突击队 L 连）也从南侧发起进攻，攻破了由第 3 旅警卫排防守的战壕，警卫排 3 人战死。而在山顶中央地带，战斗更为激烈。伊格纳西奥·格里提中尉是第 12 团的高级军官，他的队伍在英军对后山发动进攻时遭到打击。他的证言显示了这场夜间行动的特点：

我们打了大约一个小时，看起来周围已经没有其他人在战斗了。我跑回指挥所，要求索里亚中校从山上另调一个排过来，再派一名军官，帮我反击那些攻打我防区的敌军侧翼部队。索里亚中校派了一名军官去召集一个排，可这一去就再没见人。于是我只好回头再去找我的部下。我来到预备队营地，把帐篷一个个踢倒，要他们跟在我后边。但他们都不肯挪窝，说什么军靴找不着了，枪也不见了，总之各种理由。于是我带上两名亲兵，让他们负责给我装填弹药；结果有一个没跟上，后来我才发现他已经被打死了。他是个印度裔士兵，非常能干，总能为我们找到水源，还常常给我泡咖啡。我的 FLN 步枪还能用，能打三连发；但就是不能单发点射，当晚我试了 3 把枪，这把算是最好的了！我对正在进攻我部队的英军侧翼发起几次反击。我的电台坏了，电线被炮弹给打断。而另外几台都没装电池。这样我也就没法发号施令，只能各自为战。我能听到英军士兵的叫喊声，但一个字都听不明白，尽管我也算是懂点英语的。

后来我没站稳摔了一跤，石头结了冰太滑。我仰面倒在地上，枪也飞了出去。我在地上躺了一两秒钟，然后伸出手去捡我的枪。就在这时一阵机枪的扫射声在我脑袋边响起，打中我身后的一块大石头，飞溅出的几块弹片打在我的背上。一开始我以为自己一定是伤着了，但后来才发现，因为衣服穿得很厚，所以压根就没事。我还以为自己就要死了，这是我有生以来第一次感到害怕，于是就在几块石头背后藏了一阵子。接着我听到身后传来枪炮声，原来是之前那个不肯跟我走的预备排，现在倒是打得挺卖力。其中一个是第4团的，正抱着一挺高射机枪与敌拼杀。他枪打得很好，一根弹带打完，就跳进身后的洞子里装上另一根弹带，然后爬出来继续射击。就这样，一打光就去补弹，来来回回好几次。后来这个动人的场面不胫而走，变得人人皆知。我不知道他叫什么，反正记得他活了下来。

英方关于此战的记录中也提到这名机枪手。直到现在其名字依然不详。另一个表现出色的是霍尔热·埃切贝里亚（Jorge Echeverría）中尉，他挨了英军5发子弹，结果也没死。他手下的一个下士罗伯特·巴鲁佐（Roberto Baruzzo），因为在枪林弹雨中实施紧急救护，抢回了他长官的一条命，所以被授予阿根廷军最高荣誉勋章。

到此时这一仗已经打了四个多小时，阿根廷军的防线几近崩溃。皇家陆战队已经逼近索里亚中校的指挥所。索里亚一直试图从据点最西端调动部队发起反击，但那边的连长却说根本不可能机动过来，因为英方的大炮和迫击炮把他的两个排给彻底绊住了。索里亚又和4千米外摇晃山上第5陆战队步兵营的指挥官卡洛斯·洛瓦西奥（Carlos Robacio）中校取得联系，洛瓦西奥正安排那边的火炮分队提供炮火支援。当英军越来越近的时候，索里亚跑出指挥所，冒着弹雨跑去了另一个虽已被炮火波及，但暂时还没投入战斗的连队。格里提中尉在索里亚离开不久后，肯定进入过指挥所。格里提回忆说：

我跑回指挥所，碰到了福克斯上尉和一名炮火观测员，不过没碰到索里亚中校；他已经跑去找他的B连了，但东西还都留在指挥所里，比如密码本什么的。现在我们周围到处都是英军士兵，福克斯上尉和我看到什么就胡乱开火。真没想到会是这样，我保管军用物资已经一年，现在却在点火烧掉一部昂贵的电台，看来一切都完了。福克斯上尉有一部小型电台，我要他下令让第5陆战队放一把火把我们的阵地烧掉。我和另外几个人躲在一个洞子里。在天空的映衬下，我突然看到3个英国人。我没有开枪，这种时候杀人可不好。我问我身边的人，到底是战是降，他们都让我做决定。这真是让我万分纠结——最终我们还是投降了。英国人就在我们头顶，继续抵抗也毫无意义。

索里亚中校后来说，他在撤离前曾下令烧掉指挥所。

　　和朗顿山、两姐妹高地的情况一样，战斗在破晓时分结束。山头中央附近的一名阿根廷步枪手孤军奋战直到最后一刻，他打伤一名皇家陆战队军官，并导致多名英军伤亡，但最后还是被数米之外射出的一枚84毫米火箭弹给打死。这名视死如归的阿根廷战士也没有留下名字。索里亚中校和B连连长讨论突围的可能性，连长说他手下的这些士兵在经过整晚的炮火打击后，已经无力完成这样的行动。而兰塔罗·吉梅内兹（Lantaro Jiménez）少尉的一个排倒是成功撤走了，这也是从被围的哈列特山中唯一成功逃脱的部队。于是索里亚中校和其他两名军官，以及大约60名阿根廷士兵都举手投降。他们沿着小路被押送下山，到山脚后便与在战地其他地方被俘的大批阿根廷士兵汇聚到一起。伊格纳西奥·格里提还提到，一名皇家陆战队员、一名阿根廷军官和一名廓尔喀人，分别想要用自己的语言把俘虏清点一遍，可连数几遍各自的结果都不一样，最后只能放弃。过了半小时，这名皇家陆战队员就从报上来的数字中选了一个，然后说了句"就这么着吧"。

　　英国人攻占这一关键据点付出的代价非常轻微，仅一名皇家陆战队员战死，也就是先前战斗中在阿根廷军帐篷里被打死的那个，另外有10人受伤。英军估计阵亡的阿根廷士兵不超过25人，抓获的俘虏约为300人。但实际上是10人阵亡，大约250人被俘。战争结束后，在山上的坟堆里只找到8具阿根廷士兵的尸体。索里亚中校在战后接受了关于哈列特山失守的调查，但最后没有受到责罚，并继续在阿根廷陆军服役。

　　英军攻击部队接到指示，一旦阿根廷军的据点被快速攻破，并且在具备其他一切有利条件的情况下，就可继续向前推进，不过这一期待有些过于乐观。英军没有继续行动，在刚刚攻占的据点里还有很多事情要忙，而阿根廷军也很快对这些据点实施炮火打击。在经历了当晚的战败后，现在阿根廷军的形势极为严峻。斯坦利防区外围的整条山头防御链皆陷于敌手。防守三座山头各个据点的大约850名阿根廷士兵中有50人战死、420人沦为战俘，而剩下的大约380人已经撤往斯坦利。英方的伤亡人数是24人战死（如果算上第二天遭炮击身亡的那些）、65人负伤。现在英军距离小镇仅8千米，拿下这里对于赢得这场战争可谓意义重大。阿根廷的一名防空部队指挥官厄克托尔·阿里亚斯中校说道：

"我很清楚，那晚战斗之后，我们就已经输了这场战争；我认为我们接下来的防守无法阻遏敌人。我们已经被包围，而且包围圈越收越紧。英国人的战略意图就是要把我们彻底打败。"

回头再来说说斯坦利指挥总部的情况，霍夫雷准将打算根据战局发展走一步看一步，哪里需要支援哪里。作为指挥官他精力充沛，很多山头上的军官都提到过在电台里和他激烈讨论的情景。梅南德兹准将也在指挥部，但他更乐于把事情交给由他任命的斯坦利地区的野战队指挥官来办。有那么一阵子，朗顿山攻坚战似乎是那晚的唯一一战，霍夫雷决定在那里发起一次大规模反击。他联系了守在斯坦利南部的第 3 团的指挥部，下令让其中一个连队坐上军车沿着通往穆迪布鲁克营地的公路前进，然后继续向前，直到抵达朗顿山的山脚。吉列莫·贝拉扎伊是具体负责此次行动的军官，这是他的陈述[①]：

当我们在指挥部时，霍夫雷通知科米里中校让 A 连整军待发，前去执行一项特殊任务，并表示带队的起码得是名校级军官。中校表示有两名人员符合条件，可到底派谁呢？霍夫雷说那就派作战军官吧——那就是我了。我打电话给我们的预备连 A 连的连长。于是我们两个就去了霍夫雷所在的斯坦利大厦。霍夫雷打开地图给我看，告诉我任务很艰巨，并说他希望我能够带着连队登上摇晃山。第 5 陆战队会派一名向导给我们引路，把我们直接带到驻地。

凌晨 3 点左右，我们做好了出发准备，但清晨雾气很浓，我们需要搭乘的好多卡车都出了问题。有些车子很难发动，另有一些抛锚了。那时黑灯瞎火的也不好行驶，费了好大工夫才整队完毕。我们能听到交火声，是从西边远处传来的，但我们什么都看不见，因为雾太浓了。中校把他的吉普车让给了我，我们就这样离开了斯坦利，一路朝着穆迪布鲁克进发。然而，出城的公路很陡，车辆都开始打滑。我让司机拐进公路左侧的灌木丛，不然的话我们早晚得掉进海里。我听到身后那些卡车互相碰擦的声音。我让士兵们跳下车徒步行军，但

---

① 原注：当贝拉扎伊少校还是一名低级军官时曾遭遇事故导致一目失明，不过后来军规作了调整，允许他继续在一线单位任职。

是他们脚上的军靴还是会打滑，仍旧拖了我们的后腿。此时天光渐渐放亮，就在我们经过最后几幢房子的时候，英国人朝我们开炮了。大家都纷纷寻找地方掩蔽。这还是我第一次遭遇敌人的炮火。过了大概5分钟，炮火停息了，我们见到了第5陆战队的向导。我召集队伍继续前进，最后我们抵达摇晃山北部和西北部的据点。

就这样，由于路面结冰，因此连队耽搁了不少时间，花了大约5小时才前进6.4千米，最后只能在摇晃山北面的小道边上安营扎寨。

在英国人进攻两姐妹高地和哈列特山的这段时间，霍夫雷很难给守军提供援助，因为当时已是深夜，加之从斯坦利派兵路途太远。他可能也想到过派摇晃山上的第5陆战队前去反击，不过最后还是放弃了。直到哈列特山上索里亚中校的指挥所被英军攻占，霍夫雷才下令让阿根廷炮兵对着山头炮击，拿起火的指挥所当靶子。霍夫雷又去找帕拉达准将，而帕拉达一副事不关己的样子跟他说："要是真的还有哪个战士仍在那里跟敌人厮杀，老天爷或许才能宽恕我。"后来形势逐渐明朗，三个山头的阵地都被英军攻占，阿根廷炮兵开始对山头发起一轮常规炮击。

当晚还发生了几件事情。4艘炮轰岸基据点的英舰中有1艘试图打掉阿根廷军部署在斯坦利西侧边缘的一门155毫米重型火炮。不幸的是，其中一枚炮弹砸到了一幢民房，里面有10名当地人。这些人聚在一起组成互助团在这里临时躲避。其中有2人被炸死，还有1人伤重而死，他们是在战时遇难的唯一一批福克兰当地居民。也就在当晚，皇家空军"火神"飞机对阿森松岛展开最后一轮轰炸，打算对斯坦利机场投下21枚千磅级空爆弹，让四下飞溅的炸弹破片把剩余的阿根廷飞机给一锅端。但开头几架"火神"的空袭并不成功。"火神"飞机的投弹系统出了一些毛病，炸弹没能在空中爆炸，而是落地后才炸开。虽然确实落在了机场上，但没有记录显示这次空袭给任何阿根廷人员造成伤亡，或者对机场设施产生多大破坏。

发生在黎明前的一次行动，让阿根廷军取得了一次胜利。这一次阿根廷军运用了一个巧妙的方法，从本土空运去了两根MM-38飞鱼导弹发射管，将它们装在斯坦利的一辆拖车上；能用上的导弹一共有5枚（这些飞鱼导弹一般装舰使用，和"超军旗"所挂载的版本有所不同）。阿根廷军的目的是对正在炮击的英军舰艇展开攻击。其实早在两周前，也就是 1982 年 5 月 27 日晚将近 28 日的早晨，阿根廷军就射出过 1 枚导弹，可惜没打中目标。从此以后，英国人更加小心防范。拖车每晚都会被开到斯坦利城外的机场公路上，白天就被转到城里的隐蔽处。负责指挥攻击行动的是海军军官胡里奥·佩雷兹（Julio Pérez）中校。

当晚参与炮击的英舰中有驱逐舰"格拉摩根"号（Glamorgan）。对于飞鱼导弹的危险英国人已经领教，因此他们对炮击阵位的进退路线作了精心布置。不过当晚"格拉摩根"号接到命令，要它在战场停留比原计划更长的时间，为延后攻击两姐妹高地的英军部队提供炮火支援。因此在对岸炮击结束后，该舰只能走捷径撤离。飞鱼导弹正对着固定航线瞄准，"格拉摩根"号的一举一动都没能逃过阿根廷军雷达的监视。阿根廷方面的记录描述了当时的情况[1]：

守岛战士一拿到飞鱼导弹，就一门心思地想着怎么才能把晚上跑来炮击他们的护卫舰都给打沉。不过首先得把导弹放在一个合适的平台上，这倒是颇费了一番心思。发射的斜坡没法移动，因此也就不能瞄准，所以要想探测到从前面肆无忌惮驶来的英军舰艇只能依靠雷达。英军护卫舰有好几次就快靠近瞄准线了，但又都没有过界就直接开走。

这天一大早，一群人眼睛都盯着雷达显示屏，内心默默祈祷着："靠近点，再过来 2° 就行。靠过来，再近点，拜托了！"结果真的如其所愿，英舰驶过瞄准线，雷达操作手喊了一声"打！"推进剂在黑夜中炽烈燃烧，飞鱼导弹飞出发射筒，开始搜寻下手目标。

打中了！两名军官和其他几名士兵大喜过望，在闪着红光的雷达屏幕前兴奋地手舞足蹈。

导弹击中"格拉摩根"号的舰艉，导致该舰严重受损，13 名水兵身亡。该舰在此后一段时间退出了战斗。不过在这之后阿根廷军再也没有机会使用剩余

---

[1] 原注：选自《上帝与鹰》一书未公开发表的英译本。讲述者是天鹰战机飞行员梅迪纳（Medina）少校，当时他在斯坦利可能是一名空军地勤。

的 3 枚导弹了。

天已经完全放亮，战场上空迷雾笼罩，空气寒冷刺骨。经过一整夜的激战，英军火炮停止了射击。英军的直升机正忙着把双方的伤员送去后方。被英国人占领的山头一带，还有几名阿根廷士兵在活动。在朗顿山周边活动的列兵阿兰·克莱格，描述了那个早晨的情景：

我看到英军士兵从我们上方走过，抬着我们阵亡将士的尸体向山上走，然后把他们一个挨着一个地放在地上。我身边不远处就有几个战死的士兵，我们把这些尸体放到了一起。接着，我们把这些尸体排成一排，给他们盖上毯子。他们可能是被炮弹弹片击中死的，也可能是被迫击炮打死的。其中一个还是我的朋友。当时我还不觉得有什么，可是后来简直无法相信这是真的，那些家伙居然都死了。我们实在是累到了极点，吃不下饭，也根本睡不着。山顶上面的英国人很容易就能看到我们，双方仅隔几百米。他们还冲我们挥手，示意我们上去，不过没有难为我们。连里的军士长问我们四个能否把一个伤兵扛下山，送去穆迪布鲁克。于是我们把他放到了一张木板上。几块弹片打进了他的腹股沟，疼得他撕心裂肺地大声叫唤。不可思议的是，这名伤兵一直都便秘，弹片也因此没能深入肌体。到了下午我们准备出发，差不多就在此时，阿根廷军的大炮开火了；他们原本是想让炮火从我们头顶飞过，但结果却落到了我们身边。我们的长官赶紧通过电台沟通情况，于是他们暂停开炮，等着我们撤走。C 连的一些士兵也在下午回去了，我估计其他人在前一晚就已经离开。

傍晚时分起雾了，英军在占领的山头上建立起多个观测站，通过观测站他们可以发现通往斯坦利道路上的许多目标。阿根廷军各部在当天报告了他们因遭炮弹和迫击炮轰击而伤亡增加的情况，第二天依然如此。英国人想要在次日晚间（12 日晚至 13 日）发起又一轮进攻，但必要的准备工作没能及时完成，足足耽搁了 24 小时。当晚基本上平安无事，静得出奇。前一晚撤离两姐妹高地的拉马德里少尉于是带上 5 个人回到原先的据点，拿回了一些急需的电台蓄电池和几条毯子。

第十七章
斯坦利之战 II

　　1982 年 6 月 13 日星期天，这天阳光明媚，是教皇来访的最后一天，阿根廷人个个都兴高采烈，当晚教皇就要离开布宜诺斯艾利斯。很少有阿根廷人意识到，再过几个小时，他们对福克兰群岛的占领就将走到尽头。英国人现在正穷追猛打，运来大批弹药和物资，准备在当天夜晚发动进攻。可就在这段时间，从阿根廷本土飞来的 11 架"天鹰"从英军头顶掠过，差点打了他们一个措手不及。几枚炸弹差点就炸到肯特山附近正在召开高级军官任务布置会议的英军指挥部，好在只有几架直升机受损，没人伤亡。英军火炮还在对斯坦利周边和山头剩余的阿根廷基地展开炮击，给阿根廷军造成一定伤亡。皇家空军的 2 架"鹞"式还尝试了新武器，投下激光制导炸弹。英方期待新型炸弹能够实现精准打击，并声称已经直接打中摇晃山上的一个步兵指挥所，以及靠近穆迪布鲁克的一个炮兵阵地。不过，关于这次轰炸我一直没能找到阿根廷方面的报告。

　　天很快就暗了下来，现在将近仲冬时节。几名阿根廷飞行员驾机最后一次尝试突破封锁线，进入斯坦利。他们需要面对的威胁，一是针对机场展开炮击的英军战舰，二是夜间出没的"海鹞"。午夜刚过，2 架"大力神"便起飞升空，机上载着一门 155 毫米重型火炮和大批弹药。但机组的努力将付诸东流，这些物资很快就会落入英国人的手中。"大力神"返航时，带回 72 名乘员，主要是些伤病员，其中包括 10 名空军地勤。至于他们是数天前就已轮换的空军人员，还是直接撤离的人员，不得而知，反正空军相信战争已经接近尾声；福克兰的绝大多数飞行员已经撤走。除一些伤病员外，陆军并未大批撤离。搭机离开的空军人员中有一个参谋士官庞斯（Pons），他描述了这次返航[①]：

---

　　① 原注：选自《上帝与鹰》一书未公开发表的英译本。

我们在跑道尽头等待，那里的跑道灯已经打开，为"大力神"飞机导航；地面结了冰，因此我们走路时需要特别留神。我们等了好长时间，简直都快绝望了，就在这时，我们听到飞机发动机所发出的悦耳声音；这真是我这辈子听到的最动听的声音。等到飞机停稳，我们上前帮着把东西统统卸了下来。一枚炮弹砸到了我的脚上，我也顾不了那么多。接到命令后我们都登上了飞机，现在一切都靠老天帮忙了。发动机一直没有熄火，此时开始全功率运转，起飞时我们都互相挽着胳膊。突然，发动机停转了。对讲机里传来声音，告诉我们出现了紧急情况。于是我们都跳下飞机，各自寻找掩蔽处；"大力神"孤独无助地留在结冰的跑道上。我看到了英国人所发射的照明弹，他们近在咫尺。"他们现在可千万不能把'大力神'给打坏了呀"，我在心里这么拼命地想着。

危险过去后，我们得出出发命令。我们又像先前那样急不可耐地钻进机舱，各自找好位子，内心充满虔诚地开始祈祷，这是我们最后的机会。飞机开始滑行；我记得我在嘴里念了上百遍的"天父在上"。这架"大力神"在机长维克多·波尔切特（Victor Borchert）和副驾驶厄尔南·达戈雷（Hernán Daguerre）的操控下离地升空，当时的时间是 21 点 33 分。一路上没有人说话。过了一个小时，舱内打开了灯，这意味着危险已过。一切都过去了。大家兴奋不已，互相拥抱。等到我们都平静下来，又开始想那些被落下，还没登机的战友。到了 23 点 52 分，飞机终于抵达阿根廷本土。我的家人正在机场上等着我。

最后飞往斯坦利的航班是 1982 年 6 月 14 日清晨的 1 架海军福克 F-28（呼号 5-T-21），该机当时运了几门陆军的榴弹炮。达厄尔准将也搭机前往，他还想着执行布宜诺斯艾利斯的命令作"最后一搏"，他打算回到他的指挥所。不过海军飞行员发现跑道已经被空军的"大力神"占据，他们无法降落，于是只能返回本土。

阿根廷军在战争期间的最后一轮空袭中，由一对"幻影"战机护航的 2 架"堪培拉"当晚从本土起飞，对肯特山地区实施了高空轰炸，但投下的炸弹并未造成任何破坏和人员损伤。英军的"加迪夫"号和"埃克塞特"号驱逐舰当时正停靠在南边，舰上雷达锁定阿根廷机群发射了数枚海镖导弹。其中 1 架"堪培拉"在大约 12.2 千米的极限射高处被"埃克塞特"号上的导弹击中，而其中 1 架"幻影”与导弹擦身而过，险些遭遇同样的命运。“堪培拉”的飞行员罗伯特·帕斯特兰（Roberto Pastrán）上尉成功弹射，投降后被英军救起；和他一起搭伴飞行长达六年的导航员费尔南多·卡萨多（Fernando Casado）上尉却没能及时离机，飞机坠海时可能已经死亡。卡萨多也因此成为马岛战争中战死的最后一名阿根廷空军人员。[1]

英军在当晚继续向前挺进，第 2 伞兵营攻打北边的无线岭，第 2 苏格兰近卫队直取中央，攻打摇晃山。如果能快速拿下摇晃山，那么 I/7 的廓尔喀部队就能随即通过，对威廉山的较小据点展开突击。阿根廷军预料到了英军的进攻，但没想到英军的主攻方向会放在南边，针对摇晃山和山南 2.4 千米通往 6.4 千米外斯坦利的山路。

英军首先对摇晃山展开攻击。此山多石，横向 2.4 千米长，但非常狭窄，最高峰 228.6 米，周边有大片开阔地，无疑是斯坦利周围仅存防区中的咽喉要地。此山在一些阿根廷地图上被标注为“杂乱山”，这基本上是按照字面意思来翻译的，但很少有阿根廷士兵这么叫，多数士兵还是沿用其英文名字“摇晃山”。

阿根廷军防区包括摇晃山和威廉山，守在这里的是第 5 陆战队步兵营，作为对 1982 年 4 月初联合国 502 号决议的应对，该部队自从被派到福克兰就一直守在这里。该营营长是卡洛斯·洛瓦西奥中校，此人五短身材、成天乐呵呵的，但领兵打仗很有一套。但是洛瓦西奥的部队防区太大。营部位于摇晃山山后 2.4 千米的地方，几乎是去斯坦利的一半远。M 连守在工兵山上，离斯坦利近些。真正在摇晃山和威廉山附属山头驻守的只有 N 连。O 连是营部的预备队，实际上仅相当于一个加强排，不过部队的作战军官安东尼奥·培尼亚斯（Antonio Pernias）少校，谈到了一些最新的变化：

我们一直都严密监视着从鹅原湾出发的英军的一举一动。我们以为，他们了解我们大多数阵地的确切位置。在那晚英军攻击朗顿山和其他几个山头后，我们

---

① 原注：坠毁的是阿根廷军的“堪培拉”B-108 系列，曾先后服役于皇家空军第 44、第 73 和第 207 中队，机号为 WH 886。

派 O 连去了附近的威廉山。这样一来，我营的部分兵力实际上就被部署在了英国人并未预料到的位置。我们还把多数 106 毫米迫击炮也搬了过去，因为我们都估摸着英国人已经发现了它们的位置。这还真是未雨绸缪，后来英国人一直对着撤空的阵地开炮，没有朝着新的位置打。我们加强了摇晃山上 N 连的兵力，拨出一些陆战队员和潘阿尔装甲车组成员组建了几支反攻小组布置在营部附近。

我们还估计英国人会步步推进发动攻击，一次攻下一个阵地，然后加以巩固。我们的基本策略是要坚守任何一个遭受攻击的阵地直到天亮，这样一来，英国人如果拿不下某个阵地，可能就会选择后撤。当晚我推测英军可能会首先攻打摇晃山，然后从两姐妹高地和哈列特山发起进攻，沿着山路一直向南，继续扑奔威廉山，最后突破工兵山。这就是我们把 O 连部署在威廉山前沿的原因。

阿根廷陆战队自认为比陆军部队更强，可能当时他们也确实更能打。他们的军衔还都是列兵，但陆战队征召新兵的制度通常是要服役一整年，因此陆战队被派往福克兰时，他们的训练水平要高得多，队伍里没有 1963 届的新兵。此外，陆战队还有其他诸多优势，他们配发了更保暖的冬装，还可以避免建制被打乱，不用像很多陆军部队那样，三天两头地被拆分成小分队应付各种杂役，而且陆战队自己还有可以为其提供支援的炮兵部队。每当夜幕降临，陆战队都保持全面戒备，甚至盼着在晚上遭遇袭击。"我们都精神十足，不管怎么说我们都得坚持下来"，一名军官这样说。守军中也有一些陆军部队的士兵，包括前天晚上从两姐妹高地、哈列特山撤出的第 4、第 6 和第 12 团的士兵。霍夫雷准将在视察摇晃山的当天，还鼓励他们要坚持战斗、一雪前耻。

由苏格兰近卫军指挥官提出的英军作战规划的第一环节，就是要沿着摇晃山南面的道路发起佯攻，牵制阿根廷军。负责执行的不是主力步枪连士兵，而是大约 30 人的替补近卫军。跟在近卫军身边的是一些负责排雷的工程兵，4 辆"大弯刀"（Scimitar）、"蝎子"（Scorpion）轻型坦克为近卫军提供掩护，这两种战车还是首次用于福克兰战场。当晚一片寂静，能见度很好，不过非常冷，后来还下了雪。这支佯攻部队沿着小路开进，最后与威廉山侧翼 O 连最南端的部队不期而遇。双方很快厮杀起来，互相开枪并发射榴弹，阿根廷军逐渐占据上风。2 名近卫军被打死，7 人受伤。坦克也踩了雷，有 1 辆被炸得不能动弹，干脆就被放弃了。进攻部队自认为完成了牵制任务，于是往回撤，可阿根廷军的火炮和迫击炮却不依不饶，结果近卫军又闯进一片雷区，又有 2 人被炸伤，其中 1 人被炸断一条腿。英军后来说他们打死了大概 10 名阿根廷士兵，但实际上仅有 1 人阵亡，但有数量不明的阿根廷士兵受伤。佯攻行动没能引出阿根廷预备队，但确实让阿根廷军将注意力暂时集中在了南边，而苏格兰近卫军主力攻击部队此时正向摇晃山悄然逼近。培尼亚斯少校直到五年后依然坚信，沿着小路展开的所谓的"牵制行动"，实际上就是英军的主攻行动。如果 O 连没能成功阻击，英军就会派出战车和舰炮，最终派出直升机载着部队直接攻入斯坦利。

苏格兰近卫军的主攻计划是针对向三个方向延伸较远，山脊陡峭的摇晃山地形特点制定的，他们自西向东逐步推进，近卫营的三个步枪连依次攻占目标山头大约三分之一的区域。行动初始阶段，近卫营 G 连从最西侧悄无声息地接近，由于这一边没有阿根廷军镇守，因此该连不费吹灰之力便将其攻占下来，且未被对方察觉。左翼连队也顺利通过，但在占领部分山头后，却突然遭到阿根廷军的火力打击。近卫连和守军在这一地区的争夺战将在很大程度上决定整场摇晃山战役的胜负。

英国人以为山上有阿根廷军的两个连，但实际上仅有威立雅布拉扎（Villabraza）中尉的 N 连，只不过该连下辖 4 个陆战排而不是通常情况下的 3 个，另外还有一个陆战队工程兵排以及来自陆军部队的 50 余人。此外，N 连还拥有迫击炮和重机枪分遣队的强大支援。但该连将几乎全部兵力都集中在了山的东侧，部署在扼守从南到北大片开阔地的位置上，尤其是一直通往南边山脚英军可能发起主攻的道路。因此，在中部地带与近卫营正面对抗的仅有由年轻副中尉卡洛斯·瓦斯奎兹（Carlos Vázquez）率领的第 4 排。这甚至都不能算是一个满编排，这个排是在主力部队抵达福克兰后，阿根廷军从剩余陆战队员里挑选组建的。排里有 26 名陆战队员和一些陆战队工程兵，另外还有 16 名步兵，这些步兵由第 4 团的年轻军官奥斯卡·席尔瓦（Oscar Silva）少尉指挥，此人在不久前的两姐妹高地战役中表现不错。这个混成排也主要面对南侧，阿根廷军猜测英国人会在白天从这里发动攻击。瓦斯奎兹说："如果我们占据高地作战，估计会打得不错，居高临下看得清清楚楚，那些倒霉的家伙还得抬头仰攻。"

最后的战斗示意图（1982年6月13日至14日）

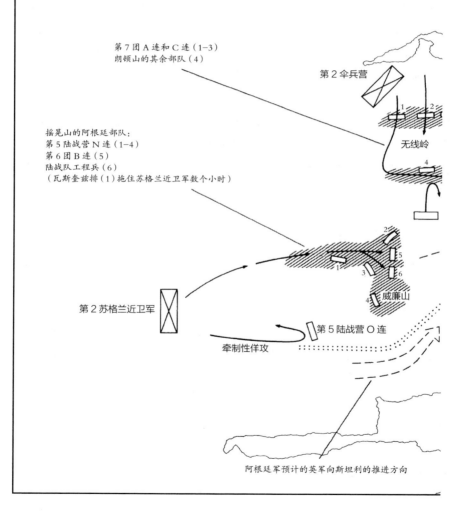

第7团A连和C连（1-3）
朗顿山的其余部队（4）

第2伞兵营

无线岭

搖晃山的阿根廷部队：
第5陆战营N连（1-4）
第6团B连（5）
陆战队工程兵（6）
（瓦斯奎兹排（1）拖住苏格兰近卫军数个小时）

威廉山

第2苏格兰近卫军

第5陆战营O连

牵制性伴攻

阿根廷军预计的英军向斯坦利的推进方向

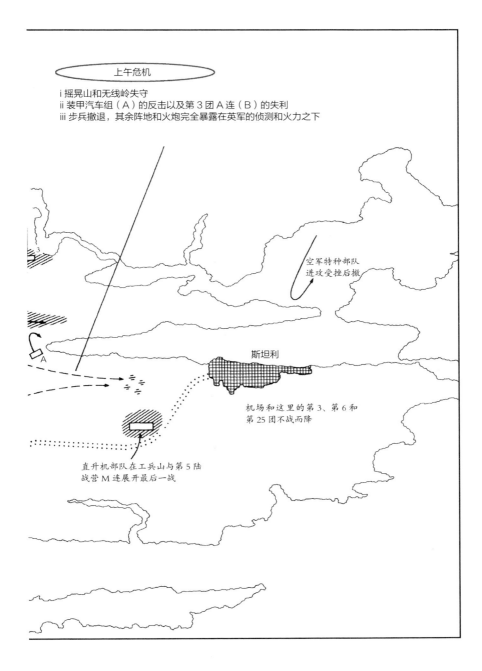

上午危机

i 摇晃山和无线岭失守
ii 装甲汽车组（A）的反击以及第 3 团 A 连（B）的失利
iii 步兵撤退，其余阵地和火炮完全暴露在英军的侦测和火力之下

空军特种部队
进攻受挫后撤

斯坦利

机场和这里的第 3、第 6 和
第 25 团不战而降

直升机部队在工兵山与第 5 陆
战营 M 连展开最后一战

但谁曾想，苏格兰近卫营从西侧发起攻击，而且选在夜间。

　　当我在为我的第一本关于福克兰战争的书筹集资料时，我非常幸运地采访到了参与进攻的近卫营的两名排长和连队的三名士官，因此能在书中详细描述这漫长一战的细节①。我来到阿根廷后，同样非常有幸能够见到副中尉瓦斯奎兹。他所描述的情况与苏格兰近卫营那两名排长所说的基本一致，下面是他的陈述：

　　大约在晚上11点，我的一名手下被炮弹打伤，我赶紧过去帮他。我没带步枪，直接奔了过去。就在这时，炮击停止了，我听到一挺斯特灵（Sterling）轻机枪开火的声音，就朝着我那个隐蔽坑在打；这种枪射击时声音很特别，我知道一定是英国人在开枪。我从自己所在的洞口往外看，只见两名英军士兵，他们正从我所在位置的两边走过，其中一个在抽烟，烟还叼在嘴里。我攥着手枪和一枚手榴弹跑向连部，刚好从这两名英军士兵的身边经过。他们的反应也确实够快的，马上朝我开了枪，我也开枪还击，但谁也没打中对方。这时候有人打了一发照明弹。我眼看自己没法回原来的阵地了，于是佯装挨了一枪，倒下装死。英军士兵从我身上踩了过去。天亮时分，我站起身来，现在总算可以回指挥部了。英军从右侧穿插上来，站在排指挥所的顶上，把我们全部包围。实际上，他们中的一些人已经混入我们的阵地。山上到处是石头，还有一些空了的掩蔽洞穴。于是双方开火对射，打成一片，交战距离远的有50米，近的10米左右。

　　时间一分一秒地过去，英军士兵越来越多，逐渐逼近。步枪和机枪的火力很猛，还时不时地传来手榴弹的爆炸声；英国人还用上了白磷弹。掩蔽洞内，我身边的陆战队员都被打死了。英国人还拿来那种小型火箭筒，不过在我的地盘上，这些可不大管用。1枚火箭弹打中我身边石壁上一个洞里的机枪阵位，虽未爆炸，但机枪手后来还是死了。他是卡斯蒂里奥（Castillo）军士，大家眼里的英雄。战斗进入高潮阶段，到处都是爆炸声，我都来不及分辨是哪些武器在射击。我拿着一支FAL步枪射击反坦克榴弹，身边还有几枚手雷，不过不太好用。因为手雷落地后翻滚几次才能有效引爆，而我们占据的是斜坡地形，与敌军又近

---

　　① 原注：参见《全体行动》（《特遣部队》平装版）第360~364页。

在咫尺，并且石头后面的英军士兵有时会突然蹿出，朝我们的阵地冲来。

首轮进攻，英军显得信心十足。举例来说，有1名英军士兵孤身一人对我们的一个掩蔽洞口发起攻击，那可真是一对一的厮杀。这样的战术也只出现在第一次冲锋中，后来就再也没有过——我想是因为这么做代价太大。在我看来，英军一开始肯定是觉得拿下山头轻而易举，所以有点忘乎所以了。如果他们小心谨慎些，从山洞上方经过时使用更多的手雷，可能早就把我们给一锅端了。但不巧的是，他们的很多手雷都扔到了空无一人的地方。

大约在凌晨1点，大多数英军都在攻占我们洞穴中的阵地和那些带屋顶的据点。我知道待在原地只有死路一条，于是通过电台下令让81毫米迫击炮对着我们的阵地开火。我是这么想的，虽然这么开炮肯定会给自己人造成伤亡，但打死的英军会更多。这下子英军有点措手不及，一时间乱作一团，于是我们接着开火。英军向后撤退，回到后方的高处。敌人的第一轮进攻，就这么被我们给打退了。对于这一结果，我们比英军士兵更感到吃惊。

之后有一阵子双方都没开火。我们开始朝他们喊话，诸如"棒极了"之类的。有本英国人的书上说，阿根廷陆战队当时在唱歌，实际上不是，我们只是在喊叫。当时我们的伤亡不算很大，大概死了5个，还有一些人受了伤。我通过电台向连长报告了这一情况。他问我想不想撤下来，我回答他说，即使自己手脚都不听使唤了，即使英国人已经开始撤退，我也会坚守下去，因为这是我们能够把握的最后机会。

到了2点整，英军又开始发起进攻。刚开始的时候，攻击的方式和先前一样。但这一回，英军在我们身后较高位置的山崖上架了几挺机枪，居高临下地对着我们，距离我们的阵地大约25米。一开始，我以为是提前埋伏在那里为我们提供火力掩护的工程兵排。我还让连长下令，让机枪手停止射击。可就在这时，我发现我们的工程兵排已经撤走，只是我事先没有接到通知而已。机枪的扫射声真是让人心烦，可我不知道到底造成多少伤亡，因为我们没有可供排内通话的电台，我们只能通过接力喊话下达命令。崖壁上有1挺机枪朝我的位置开火，这使我没法继续指挥了。于是我发起反击，朝他射了两枚反坦克榴弹，不过最后还是我左手边一个年轻的新兵用机枪把对方给打掉了。英军还发射了曳光弹，这倒是帮了我的忙，不仅让我看清了他们的具体位置，而且让我能够观测双方距离什么时候超过 30 米，在那个时刻我们就有时间低下头，及时躲避射击。

接下来的这次战斗在 2 点半到 3 点之间打响。形势越发严峻，于是我下令让迫击炮和大炮朝着我们的阵地又射了一次。不过这一次效果差了很多，因为很多英军士兵都和我们一样，可以找到理想的掩蔽地点。炮火停息后，战斗再度打响。英军现在改变了战术，他们开始同时从几个方向朝我们的阵地发起攻击。这给我们带来了很大的伤亡，战士们开始从战壕内跑出来。伤亡最重的是 3 点以后的这段时间。陆军的席尔瓦少尉大约就是在这时战死的，算得上是为国捐躯。事情是这样的，我右边的一名陆战队机枪手被打死了，过来接替他的一个陆战队员后来也受了伤。席尔瓦把伤兵拉进掩蔽所，然后带着一名手下回来继续拉枪栓。接着，这名手下也被打死了，交火主要就集中在那里。席尔瓦少尉一直在给手下的每一个人加油打气，鼓励他们继续战斗。这么做很危险，因为英军士兵就在他们阵地附近。结果席尔瓦胸口中弹，手臂也挨了一枪，当场牺牲。一名陆军士兵一路跑来跟我报告这一情况，又是一个不怕死的英雄。我还记得当时我下令让一个 60 毫米迫击炮手——陆战队员罗特拉（Rotela）——陡直架起迫击炮，把弹药统统打出去。他遵令开炮，一共打了 54 发。

到 7 点钟时，我们就只剩下两个掩蔽洞了，我所在的那个和边上的一个。机枪弹药都被打光了，其他弹药也差不多消耗殆尽。我的很多部下都受了伤。四名英军士兵去到另一个掩蔽洞，朝里面扔了白磷弹；里面的两个人都受了伤，有一个在跑出来的时候，被英军用斯特灵轻机枪一枪撂倒。7 点钟时我又在电台里和营长通话，报告了战况并请求增援。他跟我说，已经派不出人手了。7 点 15 分时我探出头去，两米外的地方有三名英军跪在地上，端着枪对着我。事已至此，我也已无计可施。

其他一些阿根廷军官则充分信任副中尉瓦斯奎兹和他的那个排，包括排里的那些陆军——他们堪称摇晃山一战的英雄。这些战士把近卫营拖住数小时之久，并打死 5 名近卫军，打伤 20~30 人。瓦斯奎兹排里的 26 名陆战队员中有 6 人战死、4 人受伤。据信，最多有 7 名陆军士兵阵亡，其中包括席尔瓦少尉，还有几人负了伤。这样加起来的话，这个混编排已经伤亡过半。其中有 3 人后来因为作战英勇而被授予高级勋章，他们分别是陆战队士官胡里奥·卡斯蒂里奥、少尉席尔瓦和一名陆军下士；他们都是身后哀荣。副中尉瓦斯奎兹，以及幸存士官中的至少两名，也都被授予勋章。

瓦斯奎兹的阵地失守后，阿根廷军又下令反攻。这次派出的部队不是摇晃山的那几个陆战排，而是摇晃山东面由奥斯卡·海梅特少校率领的陆军第6团B连，以及由拉马德里少尉率领的一个陆战队工程兵排。拉马德里少尉是一名精力充沛的年轻陆军军官，再过一天就是他22岁的生日，他描述了当时的情景：

我的排最先被派上；我们当时正处于最佳状态，占据着有利地形。当时是晚上，但英军射出了照明弹，所以我只能带人撤退。我一年前在军校里接受过夜间反击战训练，相关的理论我还是清楚的。我去马岛时随身带了本步兵连战术教材，有过一定研究。此外，我还有一本美军战术手册的西语译本，叫《单兵战法》。我手底下这些战士倒是很想跟英国人较量一番，但他们还没在白天仔细研究过防区地形呢。至于我，我在白天刚刚接到我那个当历史学教授的父亲所发来的电报，他叮嘱我说一定要战斗到底："不成功便成仁，为父祝你胜利归来。"我暗暗下定决心，为了老人家的这份祝愿，我愿以死报国。宁可光荣就义，也不能苟且偷生。没经受一场恶战的考验，便想着早点回家，这种卑微的念头实在令人不齿。

我们在山崖间的小路中穿行撤退；我还派人去给那些仍在与英军厮杀的战士殿后，我的意思是不让任何人跟过来，连我们自己的士兵也不行。我上前侦察了一番，看到英军有两挺机枪和一具导弹发射器。我又穿过几块大石头之间的另一处空档，不料在我身后和头顶有三个说着英语的士兵，头顶还有人在开枪。我看到他们正拿着我的双目望远镜，大约有12人。我赶紧往回跑，去找我的人。我装了一枚枪榴弹，朝着一开始看到的3个英军士兵的方向开火。我听到一声爆炸，有人大喊了几声，连连发出惨叫，接着我听到有人坠下山崖。我跑回阵地，下令开火。我们阻遏了敌军前进的步伐，但他们化整为零，从侧翼包抄过来，队形保持得非常好。他们扛着轻型迫击炮和导弹发射器跟我们对攻。两下里厮杀了好长时间，我们伤亡很重，一共有8人牺牲、10人负伤。现在，弹药也快被我们打完了，尤其是机枪弹。而且我还发现，我们被英军从侧面包围了，敌人出现在我们身后。我们等于是和连部失去了联系，有些战士已经被英军俘虏。

　　我重新整顿队伍，发现仅剩下 16 人。于是我开始带人撤退。头顶上的英军士兵用机枪扫射，但我们都贴着岩壁走，实际上就在机枪火网的下方。我挑出6 个人，让他们排成一列，再加上 1 名机枪手，来掩护我们撤退。但实际上，我们一路都在与英军作战，根本无法摆脱敌人的追击。英军很快赶了上来，我们后撤了；天也开始放亮。整个山头此时已经全部落入敌手，我们现在走在地势较低的地面，就在穆迪布鲁克的南边。我们最终回到斯坦利，可以说是从英军密不透风的弹雨中脱逃。我们得瞅着开炮间隙快速机动，尽管如此，还是牺牲了 1 名战士。到最后，一开始跟在我身边的 25 人仅剩下 13 人，好在后来又有 7人跟我们成功会合。

　　拉马德里少尉后来也因表现英勇而被授予勋章，另一个荣获最高奖章的参战军官是厄克托尔·米诺（Hector Mino）少尉。他在腿上有伤的情况下咬牙完成了陆战队工程兵排的重组，坚持等到其他伤兵都得到医治后才让人疗伤。像拉马德里部队和米诺部队的这类事迹可能还有不少，他们所碰到的情况和第三支参与进攻的苏格兰近卫连队（右翼连）大相径庭。该部队负责攻占山头的最后一段，最后无人阵亡，仅 7 人受伤。①

　　阿根廷军就这么丢了摇晃山，不过他们通过这场阻击战打乱了英军的进攻节奏，造成廓尔喀部队攻击威廉山的计划推迟，使得那帮急于抢在停战前拿第5 陆战队 M 连开刀的廓尔喀士兵没捞着立功的机会。关于这场防御战的重要意义，亲历战场的瓦斯奎兹陆战队和许多陆军士兵都能充分体会到。N 连的其他3 个陆战队排一直没有与敌人短兵相接，他们早早地撤往了工兵山。摇晃山上到底有多少阿根廷士兵伤亡（不包括早前在通往南侧小路上牵制敌军的那些人），具体人数很难准确统计，因为投入的部队太多，但超过 20 名阿根廷士兵战死。其中至少有 6 名陆战队步兵、3 名来自重机枪连的陆战队员、1 名军官和大约

---

　　① 原注：这里所提到的身受重伤的苏格兰近卫军官是罗伯特·劳伦斯（Robert Laurence）中尉。他的经历后来被编成了剧本，名字就叫《摇晃山》，作者是查尔斯·伍德（Charles Wood），1987 年在企鹅出版社出版。

12 名陆军士兵。陆军在战斗中表现积极，可以说不在陆战队之下，因此伤亡人数也与之相当；在此战中被俘的阿根廷士兵较少。在摇晃山战役中，英军近卫营的伤亡情况是：5 人在交火中战死，2 人被迫击炮弹炸死，还有大约 40 人受了伤。

另一场战斗在北边 1.6 千米左右打响，惨烈程度与摇晃山之战几乎不相上下，第 2 伞兵营在无线岭所在的广大区域发动进攻，就在穆迪布鲁克流经的长长峡谷地带的北边。实际上这里是两条东西走向的平行山脉，南边这座山更突出，但某处的高度仅 91.5 米，因此其所在位置的海拔高度不可和摇晃山相提并论，也没有那么多堆叠着的乱石，总之和斯坦利防区任何山丘都大不相同。一些阿根廷地图的标注也还是直接翻译国外名称，把这里称为"无线山脉"，但我听人谈话时，从没听到有人这么叫过，他们都是直接叫的英文名字"无线岭"。

这里属于吉梅内兹中校所属第 7 团广大驻防区的一部分，第 7 团已经丢失朗顿山一部分的控制权。守在岭北的是 A 连的两个排和 C 连的一个排，这些阵地都是朝向北面的。南岭虽然地势更为险要，但实际上是被用作后方阵地，这里的部队只配备了一部分重武器，人员构成也比较杂，都不是从满编连队里抽调的。一些士兵是从朗顿山战役败退下来的，按照团里作战长官安东尼奥·佩雷兹·科梅托的说法，都派不上多大用场；其中大多数士兵从朗顿山逃来时，枪里都已经没有子弹了。前一天，这里遭到敌人的狂轰滥炸，后来皇家空军还出动"鹞"式"精耕细作"了一番。好几个人都负了伤，费了好大力气才将他们抬到穆迪布鲁克附近的山路上，然后抬进救护车。总之一句话，这里一直都不是军方高度重视的防区，并无太险固的地势，守在这里的也只是一支疲劳不堪、战力较弱的新兵部队。

这样的军队来守无线岭，也实在倒霉，发起攻击的偏偏又是在鹅原湾战斗中积累了宝贵经验，实施了周密计划，且得到 4 辆轻型坦克和大量炮火支援的第 2 伞兵营。在此情况下，双方主力交战的过程几句话就能交代清楚，因为伞兵部队很顺利地就拿下了北岭和南岭，他们很好地利用了开阔地形和支援舰炮，以及坦克与重武器的优势力量。在打下北岭时，他们中仅有 1 名伞兵被阿根廷火炮炸死，还有几人负伤；他们抓获的阿根廷士兵有 37 人。坦克和步兵重武器随即在山上一字排开，然后炮火齐鸣，打响了又一轮的伞兵攻击战。士兵们的位置从最西端直到某条"界线"，他们从这里翻过山头攻打南岭，而界线另一头还有另一场英军行动，这在稍后将会提到。南岭一战中一共有 2 名伞兵阵亡，1 名伞兵被英军自己的流弹击中，另 1 名伞兵被阿根廷军的轻武器射杀，后者是无线岭战役中唯一一名死于阿根廷步兵武器的英军士兵。

伞兵营在第 7 营指挥部附近稍停片刻，这里距离皇家陆战队原来的在穆迪布鲁克的兵营仅几百米，再走 3.2 千米左右就能到达斯坦利最外围的民房。大多数没负伤的守军都逃离了据点。战斗中一直坚持到最后的武器是指挥部附近的 3 门 120 毫米迫击炮。其中的 2 门由于不停地开火，座钣深深嵌入了土里，第 3 门则是因为炮弹打光了。"就这么着，"佩雷兹·科梅托少校说，"我们吃了败仗。"第 7 团当晚大约有 15 名士兵阵亡，其余士兵大多都受了伤。

从阿根廷军的角度来说，无线岭之战中最令人关注的是上级施加的强大压力，严令他们全力反击；发出这道命令的是霍夫雷准将。第 7 团的每个人都状态不佳，不过团里还有其他两支部队可用。其中之一是"下车作战的" 70 名装甲车组成员，这些人在罗德里戈·索罗佳（Rodrigo Soloaga）上尉的率领下，从斯坦利方向发起进攻，后来索罗佳因此受到嘉奖。但这次攻击还是被第 2 伞兵营挫败，一共有 6 名装甲车组成员战死。另一股反击力量是第 3 团的 A 连，他们其实在两天前的晚上就打算坐卡车沿结冰的路面开赴前线，结果只走到穆迪布鲁克山谷。带队的是吉列莫·贝拉扎伊少校，他的人都在山谷南侧。他之前看到了摇晃山和无线岭的战斗过程，这两处距离他的部队不到 1.6 千米，而且他所在的位置比无线岭海拔更高，所以把战况看得一清二楚：

这简直就是个戏台，我之前从没见过这种场面。炮击过后，就是步兵交火，曳光弹此起彼伏。我能真真切切地看到英军靠着照明弹的光亮沿着山脊慢慢推进。凌晨 3 点到 4 点时，我又听到陆战队的洛瓦西奥中校在电台里跟霍夫雷报告情况，说是可以派"吉列莫"来增援第 7 团，"吉列莫"也就是我的呼号。真是多亏洛瓦西奥还能想着我，只是我也没把握能否担此重任。

霍夫雷让我带上人准备穿越山谷，然后过了 15 到 20 分钟的样子，又下令让我前往穆迪布鲁克，和装甲车队派出的向导以及霍夫雷刚刚派上的第25团的一个连碰头。我赶到穆迪布鲁克，但没有装甲车队的向导前来接应，他们实际上已经投入战斗，另外也没见着第25团的人。于是我把情况报告了奥斯卡，也就是霍夫雷。"好吧，"他说，"你只管上山，会碰到吉梅内兹中校的。"

曳光弹似乎已经不再被发射，于是我想，英军大概已经占领全部山头。我让连长带着重武器守在一幢小屋周围树丛边的一个火力支援点上。过了几分钟还是没见任何动静，于是我们带上机枪继续向前走，走了不到一百米，英国人突然朝我们开火。我下令让1名军官带着步枪排压上，不是列纵队，而是横向排开。

列兵沃拉肖·贝尼特兹（Horacio Benítez）就是步枪排中的一员：

我们开始整顿队伍，全连排成长长的一排。这里没有树，也没有石头，可以说什么遮挡都没有。就像是在开圣诞晚会，双方的机枪、迫击炮、火箭弹打得不可开交，无数曳光弹在空中穿梭飞舞。山谷的宽度超过1千米。我们只能朝山下跑，穿过谷地，然后从另一侧上山。就在我们到达山脚的时候，英军打出照明弹，黑夜被照耀得如同白昼。我们都停下脚步，你看看我，我看看你，现在怎么办？我们看到3个英军机枪点在朝我们射击。接着，一名英军从里面跑出来，端着小型火箭筒开始射击。从下面看，就像是一个火球直接朝我们撞来。我们从没见过这玩意儿，我们军队里根本没这种武器。真是要命，我们的一些战士开始往回跑；英国人的炮火紧跟在他们后面。他们当时都被打蒙了，不知道该往哪儿跑。

其他人接着往前进发，但只有大约20人到了山顶；我是其中之一。我们每6个人分成两组。我那组留下，阿里斯提亚加（Aristiaga）中尉[1]和另2人绕到右侧。结果3个人里面，先是里纳尔迪被打中，膝盖中枪。接着阿里斯提亚加的脖子中枪了，子弹打在念珠上。就在这时，我冲了上去。我们身后有一个机枪点，我离他们也就几米远，但我能顶着敌人的扫射爬上山，因为前面是个小斜坡。

---

[1] 原注：迭戈·阿里斯提亚加（Diego Aristiaga）的名字有时会被拼错，甚至在梅南德兹的回忆录里都被写成了"阿雷赛格"（Ar-reseigor）。

巴列霍斯（Vallejos）中士提醒我用 FAP①。我一连打了 20 发子弹，就在换弹夹的时候，我突然听到英军在哈哈大笑，于是我又开了几枪。这下子，英军朝我们冲了过来。我又打光了一个弹夹，于是找地方隐蔽起来。敌人开始朝我们扔手榴弹。我身边是一个叫奥玛萨内（Aumassane）的小伙子，一枚手榴弹就落在他身边，爆炸的气浪一下子把他掀到半空。他伤得很重，6 块金属戳进了他的背部。他朝我慢慢走了过来，看上去完全不知道自己在做什么，还跟我说他要回去了。他把枪给了一个战友，弹药给了另一个，然后就跑开了。结果又有一枚榴弹打了过来，还是枚白磷弹，他的衣服着火。他让我赶快跑开，因为他整个人已经成了一根烧火棍。他开始在地上来回翻滚，把衣服都给撕掉。我不知道他是怎么脱险的，我们的行为太疯狂了，当时大家真的是不顾一切。

战斗还在继续。英军就在我们前方的山崖上。我们这边的里卡尔多·瓦里奥斯（Ricardo Barrios），在离英国人不远的山石堆里冲着敌人发射反坦克枪榴弹。英军可能觉得我们还有好多人，但实际上加在一起也没几个。而我们这边，以为眼前的英军只是一支巡逻队的兵力，但实际上整个伞兵连都在这里，可我们不知道。我们没法和指挥部取得联系，当时我们已经和整个外界都失去联系了。我试图从一名阵亡士兵身上取点弹药，拿到几颗子弹后，我开始装填弹夹，可这时我抬头一看，英军士兵已经冲到我面前，其中一个对准我就是一枪。子弹击中我头盔侧面，打穿我的耳朵，停在了后脑勺。这下我算是再也折腾不动了。

此次反击战，该连一共有 3 人战死，而受伤者要多得多。来自第 2 伞兵营的一名军官在谈到这次反击战时说："他们打得很卖力，显然想要赌一把，只可惜运气不佳。"

投入此次反击战的连队新兵组织严密，都是在快要离开部队时被派往福克兰的。这是他们所属团在战争期间唯一一次和敌人真刀真枪展开的一战。他们中那些受了伤的，也都是在阿根廷的同一家军队医院里走完服役生涯的，很多都是来自布宜诺斯艾利斯的贫民区，并且在战争结束后复员转业时面临重重困

---

① 原注：带两脚架的自动步枪。

难，起码有一人自杀，另好几个人出现精神障碍。沃拉肖·贝尼特兹和其他一些在医院疗养的伤兵下定决心出院后还要保持联系，这样就能相互帮衬。布宜诺斯艾利斯的市长还给他们找了一个废弃车库作为聚会场所，10 年内免租金，于是他们在那里成立了"马岛老兵合作社"，既是社区中心，又是商贸点。正如其中一名成员所说，"付出大量心血，牺牲许多个人利益，才使得合作社在战争结束五年后依然红红火火"。

无线岭反击战失利，体现了阿根廷军指挥部所面临的困局。阿根廷最初的规划考虑的是英军会从南面海上对斯坦利发起登陆，在英军登陆圣卡洛斯后，主要的威胁看起来会来自西南方向，敌人会沿着摇晃山南麓的山道长驱直入。在这一事先估计的基础上，阿根廷军做出了相应的兵力部署（需要指出的是，英军也一直在试图通过小股部队佯动，进一步加深阿根廷军的错判）。现在看来，英国人似乎已经在阿根廷军疏于防范的这一薄弱地带打开了突破口。第 2 伞兵营和斯坦利之间并无天险，只有散布着多处炮兵阵地的大片开阔地。

霍夫雷准将面对这些现实威胁时采取了积极的应对措施。他亲自在部队还能正常使用的内部电台里发表讲话："在没有通过无线电台得到许可的情况下，谁要胆敢下令撤退，一旦发现，就地处决。"贝拉扎伊少校接到命令，要他带上在反击战中幸存的手下，在穆迪布鲁克和城镇之间打进一个"楔子"。贝拉扎伊遵令照办，带兵部署在第 4 机动团 105 毫米炮正前方。无线岭战役期间，这些火炮一整夜都在提供火力支援。该炮兵部队的指挥官是卡洛斯·凯贝多（Carlos Quevedo）中校。当时那些炮就只剩下一门还能用；其余那些，要么因为一直不停发射，陷进泥煤地里难以自拔，要么就是炮闩卡住打不开。霍夫雷下令让凯贝多带上部队退往城里，但炮兵长官请求把最后一门炮留下，好为贝拉扎伊提供掩护。卡洛斯·凯贝多当然也想让他明白，就像俗话说的那样，他要做的不是"管好最后一门炮"，而是要对炮兵连成员负责。战争结束后，凯贝多中校和贝拉扎伊少校都受到嘉奖。他们也是各自军衔内唯一获得奖章的军官；差不多所有少校军衔以上的军官都觉得，自己没被送上军事法庭就已经是万幸。

霍夫雷相信近期的这一系列措施，应该能够阻止英军向斯坦利继续推进，至少能顶上一阵。但阿根廷军不知道的是，第 2 伞兵营已经接到命令，让他们暂时留在无线岭的既有阵地，不要向前推进。之所以如此，是因为空军特种兵和一部分皇家陆战队已经从北边对科特雷山发起攻击，这里是从穆迪布鲁克绵延开来的一片狭长地带，形成了拱卫斯坦利港北侧的臂膀。空军特种兵拥有一定的独立行动权，但他们所执行的任务并没有给当晚的主力部队帮上多少忙，反而形成一定掣肘，搞得第2伞兵营只能暂停前进，在陷入困境时被迫呼叫炮火支援。

驻守科特雷山脉的是第101高炮团的B炮兵连，该连拥有8门西斯巴诺－苏伊扎30毫米炮，还有一定数量的12.7毫米机枪，在斯坦利北边形成了一个针对低空飞机的弧形防空圈。霍夫雷还要求该炮兵连提供地面防卫，他把原先属于斯坦利皇家陆战队的2门迫击炮，以及一个陆战队步兵特遣组调派了过去。空军特种兵搭乘3艘冲锋艇出发，可是必须要从锚泊着的医院船"伊利扎尔海军上将"号边上驶过。船上有一个船员是受过突击训练的士兵。他根本没考虑什么《日内瓦公约》，也没有请求任何人批准，就抓起一部电台，明码呼叫山顶上的阿根廷部队，提醒他们提防英军袭击。防区指挥官霍尔热·蒙格于是对各个阵地发出警告，命令他们开火射击。英军突击队很快就被打退，但侥幸逃脱，仅有3人受伤，还有几艘小艇被打坏。防空炮兵连在这次袭击中倒是未有伤亡，不过从无线岭战场上横空飞过的几枚英军炮弹却炸死了2人。霍夫雷准将后来将阿尔多·利克少校和他的突击连（第602突击连）派去搜山，以防英军从那里上岸。

第十八章

尾声

到了6月14日周一白天，战局的发展骤然发生变化。双方士兵在经过数周的风吹日晒、忍饥挨饿、赴汤蹈火后都已身心疲惫，现在苦日子就快熬到头了。

这种懈怠是从无线岭失陷后开始的，此战之后，英国得以控制通往斯坦利西侧的所有开阔地带。阿根廷军在城中这一侧的整个防御体系现在都被英军包围。大批阿根廷士兵开始从穆迪布鲁克、摇晃山和威廉山大批撤回。无线岭的英军将手里能用的武器都用上了，还增加了炮兵火力，甚至派来4架"侦察兵"直升机，并将导弹和机枪也投入战斗。自从英军在那个上午登陆圣卡洛斯港，卡洛斯·埃斯特万的手下打下2架"瞪羚"后，英国人的直升机还是第一次敢这么大白天的在战场上空现身。列兵胡安·迪茨先前参与过无线岭的反击战，现在又遭遇直升机攻击：

我们撤到穆迪布鲁克，把伤兵都转移了，然后开始朝阿根廷港方向折返，因为山那边有英国人在开炮。突然，山岭背后出现1架直升机。一枚机载导弹射了过来，直接打中一名战士的腹部，将他炸成两截。爆炸的气浪把我抛出好远，直升机还在朝地面扫射，我手臂和脚后跟都中了枪，腰也被子弹擦伤。我可不想死，于是一路连蹦带跳，跑到阿根廷港，最后总算是跑进了当地土著的医院。一个阿根廷医生和一个当地人给我看病，他们直接给我输血。所以现在我身体里有英国人的血，那个下午我居然还美美地喝了一杯茶。过了一阵子，伤口越来越疼，最后我实在受不了了，于是他们给我打了吗啡，疼痛有所缓解。①

---

① 原注：胡安·迪茨过去肯定是个典型的童子兵，对于在布宜诺斯艾利斯的"马岛老兵合作组织"接受一名英国作家的采访极其兴奋。他经常嘻嘻哈哈，开各种玩笑，招来在场其他人的讪笑。我的那名阿根廷女翻译就说过："他们依然是孩子，一点儿没错。"那次会面让我深深感受到这一大批被投入战场，与英国职业军人正面厮杀的阿根廷新兵，竟是如此青春年少、天真无邪。

霍夫雷准将意识到，开阔地面的所有防御阵地现在都难以抵挡英军的进攻。于是他允许贝拉扎伊少校将部队撤往斯坦利外围，同时命令凯贝多中校扔掉最后一门还能用的炮，带人返回城中。

这样一来斯坦利西边仅剩下一个防御阵地，也就是距离斯坦利西南方 1.6 掐你左右的工兵山。此山占地不大，最高处海拔 138 米，山顶长满野草。第 5 陆战队步兵营的 M 连驻守在此，他们深挖壕沟，这在很大程度上可以避免落到开阔地上的炮弹带来的重大伤亡。来自摇晃山和威廉山的其他陆战队士兵也都聚集于此。英军指挥官们意识到，如果对工兵山发动闪电攻击，或许能成功夺取斯坦利面前这最后一个防守堡垒。第 45 突击队接到命令，要他们沿着小路尽快赶到工兵山，威尔士近卫军也获得一批直升机，要他们降落在小路上，远离工兵山的火力打击，同时做好攻击准备。需要解释的是，在"加拉哈德爵士"号事件后，2 个陆战连从第 40 突击队被借调到威尔士近卫队，突击队被留在了后方，守卫圣卡洛斯基地一带。3 架"海王"直升机（来自战前以培训反潜直升机人员为主要任务的单位）载上威尔士近卫队的那些皇家陆战队员，直接飞抵山脚下的小路，这里并不安全，完全处于工兵山火力打击范围内。阿根廷陆战队开火，打中 1 架直升机，一名英军陆战队员的手臂受了伤。英国人马上还击，击杀 3 名阿根廷士兵。但当时英军依然暴露在缺少遮蔽物的位置，于是呼叫后方对山头进行火力覆盖。不过连队总部里负责处理这一要求的火炮长官却突然大吼道："停止射击，停止射击，斯坦利打白旗了。"双方都同意停火。实际上斯坦利没有打白旗，这个被重复多遍的报告是错误的。当时是下午 1 点到 1 点 30 分。

此战最后的交火开始了。讽刺的是，双方最后的遭遇战所发生的地点，正好是 10 周半前阿根廷军夺岛当晚，佩德罗·加奇诺和他的两栖突击队去往政府大楼攻击皇家陆战队的那条路，而现在双方的陆战队都已经投入到工兵山这最后一仗。在马岛战争中，阿根廷最后一批阵亡人员是陆战队新兵罗伯特·莱耶斯（Roberto Leyes）、厄里奥多罗·蒙松（Eleodoro Monzón）和瑟吉奥·罗布莱多（Sergio Robledo）。一些阿根廷军官曾向我抱怨说，他们有些士兵是在停火后被击杀的，所以这次规模不大的战斗才没有被英方战史记录在案。但很清楚的一点是，停火命令是在英军乘坐直升机抵近工兵山，双方交火后，才传到他们手上的。

莫尔少将的参谋部从上午九点开始，就一直试图通过设在斯坦利的民用电台和梅南德兹准将取得联系。一开始，梅南德兹不予答复。他对于目前形势所作的长远计划是，撤走斯坦利东部的兵力，放到机场半岛继续作战。他一直在向斯坦利的当地民众保证，部队不会选在城里开战。梅南德兹本人的备忘录[1]中写道，他在当天早晨给加尔铁里打过无线电话；可能一共打过两次，但两人的谈话并没有达成一致。加尔铁里根本不相信形势已经无可挽回，坚持要求阿根廷军主动进攻，不许后退。梅南德兹也毫不退让，表示败局已定，他敦促加尔铁里发表最后声明，同意接受 4 月初的关于阿根廷军从马岛主动撤出的联合国 502 号决议；这样可让梅南德兹免受屈膝之辱。此时梅南德兹手里还有将近 3 个一弹未发的满编步兵团，加上一些火炮、装甲汽车，还有机场上的一些空军人员。他完全有时间撤出斯坦利，如果加尔铁里充分利用时间展开政治斡旋，他还能坚守得更久，但加尔铁里绝不接受这样的结果，因为这么做可能会导致他被赶下总统宝座，于是他断然拒绝了梅南德兹的恳求。这么一来，梅南德兹只能自行决定了。

巴里·墨尔本·乌塞上尉在无线电室听到了英国人所发送的停战提议，于是将这一信息带回了政府大楼给梅南德兹看。下面是乌塞的讲述：

> 梅南德兹不会亲自参与，不过他对我说，让民间背景的话务员和对方保持接触。布莱内医生，很年轻的一个女士，她帮了不少忙。
>
> 前一晚和今早所发生的一些事情，得经过好多年才能想明白。战士们以一种怎样的方式同敌人作战，如此大的伤亡。闪个不停的曳光弹、照明弹，整晚轰鸣的大炮……所有这些都足以让一名军事指挥官对实际战况作出准确判断。梅南德兹准将就在现场，他能看到那里所发生的一切，接触到所有信息。霍夫雷准将告诉他，所有的阵地都已经被敌人攻陷。战场瞬息万变，不管是撤退还

---

[1] 原注：卡洛斯·M. 图罗洛，Testimonio de su Gobernador（《马岛——总督的证词》）（布宜诺斯艾利斯：南美出版社，1983 年）第 305~306 页。

是立足机场与敌一战，都已没有可能。除了城市，现在我们所有的阵地都遭到敌人的炮火打击。

梅南德兹在结束和加尔铁里将军的谈话后，叫我回到电台去跟英国人讲，他愿意和对方谈条件。于是我回去后亲自跟英国人沟通，说梅南德兹已经做好谈判的准备，因为我觉得说这些话是我的责任，不应该推给民间话务员。我们安排了时间，确定了对方直升机飞抵的路径。当时和我谈话的，应该是罗德·贝尔[1]（Rod Bell）。

直升机还要过几个小时才能抵达。英军行进到斯坦利的最西侧，但接到命令不能进入主城区；这等于是停火，还不算是投降。这一整天，直至次日晚间，斯坦利城内还驻扎着大批阿根廷士兵。就他们的经历和感受，我在后面选取了数例略加表述。先来谈谈贝拉扎伊少校，就是前一晚在无线岭组织反击，接到撤退命令前，还想要在斯坦利外围构筑阻击阵地的军官：

我回到城市外围，英军停止了射击。我让士兵们排成一列，率领他们进了城。我必须承认，此时我眼中全是泪水，已经没法继续战斗了。我甚至连一个英国士兵都没看到，但却失去了那么多的兄弟。说实话，我是真想拿起武器，跟敌人拼下去。

我把战士们留在城里，然后跑去向霍夫雷报到。他上前和我拥抱了一下，我把情况都和他说了。他让我回团里报到，我的团在城区外组建了最后一道防线。可是我再也无法完成这样的任务。就在我拿了一些食品打算带回去给兄弟们时，我从电台里听到必须结束一切军事行动的命令。我心里很不好受，但不是替那些军官和士官难过，毕竟我们都是职业军人，我是为那些年轻的战士，还有那些已经回家与亲人团聚的士兵感到悲哀。他们可能会觉得，我们没有尽心尽力。

第7团的新兵阿德里安·戈麦兹－茨舍尔参与过朗顿山之战，现在他待在斯坦利的一个用来容纳各部队残兵的集合点，他是这么说的：

他们让我们换上新军服和新装备，之后简单地做了一个仪式。哈比耶·佩

---

[1] 原注：R.D. 贝尔上尉，隶属海军陆战队，他的西班牙语说得很流利。

雷达（Javier Pereda）是斯坦利港医院船"伊利扎尔海军上将"号上的一名无线电操作手，他是这么说的：

那天我们接纳了第一批伤兵。我注意到，他们中的大多数人仅仅是受了轻伤，通常是被弹片擦到。很多人饿得不行，瘦得皮包骨头，而此时港口边放着的集装箱里装满了各类食物，我们的船上也还有 500 吨存粮。那些陆军新兵说话毫不避人，对战争的态度也已转变。每个人都对长官怀有强烈的不满，很多士兵告诉我说，他们恨他们的长官，更甚于英国人。他们对英军的专业精神怀着深深的敬意，这话听上去就好像英国人不是在和他们打仗似的。

我也在通过电台和其他渠道收听各种消息，我还得再来说说船长的情况。我从三个方面进行对比：一是 BBC 全球新闻，二是我们的阿根廷新闻社，三是我自己获取的外界消息。那些事实和国内那帮人灌输给我们的那套说辞之间的强烈反差，让我感到万分惊骇。

列兵马里奥·普拉多（Mario Prado）带着战壕脚病回到斯坦利，他说：

我得不到医治，因为伤兵实在太多了。我和其他一些残兵被送到斯坦利港海岸线服役。他们给了我一支步枪。我去了阵地，擦枪的时候发现，竟然没有撞针，我直接把它扔进了海里。我没别的事情可干，只能给跟我同一阵地的士兵装弹夹。

突然一切都平静下来了，我们接到命令，让我们去城里集合，地点是靠近邮局的一个大羊毛仓库。那里聚集了很多人，各个部队的都有，就像是一个蚂蚁堆。当天傍晚一名军官打开了附近的一个集装箱，开始分发食品，这些食物都是我们以前没见过的，反正我们这些山上的士兵肯定是没见过。我拿到一份 5 千克的奶酪，还有 5 千克人人爱吃的阿根廷酱料，就是那种甜甜的土豆酱。可我们一点儿胃口都没有，心里感到很不踏实。我们都急着想知道接下来会发生什么，我们到底是留在这里，还是被送回家，又或者是在别的什么地方被关押起来。

仓库里存放着很多羊毛，我们拿来裹在身上，所以那个晚上我们睡得很暖和。真是很久都没这么暖和过了，也听不到枪炮声。这么多个夜晚，我还是第一次感受到这种宁静。

第 602 突击连连长阿尔多·利克，因抽出时间和本土保持无线电联系而出名。他一直在催促上面增派援兵，并提议把那些正盘算着投降的军官统统送上军事法庭。这些言论在很大程度上为其今后获得"马岛英雄"的荣誉铺平道路，一些媒体还在公开报道中添油加醋，说什么投降之后，他还在积极地组织士兵抵抗。

　　莫尔少将和谈判小组在当天黄昏时分乘坐直升机来到斯坦利，见到了梅南德兹和秘书处大楼的其他几位阿根廷军官；这里也是 10 周前阿根廷民政团体接管马岛行政事务后的办公场所。莫尔少将不允许英方摄影人员记录下这一场面，因为他不想给梅南德兹留下任何反对或者拖延的借口。观察员们对于他们眼中的走入谈判大厅的双方代表的评论截然不同，英国军官都是直接从战场赶来的，还穿着脏兮兮的军装，而那些在斯坦利稳坐军帐的阿根廷军官，却一个个制服整洁。杰里米·莫尔拿了一份打印好的简短的投降文书，请梅南德兹在上面签字。梅南德兹拒绝在"投降"前面加上"无条件"三个字，莫尔也同意把这几个字拿掉。接着，梅南德兹大笔匆匆一挥，潦草地签了名，算是代表全军投降。这场决定福克兰群岛主权归属问题的传奇战争，总算是画上了一个句号。这块地方，至少在可预见的未来，不会再叫"马尔维纳斯群岛"了。

第十九章

盘点

投降仪式结束后的数日，摆在那些近来被战争搞得精疲力竭的相关人员面前的，是一大堆有待处理的行政问题。主要的难题是斯坦利城里和周边双方士兵的住宿问题，他们中的很多人几周以来一直露营在外。现在已经入冬，还经常下雪。福克兰有1500名当地居民、5000人左右的英军和数量多一倍的阿根廷军，一时间根本安排不出那么多安顿的地方。1982年6月15日早晨，梅南德兹和另两名陆军准将，以及阿根廷海、空军的高官，和莫尔少将碰了头。莫尔通知他们，英军很快就会派直升机把他们送到圣卡洛斯水域的"无恐"号上去，大多数的普通战俘只能离开斯坦利，去往机场半岛，被关进一个临时的大型战俘营，直到一切安排妥当，他们才能返回阿根廷。莫尔希望自己能够尽快遣返每一位阿根廷战俘，这样住宿和物资供应的问题就迎刃而解了。

就这样，阿根廷军在当天就离开了斯坦利。英军最后决定霍夫雷和帕拉达准将得留在斯坦利，负责协调阿根廷部队和机场周边设施的搬迁工作。霍夫雷主动提出承担这一任务，因为这批人大多数来自他从阿根廷带来的那个旅。数千名阿根廷士兵把随身武器堆在一起，形成了一个小山丘，之后在皇家陆战队或伞兵部队的押送下，沿着机场公路排队离开斯坦利。阿根廷人不喜欢英国伞兵，经常抱怨在他们手里吃了很多苦头，但对皇家陆战队的评价还不错。霍夫雷也表示，在他提出不满后，皇家陆战队完全接替了伞兵部队，扫尾工作变得顺利多了。他也不得不和英军军官打交道，双方的关系据他说来可以用"彬彬有礼"来形容。一般的阿根廷士兵，对于这些变化总是感到茫然无措。有个新兵说："我不怕你们笑话，可我确实直到沦为战俘，才相信我真的是在打仗，而不是简单地搞一次军演。而在这之前，我根本没想过我们会输。"另一个则说："对大多数战士而言，他们根本没想到自己会沦为战俘，因为很多阿根廷士兵从没打过仗。我从没想过当战俘是什么样，直到真的发生在自己身上。"

　　机场周围的阿根廷士兵显然在之后几天吃了不少苦，大多数人只能住帐篷或者瓦楞铁皮屋，甚至地洞和木板箱。居住条件倒也不见得比先前在山头驻防时差多少，但问题是现在天气转冷了。于是英军很快便组织直升机进行大规模转运，大多数战俘被直接送往"堪培拉"号班轮和北海渡轮"诺兰"号上，英方决定先调用这些舰船将战俘遣送回阿根廷，然后再将本国官兵送回英国。

　　第一批回国的阿根廷战俘，其实并不是来自斯坦利地区。于 1982 年 5 月 29 日在鹅原湾被俘的陆军和空军士兵几天前已经坐上"诺兰"号先行离开，6 月 13 日在乌拉圭的蒙得维的亚下船。阿根廷派出一艘小型商船和一艘短途客轮，将这 1536 人摆渡了一小段水路，过了普拉特（Plate）河后，当天晚间便到了家。这么一大批残兵败将一下子全部返回阿根廷，这令军政府倍感尴尬，他们尚未做好让国民接受福克兰即将沦陷的准备。因此这两艘船没有开往布宜诺斯艾利斯，而是接到上级命令去往了拉普拉塔附近，靠泊在几乎与外界隔绝的里奥桑迪亚哥船厂。阿根廷陆军也没派人去接他们，唯一代表官方前去欢迎他们的，是曾参与马岛战争的当地港务监督！皮亚吉中校和陆军官兵被悄无声息地送往了一个退伍军官培训学校。即使在那种地方，除了管这所学校的上校外，陆军指挥部也没有派一个人来见他们。过了两天，就在阿根廷全体国民接到关于阿根廷军在福克兰战争中全体投降的消息时，这些人刚好到家和亲人团聚。

　　"堪培拉"号于 1982 年 6 月 18 日开始大批遣返阿根廷士兵，运走了满满一船的下级军官、军士和新兵。载人较少的"诺兰"号也是同一天出发，狐狸湾、霍华德港和卵石岛等边远地区的守军，大多是坐这条船走的。原本这几艘船可以先行出发，但阿根廷当局不同意它们靠岸。阿根廷国内正掀起一场政治风暴，人们的心理正经受巨大的冲击。短短一周内，人们的心情就像是在坐过山车，起初完全沉浸在教皇来访的喜悦气氛中，却突然传来一连串的坏消息：阿根廷军在福克兰签订城下之盟，接着总统下野（加尔铁里在 1982 年 6 月 17 日被迫辞职），数千名败兵灰头土脸地坐着英国船被送回国内。

　　阿根廷士兵在船上的那两天相对平静，但心里都很忐忑，不知国内会以何种方式接纳他们。列兵马里奥·普拉多描述了他在回国途中的经历：

　　船上几个会说几句西班牙语的英国士兵看押着我们，他们一边说着"阿根廷地界，死刑，死刑"一边连连比画，意思是我们一到阿根廷就得掉脑袋。虽然我们知道这都是骗人的，但心里却高兴不起来。不过在"堪培拉"号上，英国人对我们非常不错。吃得很好，午餐和晚餐每人还能分到 2 支烟，并可以在甲板上待 10 分钟，因为舱内是不准抽烟的。

舱内有一张双人床，还有一张单人床，要挤下 9 个人，不过地上铺着的地毯倒是很漂亮，我们统统睡地板，这样就省得为谁有资格睡床铺争来争去了。我们经常打牌，一般是玩那种在西班牙很流行的"花样牌"。打牌的时候很吵，通常看守也会进来跟我们一块玩会儿，趁机抽会儿烟。

"堪培拉"号停泊在南方丘布特省马德林港（Puerto Madryn）一个大型铝厂的自营码头。讽刺的是这里距离瓦尔德斯半岛仅数千米，年初的时候，第 2 陆战队步兵营曾在这里搞过一次福克兰登陆演练，模拟的是斯坦利附近的地形。列兵阿兰·克莱格描述了当时的情景：

没有人来接我们，我们就这样被送上了卡车。从港口到城里路很远，一路上很多人排着队扔给我们饼干和其他小礼物。他们看起来都很穷，于是我就在想，那些军官说什么新兵要为战败受责罚，全是鬼话。城里的所有人都在等着我们，朝我们欢呼。他们穿过马路，开始问我们要电话号码，好联系我们的家里人。一些人从车上跳下来，把自己的号码给了他们。后来，当我们再次上卡车的时候，那些人就直接走到栏杆边，我们又给了他们一批号码。有位女士打电话到我家，把我回家的消息告诉了我姐姐，还捎去了另两个本地年轻人的消息。

接着我们坐飞机去了布宜诺斯艾利斯的埃尔帕洛马尔，我们统统被带到了五月营的陆军大营，住在士官培训学校里。我们全都换上了他们的制服，我想陆军方面一定是不想让公众知道我们这些新兵到底在哪儿。我们在这里好吃好喝，日子过得很舒坦，之前当兵的时候可没这种待遇。军校还搞了几次心理测试，不过大家都有些抵触，因为医生们话里话外就是在说，我们对于战争经历的描述都是谎话，因此我们都尽量避开这种测试。我们在那儿待了两天，不能给家里打电话。我父母在拉普拉塔成天心神不宁。有个年轻人倒是跑回了家，后来一大帮家长从拉普拉塔跑到五月营。战士们一度骚动不安，最终都被放回家去了。

我们每个人都获得了马岛战役奖章，但我没去拿。我一点儿都不感兴趣，觉得这都是些骗人的把戏。我可不想要什么军功章。

阿兰·克莱格所属部队是拉普拉塔的本地驻军。来自边远城市的那些士兵也很快被送回各自的基地，人们欢天喜地地跑出来迎接他们。1962届的那批新兵，比如阿兰·克莱格本人，很快就被送回了家；1963届的还得继续服役，直到满一年。少数归队的空军人员被送到了埃塞萨机场的士官学校，那里的接待工作倒是没什么问题。阿根廷国内舆论对空军的评价很高；大家都相信是陆军辜负了国家，应该为失去马岛负责。海军是打头阵的，很少有俘虏被遣返，因此也就逃避了公众关注的目光，并未立即受到责难。

对许多军官家庭来说，返家之路阻力重重，因为被遣返的战俘中很少有中尉以上军衔的。莫尔少将曾要求遣返所有俘虏，以缓解当下行政管理方面的压力，但伦敦当局下令让他扣押 500 名高级将领作为"谈判筹码"，直到阿根廷宣布停止敌对行动。从理论上来说，阿根廷飞机对福克兰周围英舰展开空袭的威胁依然存在。于是 12 名全职上校、25 名中校，以及一批少校和上尉，都被转移到圣卡洛斯港外停泊着的英国火车渡轮"圣爱德蒙德"号（St Edmund）上，他们每天过得苦不堪言、了无生趣，也不知道自己究竟还要被关多久。阿根廷人把这艘因船称为"猪圈"。而梅南德兹和其他一些高级将领仍被拘禁在"无恐"号上。一些技术士官也因为各种原因而被滞留。本书之前提到过的一名高级官员，对这段漫长的拘押岁月避而不谈。凯贝多中校，也就是在最后一天的战斗中，带着仅能用的那门炮坚守下来的那个炮兵军官，一直受胃病困扰，需要马上再做一次手术，后来他很快就被送上医院船"伊利扎尔海军上将"号回了国。

被扣军官们的妻儿老小，在日复一日的等待中，越发焦虑不安。一时间谣诼四起，说战俘们境遇凄惨，而扣押者名单和实际情况存在一定出入，有些军官是死是活始终不得而知。陆军总司令尼古拉德斯将军，在各个守备区城内接见过多批军属。当他来到自由者海峡会见第 3 旅的家属时，被一个叫阿莉西雅·格里提（Alicia Gorriti）的军官夫人弄得特别尴尬，阿莉西雅的丈夫是格里提中尉，是该旅唯一一名低级军官，也是第 12 团唯一还没回国的军官（鹅原湾之战打响的当天，他的连队坐上直升机被送往战场，只有他一名军官被留在肯特山；该团的其他军官统统在鹅原湾被俘，并在战争结束前返回了阿根廷）。情绪激动的格里提夫人要求尼古拉德斯将军公布被阿根廷军俘虏的英军总人数。她得到的回答是"1个"，那就是杰弗里·格洛佛（Jeffrey Glover）上尉，1982年5月21日在霍华德港被击落的1架皇家空军"鹞"式的飞行员。这一回答顿时引发一阵哄笑，不过值得注意的是，那些对自己丈夫的仕途充满期待的家属们始终默不作声，她们可不想断送了夫君升官晋级的大好前程。不过英国人没能说服阿根廷方面停止敌对行动，于是这500名军官就一直被关在"圣爱德蒙德"号上，比其他俘虏回家晚了一个月。福克兰战争中，被俘虏的阿根廷现役军人总数刚好超过12700人。

偏远的南三明治群岛所属的库克岛上，还发生了一件鲜为人知的事情。英军的"坚韧"号和"雅茅斯"号两舰在1982年6月20日抵达此地，一些皇家陆战队员一枪不发就抓了一批俘虏，他们是阿根廷于1976年建立的一个科学气象观测站上的11名海军操作人员。岛上飘起三面英国国旗，这标志着阿根廷对宣称拥有主权并希望长期占有的福克兰、南乔治亚和南大西洋的最后一片土地的实际控制自此结束。我问过隆巴尔多中将，打这以后阿根廷的舰船是否回过库克岛，他回答说"这我可就不得而知了"。

但是有655人再也没能回家，这就是那些阵亡的阿根廷将士。他们来自不同的部队，具体情况可参见下文列表：

军种	军官	士官等人	新兵	总数
海军	9	227	103	339
陆军	16	35	148	199
空军	36	13	6	55
陆战队	1	3	31	35
商船队等	2	16	—	18
国民宪兵队	2	5	—	7
海岸警卫队	—	2	—	2
总数	66	301	288	655

士官等人，包括所有非现役职业军人。在"贝尔格拉诺将军"号上丧生的2名民间人士，则被归入"商船队等"。288名新兵中，有224人是1962届的，

54 人是 1963 届的，10 人来自较早的几届，属于推迟服役。阵亡的英军总数为 255 人，其中包括 3 名在福克兰岛被炮弹炸死的当地居民。

从军种对比来看，双方最大的损失都集中在海上。"贝尔格拉诺将军"号上死了 323 个阿根廷人，"埃斯塔多斯岛"号上死了 21 人，"阿尔弗雷兹·索布拉尔"号上死了 8 人，福克兰外海的"一角鲸"号、"伊瓜苏河"号和南乔治亚岛的"盖雷科"号、"圣菲"号上各死了 1 人，总共是 356 人（英军轰炸福克兰各海港时死于海上和舰上的阿根廷士兵总数为 197 人）。海军方面的其他阵亡者包括 4 名海航飞行员，以及从狐狸湾登陆的小股海军分遣队中被英军舰炮炸死的 1 名水手。

陆军、陆战队和国民宪兵队在地面战中有 239 人阵亡：斯坦利的初期登陆中有 1 人，南乔治亚岛行动中有 2 人，福克兰一战中有 228 人，负责搜索英军登陆部队的 1 架直升机坠毁造成 8 人丧生。英方地面战有 82 人战死。阿根廷在主要战役中的死亡人员可以分为以下几类：

步兵：165 人（包括陆战队）

炮兵：18 人（11 名高炮兵、7 名野战炮兵）

特种兵：12 人

工程兵：7 人

直升机组：6 人

其他：20 人

损失最大的，显然还是那些直接面对英军进攻的部队：

第 7 团：36 人（朗顿山和无线岭）

第 12 团：35 人（鹅原湾）

第 4 团：23 人（两姐妹高地和哈列特山）

第 5 陆战队：17 人（摇晃山和工兵山）

阿根廷飞行员和其他各类机组成员阵亡总数为 45 人，其中 41 人来自空军，4 人来自海航部队。英军飞行员中有 4 人战死，1 人是在鹅原湾被地面高炮打死的，3 人是因为飞行事故而坠机身亡的。这里所列举的双方死亡人数，未包括因直升机坠毁而身亡的人员；在这方面，英军的伤亡人数比阿根廷军多得多。阿根廷空军在福克兰地面战中也有 14 人战死，具体来说，应该是 1 名军官和 10 名士兵死于轰炸和炮击，另有 3 人是在鹅原湾之战中阵亡的。胡吉克中尉在试图驾驶"岩堡"飞机从鹅原湾起飞时，被英军炮弹炸死，计入机组人员伤亡名单。阵亡人员的尸体，还有很多坠入大海的飞行员的遗骸，都没能找回。死于福克兰地面战的那些人，就一直长眠于岛上了。英国人在战后循着蛛丝马迹找到了大多数战地墓穴，并提议将遗体交还给阿根廷的家属安葬，但阿根廷政府却断然拒绝，声称福克兰是阿根廷领土，尸体理应就地安葬。于 1982 年 4 月 2 日死在政府大楼的佩德罗·加奇诺，是唯一一个死后遗体被带回国内的阿根廷军人。英国人在达尔文建造了一个公墓，将 230 余具遗体迁葬到了那里。这个数字占阿根廷已知阵亡人员总数的 90% 以上。不过这些尸体中能被辨认出身份的不到 100 具，无名尸骸中为数最多的是陆军人员，因为他们没有可靠的身份牌。

阿根廷的物资损失更是令人瞠目结舌。1 艘巡洋舰、1 艘潜艇、3 艘运输舰和 1 艘拖网渔船"一角鲸"号，这些舰船要么沉没，要么因其他原因而损失；还有 3 艘小船被丢在了福克兰，成为英国人的战利品。飞机损失同样严重，总计 75 架固定翼飞机和 25 架直升机。英方因各类原因而损失的飞机一共有 34 架——24 架直升机、10 架"鹞"式战机。45 架固定翼飞机是在升空作战时损失的，其中有 24 架被"海鹞"击落，其余的是其他因素导致。被派到福克兰的 59 架地面攻击机和直升机中，仅空军的 2 架"支奴干"和海军的马基得以返回本土。

阿根廷陆军的物资损失可以简单地一笔带过。除了士兵们战后又穿着回家的衣服外，运到福克兰的其余物资几乎都损失殆尽。3 个旅的情况半斤八两，所有的单兵武器和各类装备都没了。

不管是在政治上还是在军事上，阿根廷的努力全都付诸东流。军政府低估了英国的反应，也错判了美国和其他大多数国家的态度。每个人都清楚地记得阿根廷声称对福克兰拥有主权，但出兵动武却没得到多少国家支持。除了几个南美邻国外，给予积极援助的仅有利比亚。

阿根廷军确实很卖力，不过和其对手相比远为逊色，战力明显不在一个档次。打响开局之战的海军，在"贝尔格拉诺将军"号战沉后，便完全放弃了积极进攻的战斗意图，整个舰队苟且偷安，灰溜溜地自围在本土沿海海域。陆战队和地面部队在摇晃山一战打得不错，尽管大多数对战仅靠一个排的兵力和陆军的支援。被派到福克兰的海航部队的马基飞机和"涡轮导师"飞机，以及从航母上调派到本土机场的为数不多的老式"天鹰"，都远不能和英军的防御武器相比。虽说那天"天鹰"飞行员击沉"热心"号护卫舰，赢得一次胜利，但代价实在过大，中队实力大损，以至于到了需要他们展现反舰技能的时候无机可派。唯一一支可以算得上取得绝对胜利的海军单位是"超军旗"中队，他们充分利用手里数量有限的飞鱼导弹，击沉 2 艘英舰。从中可以得出一个教训：要想发动现代化战争，手里先得有现代化武器。

　　另一个出了大力的军种是空军。阿根廷飞行员所表现出来的大无畏精神永远值得敬佩，但如果用历史的眼光加以评判，那么还是要更多地考虑到，搭上这么多飞行员的性命的这种蛮勇行为到底成效如何。事实上，阿根廷飞行员战时管理体制隐藏着太多的失策。在这里，我们不妨通过不同的作战方式来加以评析。阿根廷起初想要维持空防优势，但在 1982 年 5 月 1 日真正开战的这天，"幻影"和"匕首"在与"海鹞"的对抗中铩羽而归，于是阿根廷只能放弃这一打算，之后也没有再认真考虑过夺回制空权。这使战斗轰炸机部队只能冒着巨大风险去执行反舰攻击任务。这段时间反舰攻击作战非常频繁，吸引了大量的外界宣传，不过阿根廷军所采用的战术——超低空接敌方式，实际上并不可取，扔了那么多的炸弹都没能爆炸。参与反舰攻击的"天鹰"和"匕首"，前前后后超过 150架次，其中大约有 100 架次抵达目标水域。据统计，一共有 16 架飞机，投下 25枚炸弹，击中 14 艘英舰（9 艘战舰、4 艘登陆舰、1 艘登陆艇）；不过 25 枚炸弹中仅有 11 枚被正常投放，碰撞后成功爆炸。唯一一艘被空军完全炸沉的英舰是"考文垂"号，另外还有 1 枚炸弹干掉了"热心"号；"羚羊"号上的那几枚炸弹并没有爆炸，只是英国人拆弹失败，结果把舰给搞沉了。

　　在其他几类行动中，阿根廷军打过的唯一一次"胜仗"是"堪培拉"的那次高空轰炸行动，攻击的是那艘保持中立的"大力神"号超级油轮；而"堪培拉"对英军地面阵地发起的几次夜袭，造成的人员和设备损失微乎其微。派到福克兰遂行对地攻击的 24 架"岩堡"飞机也好不到哪儿去，2 名飞行员身亡，飞机也全部损失，仅仅在鹅原湾之战中打下 1 架"侦察兵"直升机。空军唯一一次取得成功的行动，理应归功于第 1 空运组，尤其是该单位的"大力神"机组成员，在执行任务的过程中他们始终发挥稳定，顺利完成了空运和加油任务，还执行了几次收获颇丰的空中侦察。不过阿根廷方面的自我评价也很中肯，之所以空军的战斗力难以施展，是因为诸多空中行动只能从较远的本土基地发起，而且大多数情况下空军都是在用自己所不擅长的方式作战，也没有进行充分准备。再者，假如英军特混编队中没有编入"海鹞"这种在马岛战争中最为关键的飞机，空战的结果可能就大不相同。

可是到最后，最重的担子还是落在了福克兰的陆军肩上。想想那些指挥官也确实可怜，而那些普通士兵更是值得同情，就这么孤立无援地被扔在了一个个小岛上，一轮接一轮地和敌人厮杀，到头来还得吞下战败投降的苦果。阿根廷国内的公众舆论，很少顾及这些远在天边的陆军战士，也没人对他们表达同情。当战舰和飞机返回港口或者基地时，那些冻馁交加的士兵还得守着那些荒凉的岛上山头。只要英军在海岸站稳脚跟，阿根廷士兵就再也没有机会击败对手。阿根廷军或许没有接受过良好的训练，装备水平也不行，但他们是带着一种勇毅与荣誉在战斗，而且也没有对平民滥施淫威。

加尔铁里的军政府倒台了，取而代之的是一个新的军事集团。已退役的将军列纳尔多·B.维格诺内（Reynaldo B. Bignone）当选总统，不过这也只是权宜之计。这场战争让阿根廷的军人政治走到尽头，民主政府得以重新上台。三军部队饱受外界指责，战败给国家带来的耻辱，引起一场剧烈的内部争斗。维格诺内政府决定揪出一批替罪羊来实施惩戒，于是成立了所谓的"拉滕巴赫委员会"，本杰明·拉滕巴赫（Benjamin Rattenbach）中将作为负责人，被责令找出该为此次战败负责的人。前军政府成员和所有参与这场战争的高级军官，不管是上了岛的，还是留在本土指挥的，都接受了调查。委员会发现，所有的军政府成员，加上外交部长科斯塔·门德兹（Costa Méndez）博士，还有隆巴尔多中将、加西亚将军和梅南德兹、霍夫雷、帕拉达三位准将，以及在福克兰参战的两名全职上校，都必须为大大小小的败仗负责；受到起诉的陆军军官中，唯一一名军衔相对较低的就是皮亚吉中校，他是鹅原湾一战的指挥官。接下来就是一连串的出庭受审，最早是在武装总部的最高法院，之后转到联邦法院民事法庭。

挑起战争的 3 名军政府成员直到 1988 年 10 月还被关在军队羁押所内等着宣判起诉。霍夫雷准将被免于判刑，但他选择在 1983 年退役。皮亚吉中校被迫辞职，退出军界。而隆巴尔多中将和梅南德兹、帕拉达准将的官司，在我 1987 年待在阿根廷的时候，进展依然十分缓慢。

当时还发生过一件多少有点搞笑的事情。战争期间，阿根廷派驻斯坦利的民政团队有一个阿根廷银行的账户，用以支付本地的物资和服务消费，同时还用这笔钱对民间财产的损失进行赔偿。该账户以支票形式向福克兰的 400 个企业或个人支付了赔偿金，这些钱后来通过国际银行体系正常结清。当战后支票被拿到阿根廷银行要求兑现时，银行工作人员公开指责道，民政团队的财务主管奇尼上校和其他一些军官，早就把阿根廷人的钱送进了敌国的腰包。让这些军官大感意外的是，他们后来还因此被送上了法庭，不过最后大家都觉得，他们无非是恪尽职守，按照国际法规办事而已。结果他们也都被宣布无罪。

在福克兰服役的大多数士兵，后来都重新回到原先的岗位，首先来说说那些新兵，他们都转业复员了。这些新兵心灵上的创伤往往很难平复，有些则在就业方面遭遇重重阻力。他们对大企业老板充满仇视，战争期间这些家伙在电视上一个劲地打包票，说什么只要是参加马岛战争的老兵，特别是那些负伤残疾的，战后绝不用担心找不到工作。还有一件事也让新兵恼火，爱国基金会的发起者收到了数千人的捐款，还有大量价值不菲的珠宝，结果这笔资金最终却没有被送到那些吃苦最多，过得最艰难的人手中。参战的阿根廷士兵拿自己的待遇和福克兰老兵在英国所受的崇高待遇作一番对比，人家的战舰和军队凯旋，英国国内举办了盛大的欢迎仪式，南大西洋基金会提供了巨额的奖励，伦敦还专门举办了"福克兰胜利日大阅兵"。而这些待遇回国的阿根廷军人一样都享受不到。公众情绪说变就变，1982 年 4 月布于瑟尔少将的陆战队刚刚夺占斯坦利时，人们欢呼雀跃、欣喜若狂，等到 6 月陆军铩羽而归时，老百姓根本不闻不问，完全换了一副面孔。

阿根廷直到现在还坚称对福克兰拥有主权，未来将会如何，我也不敢轻易预测。在访问阿根廷期间，我发现人们都很友善、热情，帮了我不少忙，可以说毫无敌意，不过在领土问题上毫不退让，依然坚称马岛应该属于阿根廷。我跟上百人都谈到过相关问题，其中只有两人承认，从现实角度出发，应该放弃声索马岛主权；两人当时非常留意周围，确信边上没人在听才说出自己的观点。马岛之梦就像是一个全民信念。这是一个非常情感化的问题，几乎属于宗教信仰的范畴，成为不容挑战的底线，而且这一话题好像没有出现过任何的国民公开讨论。我还发现这个国家正处于经济萧条时期，每月的通货膨胀率高达 12%。就在 1988 年我写这最后一章的时候，英国主要的几家银行刚刚免去多个债务国常年拖欠的大笔钱款，其中就包括阿根廷。这意味着，英国人民，或者说那些银行客户、股东以及纳税人，将不得不为这笔被销掉的银行账款补上亏空，这等于是在给自己军队出钱的同时，也给福克兰战争的另一方阿根廷买单！

我习惯在书的末尾加上那些对我所写事件有过亲身经历的普通人的观点。

伊格纳西奥·格里提中尉，来自第 12 团：

我和理查德·斯蒂文斯（Richard Stevens）一起出席过在爱斯坦西亚大楼召开的几次会议，第一次见到他时，我问他对我们进驻马岛怎么想。他说他希望所有人，包括英国人和阿根廷人全都离开，让岛上的人过自己的生活。我告诉他，我们会在这里扎根，还会改善当地环境，铺设公路之类的基础设施。他回复我说："如果我想去有公路的地方，我自己会去。可是我喜欢的是这里，我不想被打扰。"

离开肯特山令我非常伤心，因为我喜欢待在马岛，尤其是跟自己连队的战友一起出去，到乡下野地里逛逛，完全远离军营环境。我还想着，等我死了，能有人把我的骨灰撒在肯特山上。

吉列莫·贝拉扎伊少校，来自第 3 团：

我常常和我们的女房东聊天，她人长得很漂亮。英国海军开始炮击的时候，她告诉我说，她再也不会跟我说话了，不过她还是要说一句："从地理位置来看，这里可以看作是阿根廷的一部分，不过岛上的小男孩已经是在这里出生的第三或者第四代土著了。我们觉得这片土地既不是英国的，也不是阿根廷的，而是属于我们自己的。因为我们在这里出生，在这里长大，而且你看看，我才 40 岁，可看上去都 60 了。这里的日子过得太艰难，根本就没人关心我们。"

列兵阿德里安·戈麦兹－茨舍尔，来自第 7 团：

当我们刚刚来到马岛时，我的总体感觉是战争已经结束，当时确实已经结束；阿根廷在 1982 年 4 月 2 日就已经赢得战争。我在回家很久之后才意识到，自己投入的是一场真正的战争，我开始仔细思考我们到底遭遇了什么。我觉得，我们当时所做的一切都没有错，因为政府告诉我们应该这么做。但现在我意识到，他们灌输给我们的那些思想都是垃圾，简直就是一派胡言。参战本身就是一个政治错误，他们根本不知道自己是和怎样的对手交战。

一位姓名不详的高级军官：

当我从战场归来后，我发现真正的敌人不是英国人，而是把阿根廷拖入这种境地的那帮人。我们和英国军队的关系都很正常，偏偏就和某些上司根本没法正常相处。实际上，我们都是谎言的牺牲品，人们都对我们避之不及。军政府和其他相关部门都在欺骗国家。我认识的很多军官也都这么说，或者至少他们是这么想的。

卡洛斯·瓦斯奎兹副中尉，来自第 5 陆战队步兵营：

我一直很钦佩英国人，所以令我伤心的是，我所参加的唯一一场战争是和英国人交战。

奥古斯托·拉马德里少尉，来自第 6 团：

我觉得这场仗英国人打得非常漂亮。平心而论我非常尊敬他们，他们就像是一场精彩的橄榄球赛后的对手，哪怕我们输了我还是尊敬他们。不过我心里还是有一个念头，那就是练就更好的作战技能，带上更好的武器装备重返马岛，再和他们干上一仗，为那些死去的兄弟们报仇。

附录
参战阿根廷军队编成

附表给出的是 1982 年 4 月 2 日至 6 月 14 日，参与南乔治亚岛和福克兰群岛战争的阿根廷部队，以及各部队的细节和伤亡情况。

阿根廷海军

首先列出的是参与各次作战的舰艇。1942 年 4 月 2 日在斯坦利附近海岸投放两栖登陆部队的是第 40 特混编队的舰船，当时执行掩护任务的是第 20 特混编队。第 79 特混编队于 4 月末被这些舰船送到海上，并于 5 月初与英军特混舰队交战。

"阿尔弗雷兹·索布拉尔"号巡逻舰　该舰在 5 月 2 日晚至 3 日晨执行海空救援任务时，遭到"山猫"直升机攻击。该舰多处受损，舰长和 7 名舰员战死。

"伊利扎尔海军上将"号极地船　隶属第 40 特混编队，舰上的"美洲豹"直升机在风暴中受损。后来该船作为医院船在 6 月 11 日抵达双方约定的红十字区①。

"巴伊亚·布恩·苏塞索"号舰队运输舰　1982 年 3 月搭载大卫多夫废旧金属小组前往南乔治亚岛。曾在 4 月 12 日抵达福克兰，向当地运送物资，之后留在当地处理相关工作。5 月 16 日在狐狸湾遭到"海鹞"轰炸，舰上 2 人受伤。战争结束后，该舰成为"海鹞"的靶舰并遭击沉。

"巴伊亚·帕拉伊索"号极地船　1982 年 3 月 23 日至 26 日，运载小股陆战队前往南乔治亚岛，之后又在 4 月 3 日协助夺取格里特维肯。4 月末又多次前往福克兰遂行物资运输。5 月 3 日至 4 日，参与对"贝尔格拉诺将军"号上幸存者的救援工作。5 月末，作为医院船为斯坦利提供急需的食品，并撤走伤病员。

---

① 译注：类似于战时中立缓冲区。

停火之后，将许多士兵送回阿根廷。

"卡沃·圣安东尼奥"号两栖登陆舰　1982 年 4 月 2 日攻占斯坦利的登陆部队大部分由其搭载，后来多次运送陆军和陆战队的装备前往斯坦利。但 4 月中旬过后，该舰可能就没有被再次使用了。

"皮伊海军准将"号和"赛格伊"号驱逐舰　两舰分别在第 20 和第 79 特混编队中担任航母护航舰艇。从 1982 年 5 月中旬开始到战争结束，两舰主要作为雷达警戒舰在本土近海水域活动。

"索美利亚拉海军准将"号和"弗朗西斯科·德·古鲁查加"号巡逻舰　在福克兰的来往航线上承担海空救援任务，另外也参与了对"贝尔格拉诺将军"号幸存者的搜救工作。

"德鲁蒙德"号和"格兰维列"号　两舰均为护卫舰，不过在阿根廷海军编制内都被列为轻型护卫舰。1982 年 3 月末的时候，两舰接到前往南乔治亚岛的命令，不过并未执行，被留在了第 40 特混编队。两艘舰在第 79 特混编队内属于水面攻击小组，但一直没遭遇英舰，之后的时间里一直仅限于在本土近海水域巡弋。

"贝尔格拉诺将军"号巡洋舰　首次战斗出航被编入第 79 特混编队。1982 年 5 月 2 日，该舰因遭到英国潜艇"征服者"号的鱼雷攻击而沉没，323 人丧生。

"盖雷科"号护卫舰（轻型护卫舰）　该舰参与了 1982 年 4 月 3 日攻占南乔治亚岛格里特维肯的战斗，被皇家陆战队的武器打伤，舰上 1 名水兵身亡。在第 79 特混编队内隶属水面攻击群，但并未经历与英军的交火。

"大力神"号和"桑迪斯玛·特立尼达"号驱逐舰　两舰属于英国 42 型设计。"桑迪斯玛·特立尼达"号在第 40 特混编队内担任旗舰，将一批两栖陆战队员投放到斯坦利附近，后来转隶第 79 特混编队，被编入航母群。"大力神"号差点就有机会朝"海鹞"发射一枚海镖导弹，但最终两舰都未直接参战。

"伊波利托·伯查德"号和"皮耶德拉·布埃纳"号　两舰均为改装了飞鱼导弹的驱逐舰，隶属第 20 特混编队，后来又被编入第 79 特混编队。"贝尔格拉诺将军"号沉没时该舰就在边上。

"埃斯塔多斯岛"号海军运输舰　隶属第 40 特混编队，为第一批阿根廷守岛部队提供物资。后来又从本土出发，执行多次供应任务。1982 年 5 月 10 日晚至 11 日，在福克兰海峡被英舰"敏捷"号击沉，舰上 22 人丧生，仅 2 人幸存。

"梅达诺斯角"号舰队油轮 为第 20 和第 79 特混编队提供补给，但之后遭遇机械故障，所以在战争后期没有参战。

"圣路易斯"号潜艇 从 1982 年 4 月中旬至 5 月中旬一直在福克兰北部执行巡逻任务。期间两度向英舰发起鱼雷攻击，但均未命中。

"圣菲"号潜艇 隶属第 40 特混编队。搭载战术蛙人滩头侦察小分队上岸，还运送一个排的陆战队员前往南乔治亚岛，并于 1982 年 4 月 23 日抵达。后来，该艇在 4 月 25 日返航时遭到英军直升机攻击，最终失去行动能力。其中有 1 名水兵严重受伤，还有 1 人在潜艇遭英军缴获拖走的过程中被看守误击身亡。该艇于 1985 年在南乔治亚岛外海被拆毁。

"五月二十五日"号航母 先后被编入第 20 和第 79 特混编队。舰上所搭载的侦察机在 1982 年 5 月 1 日执行过几次飞行任务，获取了非常宝贵的情报，并探测到英军特混编队的舰艇，但无法及时派出"天鹰"飞机遂行打击。该舰于 5 月 4 日返回母港，将载机转至岸基基地，从此再未参战。

福克兰海军基地 阿根廷海军在斯坦利建立了一个岸基基地，也就是马岛基地，首任长官是海军上校安东尼奥·莫扎雷利，继任者为海军中将埃德加多·奥特罗。一名被派到狐狸湾的水兵阵亡，可能是被英军舰炮炸死的。

海岸警卫队（阿根廷海军军区）

"马岛"号巡逻舰 该舰在 1982 年 4 月被派往福克兰执行当地的巡逻任务。战争末期被英军缴获，皇家海军将其改名为"老虎湾"号（Tiger Bay）继续使用。

"伊瓜苏河"号巡逻舰 该舰也是在 1982 年 4 月份被派到福克兰群岛执勤的。1982 年 5 月 22 日装载一批火炮和其他物资前往鹅原湾，途中遭遇"海鸥"攻击，舰上有 1 人身亡。如今该舰已经成为鹅原湾的一堆残骸。

海警还派出 2 架"天空货车"运输机和 1 架"美洲豹"直升机前往福克兰。"美洲豹"和其中 1 架"天空货车"在斯坦利机场被英军舰炮击毁，另 1 架"天空货车"在卵石岛被英国空军特种兵击毁。机组人员无人伤亡。

"埃斯塔多斯岛"号沉没时，阵亡人员中有一名海岸警卫队成员。

武装商船和其他民用舰船

"福摩萨"号 ELMA 的货轮。该船在 1982 年 4 月前往斯坦利，为陆军运送装备和食品。5 月 1 日遭到阿根廷军的"天鹰"飞机误击，但幸好未有伤亡。后来该船返回了本土。

"阿根廷湖"号和"欣瑟尔河"号 ELMA 的货轮。1982 年 4 月初，两船装载空军军需品前往斯坦利，后来返回本土。

"一角鲸"号拖网渔船 该船被用作情报搜集。1982 年 5 月 9 日，该船因遭到"海鹞"攻击而受损，之后被皇家陆战队扣押。有 1 名海员伤重而死。该船在次日的拖行过程中沉没。

"洛萨里斯港"号商用油轮 隶属第 79 特混编队，为"贝尔格拉诺将军"号提供加油和护航。

"卡卡拉尼亚河"号 ELMA 的货轮。该船在 1982 年 4 月末运送军用物资（包括电视机）去往斯坦利，后来又被派至福克兰海峡，结果 5 月 16 日在福克兰海峡遭到"海鹞"飞机空袭。该舰受损并被放弃，但一直没有沉没，后来又遭到皇家海军和阿根廷飞机的多次打击，最终在 5 月 23 日被 1 架英军直升机所发射的导弹击沉。

"里奥德拉普拉塔"号 ELMA 的货船。曾被派去监视并报告阿森松岛外英军特混编队的行踪，直至 1982 年 4 月 24 日遭警告后离开。

"叶温"号小型油井支援船 被派到福克兰执行布雷和岛际供应。战争结束之际，英军将其扣留并改名为"福克兰海峡"号（Falkland Sound）继续使用。

"福雷斯特"号和"季风"号小型沿海商船 隶属福克兰群岛公司，被阿根廷军征用后用于岛际勤务。"季风"号在 1982 年 5 月 23 日因遭遇英军直升机攻击而受损搁浅，但战后得到修复。

海军陆战队

下列细节尽可能将陆战队和陆军部队包括在内：阿根廷军部队番号、指挥官姓名以及和平时期在阿根廷国内的基地。

南乔治亚岛 南乔治亚岛的陆战队由被"巴伊亚·帕拉伊索"号送至岛上

的少数战术蛙人组成，指挥官为阿尔弗雷多·I.阿斯提兹中尉。另外还有驻扎贝尔格拉诺港，由吉列莫·J.卢纳中尉带队的第1陆战队步兵营辖下的一个加强排，该部队由"圣菲"号潜艇带到南乔治亚岛。在1982年4月3日进攻格里特维肯时，上述部队中有2名新兵战死。

第2陆战队步兵营　指挥官为阿尔弗雷多·维恩斯塔布尔中校。基地位于贝尔格拉诺港。1982年4月2日攻占斯坦利，1人受轻伤。

两栖突击连　指挥官桑切斯·萨巴罗特斯少校。母港为马尔德普拉塔。1982年4月2日对穆迪布鲁克兵营以及斯坦利政府大楼发动袭击。在攻打政府大楼时，1名军官受伤，不治而死。

战术蛙人部队　指挥官是阿尔弗雷多·R.库弗雷（Alfredo R. Cufré）少校。母港为马尔德普拉塔。为1982年4月2日的登陆行动提供滩头侦察，行动中没有人员伤亡。

陆战队野战炮兵营　陆战队野战炮兵营A炮兵连拥有6门105毫米炮，属于1982年4月2日登陆部队的一部分。指挥官是马里奥·F.佩雷兹（Mario F. Pérez）中尉。该部队没有伤亡，炮兵连安全返回贝尔格拉诺港的驻地。

B炮兵连　组长是马里奥·R.阿瓦达尔（Mario R. Abadal）中尉，该连同属陆战队野战炮兵营，在1982年4月末抵达福克兰，成为斯坦利防御部队的组成部分。有2名新兵战死。

两栖车辆营　指挥官是马里奥·D.佛尔比斯中尉。基地位于贝尔格拉诺港。部队的水陆两用车在1982年4月充当登陆主力，协助夺取了机场和斯坦利城。该部队没有人员伤亡。

第5陆战队步兵营　营长是卡洛斯·H.洛瓦西奥中校。基地在里奥格兰德。1982年4月8日至12日前往福克兰群岛，负责把守斯坦利防线的摇晃山一段。该营有2名士官和15名新兵阵亡。

陆战队机枪连　贝尔格拉诺港的陆战队营总部抽调人员组建的临时连队。连长是瑟吉奥·A.达查瑞（Sergio A. Dacharry）中尉。该连装备27挺12.7毫米机枪，战术目标是支援第5陆战队步兵营，但其辖下的一些部队被抽调到斯坦利周围的其他防区。该连有7名新兵阵亡。

陆战队防空单位　陆战队防空营辖下的特遣单位。指挥官是厄克托尔·E. 席尔瓦（Hector E. Silva）。基地位于贝尔格拉诺港。该单位有 2 名新兵阵亡。

陆战队两栖工程兵连　连长是路易斯·A. 曼奇尼少校。基地位于贝尔格拉诺港。服役于斯坦利防御区。该连有 1 名士官和 3 名新兵阵亡。

阿根廷陆军

马岛战区最高指挥权掌握在本土第 5 战区司令奥斯瓦尔多·J. 加西亚将军手里。1982 年 4 月 30 日在搜寻可能出现的英军登陆小组的过程中，发生一次直升机事故，造成一所军校内的 2 名军官、1 名士官和 5 名新兵遇难。

1982 年 4 月 2 日登陆行动后最先被调往福克兰的陆军部队来自第 9 旅。该旅旅长阿梅里科·达厄尔准将暂时出任地面部队总司令，后来成为梅南德兹准将的参谋长。

第 3 旅　旅长是奥马尔·E. 帕拉达准将。该旅从和平时期位于科连特斯省的驻地被派到第 5 军团区，接替那些被派到福克兰的部队，同时负责守卫阿根廷与智利的海上和陆地前沿防线。该旅后来也在没有多少预警的前提下被派往福克兰，在 1982 年 4 月 24 日至 29 日陆续抵达。该旅辖下单位随即被打散，帕拉达及其指挥部后来负责斯坦利防区外圈大范围的沿海分区，而帕拉达自己的司令部仍在斯坦利。第 3 旅主要的辖下单位将会另行列表，不过下面这些都是战斗中一些次级单位的阵亡情况：旅部守备连——4 名新兵（3 名在哈列特山上、1 名在斯坦利）；第 3 后勤营——1 名下士；第 3 卫生连——1 名中士、1 名新兵。

第 10 旅　旅长是奥斯卡·L. 霍夫雷。在接到英军正在派遣特混编队的消息后，该旅从布宜诺斯艾利斯省的日常驻地出发前往福克兰。该旅辖下部队在 1982 年 4 月 11 日至 16 日先后抵达，统统部署在斯坦利周围。霍夫雷准将及其旅部后来负责指挥斯坦利地区的所有陆军部队，霍夫雷本人也负责该地区的守备任务。次级部队的阵亡情况为：旅部——2 名新兵；第 10 后勤营——2 名士官、1 名新兵；第 10 信号连——1 名新兵。

第 10 旅第 3 团　团长是大卫·U. 科米尼（David U. Comini）中校。基地位于拉塔布拉达。占据斯坦利南部和西南部的防区。一共 5 人阵亡，全部都是新兵，其中有 4 人是在 A 连参与无线岭战役时牺牲的。

第 3 旅第 4 团　　团长是迭戈·A.索里亚中校。基地位于卡塞洛斯山（Caseros）。辖下的 B 连和 C 连起初占据挑战者山—城墙山—哈列特山一带，面向南侧海岸，但后来相继放弃挑战者山和城墙山，接管两姐妹高地，面对从圣卡洛斯而来的英军先头部队组建了一层新的防御。但是辖下 A 连一直被留在斯坦利北部的穆雷半岛执勤，那里基本没发生什么战事。B 连和 C 连参加了 1982 年 6 月 11 日晚至 12 日在哈列特山和两姐妹高地的战斗，从两姐妹高地撤出的部分 C 连士兵，两晚之后又参与了摇晃山之战。该团一共有 23 人阵亡：2 名军官、4 名士官、17 名新兵。

第 3 旅第 5 团　　团长是胡安·R.马布拉加纳（Juan R. Mabragana）上校。基地位于自由者海峡。整个战争期间驻扎在西福克兰的霍华德港，没有参加重大战役，但多次遭到炮弹和炸弹袭击。该团有 8 名新兵阵亡，据信主要是被舰炮炸死的，其中还有 1 名病员被送回阿根廷后死亡。

第 10 旅第 6 团　　团长是霍尔热·阿尔培林（Jorge Halperin）中校。基地位于梅赛德斯。进驻福克兰后，第 1 团的一个连被分配到该单位。第 6 团的主力部署在斯坦利东南方向的海岸防区，那里也没什么重大战役，尽管每隔一阵子就会遭到舰炮轰击。分配到第 5 陆战队的 B 连在抵达福克兰后不久就出现在两姐妹高地，阵地遭到攻击后，部队又撤到摇晃山，在两晚之后的战斗中组织了一次反击。该团的阵亡人员为 2 名中士和 11 名新兵（其中有 1 人来自第 1 团），大部分都死在摇晃山反击战中。

第 10 旅第 7 团　　团长是奥提兹·N.吉梅内兹中校。基地位于拉普拉塔。他们被分配到斯坦利西北部的宽大防区，包括朗顿山和无线岭地带。总共有 1 名军官、2 名士官和 33 名新兵战死，主要是在朗顿山和无线岭战役中。这也是福克兰战争中伤亡最为惨重的阿根廷部队。

第 9 旅第 8 团　　指挥官是厄内斯托·A.雷博思（Ernesto A. Repossi）。基地位于里瓦达维亚海军准将城。阿根廷于 1982 年 4 月 3 日在联合国会议上发表声明，以显示阿根廷长久占领福克兰群岛的决心，不久后该团就渡海开赴福克兰。该团的主力被派到西福克兰的狐狸湾，并未经历重大战役，无人战亡。辖下的 C 连第 3 排在 4 月末被送到鹅原湾，以强化当地空军基地的防御，同时还参与了鹅原湾之战，此役中该排有 1 名下士和 4 名新兵战死。

第 3 旅第 12 团　团长是伊塔洛·A. 皮亚吉中校。基地位于梅赛德斯。该团在 1982 年 4 月 24 日越海前往福克兰，这是最后被派去的主要增援部队之一。该团大部分都被派到了鹅原湾，但 B 连被分配到肯特山—挑战者山一带，充当直升机停放点的守卫部队，同时也在必要时候作为直升机机载预备队。该团主力部队在 1982 年 5 月 28 日投入鹅原湾之战。B 连大部分士兵搭乘直升机在当天晚上飞往鹅原湾，但去得太晚，没能赶上重要战斗。第二天上午，该团宣布投降。B 连的一小批人没有抵达鹅原湾，但卷入 6 月 11 日晚至 12 日的哈列特山之战。该团有 4 名下士和 31 名新兵阵亡，几乎都来自 A 连和 C 连，而且都是在鹅原湾战死的。

第 9 旅第 25 团　指挥官是穆罕默德·A. 塞内尔丁中校。基地位于克罗尼亚萨尔缅托。辖下的 C 连随第一批入侵部队前往福克兰，某排乘坐两栖车完成登陆，并在 1982 年 4 月 2 日凌晨占领斯坦利机场。该团其他人员当天晚些时候搭机渡海。C 连作为第一批卫戍部队被派到鹅原湾，后来还向圣卡洛斯港派出一支老鹰分遣队，后者于 5 月 21 日凌晨在范宁角和皇家陆战队交手。C 连后来又参加了鹅原湾之战，有 1 名军官、4 名士官和 8 名新兵战死。团里的主力部队同时还被调派到斯坦利机场半岛的防御区，在那里经历了炮弹和炸弹的洗礼，但据信无人战死，也并未与英军直接交锋。

第 3 旅第 3 炮兵团　指挥官是马丁·A. 巴尔扎（Martin A. Balza）中校。基地位于自由者海峡。1982 年 4 月中旬转入第 10 旅，跟随大部队渡海前往福克兰。装备 18 门奥托·梅莱拉 105 毫米野战炮。第 101 炮兵团的 4 门 155 毫米炮后来也被运到福克兰，归该团使用。该单位参加的主要是斯坦利地区的防御战。6 月 11 日晚至 12 日的朗顿山之战中，1 名军官战死；6 月 12 日和 13 日的战斗中，1 名下士在团指挥部被一枚炮弹炸死。

第 4（航空）旅第 4 空中机动炮兵团　基地位于科尔多瓦。该旅被调往第 3 旅备战福克兰战役。该团的 18 门 105 毫米炮被部署到斯坦利周围，但 A 炮兵连的 4 门炮后来被送到鹅原湾投入战斗，最后炮兵投降，火炮也被英军缴获。该团大部分士兵都参与了斯坦利防卫战，共有 3 名新兵阵亡。

第 601 防空团　团长是厄克托尔·L. 阿里亚斯。基地位于马尔德普拉塔。

装备 12 门配有"天空卫士"的 35 毫米厄利空火炮，3 门莱茵金属 20 毫米高炮、1 具罗兰导弹和 3 具虎猫导弹发射架。该团主要部署在斯坦利周围，但 B 组的第 3 分区和两组厄利空高炮被送到鹅原湾。防空团的 1 名军官、1 名中士和 2 名新兵在 1982 年 6 月 3 日凌晨死于 1 架"火神"轰炸机所发射的百舌鸟导弹，另有 2 名新兵因其他原因而死。

第 101 防空团 B 连 指挥官是霍尔热·蒙格少校。基地位于布宜诺斯艾利斯省的休达德拉（Ciudadela）。装备 8 门西斯巴诺－苏伊扎 30 毫米炮，10 挺 12.7 毫米重机枪。该连驻扎在斯坦利港北部的科特雷山半岛，在战斗的最后一晚，协助击退英国空军特种部队之前，没多少机会参战。该连有 1 名下士在"埃斯塔多斯岛"号上丧生，最后一晚又有 2 名新兵死于英军炮火。

第 601 战斗航空营 营长是胡安·C. 斯卡帕（Juan C. Scarpa）中校。基地位于五月营。1982 年 4 月 3 日阿根廷军攻占南乔治亚岛时有 1 架"美洲豹"被皇家陆战队摧毁。福克兰的直升机部队有 9 架"休伊"、9 架"美洲豹"、3 架"阿古斯塔"和 2 架"支奴干"；马岛一战下来，这些直升机损失殆尽，不是交货时被击毁，就是因各种原因坠毁，再就是战争末期被英军缴获。另外还有 1 架"休伊"于 4 月 30 日搜索莫须有的英方登陆小组时，坠毁于本土。该营的 2 名军官和 1 名中士，就是在这次本土坠机事故中丧生的。5 月 9 日，英舰"考文垂"号所发射的 1 枚海镖导弹击落 1 架"美洲豹"，导致 2 名军士身亡。

第 9 工程兵连 连长是奥斯卡·M. 利马（Oscar M. Lima）少校。该连是 1982 年 4 月 2 日第一批抵达福克兰实施夺岛行动的部队之一。该连作为第一批卫戍部队被送去狐狸湾，后来又调拨小分队前去霍华德港和鹅原湾。该连无人战死。

第 10 工程兵连 连长是卡洛斯·R. 马塔龙（Carlos R. Matalon）。配属斯坦利地区，有 2 名新兵战死。

第 601 工程兵连 连长是霍尔热·L. A. 艾铁诺特（Jorge L. A. Etienot）少校。该连主要部署在斯坦利西侧的山头阵地，手头没工具的时候就干步兵的活。有一个排参与了朗顿山之战，该连唯一一例新兵阵亡事件可能就是在那时候发生的。

第 601 突击连 连长是马里奥·卡斯塔格内托（Mario Castagneto）少校。

该部队于1982年4月中旬抵达福克兰，主要充当小股分遣队，并未遭受重大伤亡。

第 602 突击连　　连长是阿尔多·利克。据信该连是在1982年5月末抵达斯坦利的，仅在东福克兰作战。该部队在与英军特种部队的历次交手中共有2名军官和3名中士丧生。

第 601 国民特种兵连　　在福克兰执行各类任务。2名军官、4名士官和1名宪兵在1982年5月30日的直升机坠机事故中丧生。

第 10 装甲汽车中队　　该单位指挥官是阿列汉德罗·D. 卡卢里奥（Alejandro D. Carullo）少校。该中队在前往福克兰时配备了12辆潘阿尔装甲汽车，布置在斯坦利城内和周边。一些中队成员投入最后一晚的无线岭反击战，3名士官和3名新兵在这一战或者其他行动中战死。

第 181 军警连　　连长是罗伯特·贝拉扎伊少校。军警连负责斯坦利城内和周围的监督看守任务。无人在战争中伤亡。

下面的陆军单位或者分遣队单位也有人员阵亡：武装部队技术调查中心——1名军官（在"埃斯塔多斯岛"号上）、1名中士；第1装甲汽车旅总部——1名新兵；第181装甲侦察小分队——1名军官；第181信号营总部——1名新兵；第601后勤建设营——1名军官；罗卡将军军事学院——2名军官、1名中士、5名士官（本土直升机坠毁事件）。

阿根廷空军[1]

第 1 空运团　　基地在布宜诺斯艾利斯的埃尔帕洛马尔。战争期间的大部分行动都是从里瓦达维亚海军准将城发起的，尽管 KC-130"大力神"加油机一般是从里奥加列戈斯起飞。该集群使用 7 架 C-130"大力神"、2 架 KC-130 和 3 架波音 -707，这些飞机在此战中所承担的运输、侦察、加油等任务十分繁重。1

---

[1] 原注：我要感谢那些进行过卓越探索的原著者，以及《福克兰—空中之战》（武器与装甲出版社：1986年）一书的作者。由于在我访阿根廷期间，阿根廷空军并未提供帮助，因此相关段落的真实素材大多引自该书，只是对其内容的解释以及所表达的观点都来自我本人。

架 C–130 在 1982 年 6 月 1 日执行侦察任务时，被 1 架 "海鸥" 击落，机上的 3 名军官和 4 名士官全部遇难。

第 1 航空照相集群 基地在帕拉纳（Paraná）。该单位拥有 4 架 "利尔喷气"。在 1982 年 4 月 2 日阿根廷军发起进攻行动之前，该单位针对斯坦利地区执行秘密拍照飞行任务。战争期间空中侦察拍照更为频繁，还进行过几次领航任务，为飞往福克兰的攻击飞机编队引路导航。1 架 "利尔喷气" 在 6 月 7 日执行侦察拍照任务时，被 1 枚海镖导弹击落；机上的 3 名军官和 2 名士官统统丧生。

第 2 轰炸机团 基地位于帕拉纳。7 架 B–62 "堪培拉" 飞机（皇家空军二手飞机）被部署到特雷利乌执行作战任务，指挥官为 J.A. 舍瓦利耶（J. A. Chevalier）少校。这期间该团一共执行过 35 次轰炸任务：25 次夜间、10 次昼间。结果有 2 架 "堪培拉" 被击落，3 名机组人员丧生。这些轰炸行动的唯一成果就是在 1982 年 6 月 8 日击中了中立的超级油轮 "大力神" 号，同时在战争的最后两周对英军地面部队造成一定干扰。

第 3 攻击集群 基地位于雷孔基斯塔（Reconquista）。该单位使用 "岩堡" 对地攻击机，这也是战时阿根廷使用的唯一一种国产飞机。由纳巴罗（Navarro）少校指挥的 24 架飞机部署到福克兰，从斯坦利、鹅原湾和卵石岛总共起飞 186 架次，执行侦察和对地攻击任务。英军的 1 架 "侦察兵" 直升机在 1982 年 5 月 28 日鹅原湾之战中被该集群击落，这也算是该部队唯一可以确认的战果。2 名飞行员丧生，1 名是在鹅原湾被炸死的，另 1 名是在鹅原湾上空被击落身亡的。24 架飞机损失殆尽，有的是被炸弹炸毁，有的是被炮弹破坏，还有的是遭到空军特种部队袭击。另外还有被击落或者战争结束时因无法再用而被废弃的飞机。本土另有 1 架 "岩堡" 飞机在执行沿岸侦察任务时因故坠毁，飞行员马里奥·L. 瓦尔克（Mario L. Valko）少尉阵亡，已列入阿根廷官方阵亡者名单。

第 4 战斗机集群 基地位于门多萨。一共拥有 12~15 架 "天鹰" A–4C 飞机（原属美国海军，1976 年出售给阿根廷），部署在圣胡利安。该集群以此为基地执行过大约 65 次出航任务，主要是反舰行动。一共有 7 架飞机被英军防卫部队击落，还有 2 架因遭遇恶劣天气而坠毁；一共有 8 名飞行员丧生，1 名飞行员被英军俘虏。该单位获得的唯一一次胜利是 1982 年 5 月 24 日在圣卡洛斯海域用炸弹击中2艘英舰，但所有的炸弹都未能爆炸。声称在5月30日与"超军旗"携手作战，攻击了皇家海军"无敌"号航母的正是该单位。

第5战斗机集群　基地位于比利亚雷诺兹（Villa Reynolds）。一共有12架"天鹰"A-4B被部署到里奥加列戈斯，指挥官是副准将马烈尔（Mariel）；后来调去了更多飞机以补充战斗损失。战争期间，该集群执行了100多次的作战任务，取得较大胜利。被其击中的舰艇包括"考文垂"号（击沉）、"加拉哈德爵士"号（烧毁）、"羚羊"号（未爆弹拆除时爆炸）、"格拉斯哥"号、"阿尔古水手"号、"热心"号、"大刀"号、"崔斯特瑞姆爵士"号和"狐步"-4（Foxtrot 4）登陆艇。该单位还成功轰炸英军在圣卡洛斯和阿贾克斯湾（Ajax Bay）的登陆据点，给其造成一定破坏，并给英军地面部队造成伤亡。必须补充一点，这个咄咄逼人的部队还曾三次误击阿根廷军自己的舰艇：有两次攻击的是被废弃的"卡卡拉尼亚河"号，还有一次攻击的是"福摩萨"号。英军防御部队一共击落10架"天鹰"，共9名飞行员丧生。

第6战斗机集群　基地为坦迪尔（Tandil）。共有12架"匕首"（以色列造"幻影"-V）被部署到圣胡利安，指挥官是胡安·萨波尔斯基（Juan Sapolski）少校。另有12架同型机被部署到里奥格兰德，归卡洛斯·N. 马丁内兹（Carlos N. Martinez）指挥。整体行动是由该单位的长官科莫多罗·T. 罗德里格斯（Comodoro T. Rodriguez）规划完成的。阿根廷军在早期试图将该机用于空战，结果没有成功，之后这批飞机几乎都被用于反舰攻击。先后遂行150~165次作战出航。很多英舰都遭到打击，有些被航炮打伤，有些被未爆炸弹砸伤。唯一一枚成功爆炸的炸弹击中的是"热心"号，该舰在1982年5月21日这天遭到多架阿根廷飞机的轮番轰炸。英军防卫武器击落11架"匕首"，有5名飞行员丧生；这次战斗中，飞行员的逃生成功率比其他部队高。这归功于马丁·贝克弹射椅，这种弹射椅要比其他阿根廷飞机的弹射椅更为有效。

第8战斗机集群　基地位于布宜诺斯艾利斯的马里亚诺莫雷诺（Mariano Moreno）。大约有11架"幻影"-IIIEA被部署到里奥加列戈斯，由该集群的指挥官卡洛斯·科力诺（Carlos Corino）负责指挥。这些飞机在早期空战中战绩不佳，部分原因在于机上未安装空中受油设施，这使得它们可用于飞越福克兰的时间很短。1982 年 5 月 1 日有 2 架飞机损失，1 名飞行员丧生。福克兰的空战行动就此搁置。阿根廷空军唯一的全天候战斗机之后被重新配属，用于拦截英军对本土关键目标所发动的空袭，但这一目标也未能实现。"幻影"飞机在战争最后几天时间内，又执行了多次飞往福克兰的任务。

直升机　2 架"支奴干"和 2 架贝尔 –212 飞机，从原先的位于布宜诺斯艾利斯的墨龙基地，飞往福克兰执行作战任务。在完成多次飞行任务后，"支奴干"在战争结束前飞回了本土，而被炮弹打伤的贝尔直升机被扔在了斯坦利。人员都未受伤。

空运　前往斯坦利承担重要空运任务的很多飞机都是阿根廷航空公司和南半球航空公司的民用飞机，以及阿根廷准军用航空公司的飞机。这里并未遭受物资损失或人员伤亡。

不死鸟中队　35 架现代民用飞机及其机组人员在战争期间被阿根廷空军征用，投入这样一支新组建的临时中队。执行的大多数是内部飞行任务，但也为几次进攻行动提供过支援，比如提供无线电中继、进场着陆导航以及诱敌行动。为了避免遭遇英军"海鹞"或舰载防空导弹袭击，这些不带武器的飞机可能从未冒险投入过远程飞行。

福克兰地面基地　阿根廷空军一共建立了两个战时基地，一个是位于斯坦利的马岛空军基地，另一个是位于鹅原湾的康多尔空军基地。另外还派出各种地面单位，包括装备 8 门莱茵金属 20 毫米高炮的防空单位。地面单位一共有 14 人战死，分别是 1 名军官、8 名士官和 5 名新兵。其中有 7 人是 1982 年 5 月 1 日在鹅原湾被炸死的，同一天还有 2 人死于斯坦利，另有 3 人死于 5 月 28 日的鹅原湾地面战，还有 2 人情况不详（两人都被葬在斯坦利，时间分别是 5 月 10 日和 5 月 29 日）。

海航单位

第 1 攻击机中队　基地位于庞塔因迪奥（Punta Indio）。一共有 6 架马基 MB–339A 飞机被部署到福克兰，驻扎在斯坦利机场，中队长是卡洛斯·莫尔特尼（Carlos Molteni）少校。各种原因导致一共 5 架飞机被毁，2 名飞行员死亡。

第 2 战斗 / 攻击机中队　基地位于布兰卡港。中队长是霍尔热·科伦波（Jorge Colombo）中校。一共有 4 架"超军旗"被部署到里奥格兰德，从那里发起的攻击最终导致"谢菲尔德"号和"大西洋运送者"号沉没。

第 3 战斗 / 攻击机中队　基地位于布兰卡港。中队长是 R.A. 卡斯特罗·佛克斯少校。该中队 1982 年 5 月初以前一直在"五月二十五日"号航母上，但从未主动参战。后来 10 架"天鹰"A–4B 飞机被转移到里奥格兰德，执行了多次反舰攻击任务，是击沉"热心"号的主要功臣。3 架"天鹰"被击落；1 名飞行员战死，还有 1 名飞行员在里奥格兰德降落时失事身亡。

第 4 攻击机中队　基地位于庞塔因迪奥。4 架"涡轮导师"T–34C–I 被部署到福克兰，驻扎于卵石岛，中队长是何塞·佩雷拉（José Pereyra）中尉。这些飞机负责执行该岛范围内的侦察任务，1982 年 5 月 1 日曾短暂遭遇"海鹞"机群，但 4 架飞机都是 5 月 14 日晚在英国空军特种兵所发起的袭击行动中被摧毁的。飞行员后来被派到高山阵地充当对空监视员，战争结束前夕撤回阿根廷本土。

反潜机中队　基地位于布兰卡港。中队长是厄克托尔·斯卡热（Hector Skare）少校。该中队的格鲁门"追踪者"S–2E 被用于执行各种任务，包括从"五月二十五日"号航母上发起的一些重要侦察行动，就是它们在 1982 年 5 月 1 日发现了英军特混编队的踪迹。该中队在战争期间完成了超过 250 架次的飞行，可能是所有阿根廷航空部队中出动频次最多的。

侦察机中队　基地在布兰卡港。中队长是胡里奥·佩雷兹·罗卡（Julio Pérez Roca）中校。该中队的 4 架"海王星"SP–2H 执行过多次侦察和反潜任务，"超军旗"在攻击英舰"谢菲尔德"号前，后者的位置就是该中队确认的。但该中队的飞机后来被消耗殆尽，在战争结束前撤出现役。

第 1 和第 2 运输机中队　基地位于布宜诺斯艾利斯的埃塞萨国际机场。中队的 3 架 F–28"伙伴"飞机和 3 架伊列克特拉飞机出航 58 次前往斯坦利，包括 1982 年 6 月 13 日晚所执行的最后一次飞行任务，另外还完成了许多次本地飞行。

第 1 和第 2 直升机中队　基地位于布兰卡港。中队的"山猫""云雀"和"海王"直升机在战时多次执行各类行动。1 架"云雀"于 1982 年 4 月 31 日在南乔治亚岛的格里特维肯之战中受损，另有 1 架在"贝尔格拉诺将军"号遭袭击沉没时损失。5 月 2 日，1 架"山猫"从"桑迪斯玛·特立尼达"号上起飞时坠毁。机上人员未有伤亡。

鸣谢

在此我要向下列曾参与过 1982 年战争，并在 1987 年接受我的采访，给我提供诸多帮助的阿根廷武装部队成员表达感谢。在此列出的军衔和编制以 1982 年的状态为准。便于对等翻译的直接以英文列出，其他的则保留原先的西文拼写。新兵在此写作"列兵"。

陆 军

指挥官：A. 达厄尔准将，福克兰第一位地面部队指挥官，当时是梅南德兹准将的参谋长；O.L.霍夫雷准将，第 10 旅指挥官，当时是福克兰地面部队指挥官，最后是阿根廷港陆军防区的指挥官。

第 3 团：列兵 H. 贝尼特兹、G. 贝拉扎伊少校、列兵 J.C. 迪茨、列兵 A. 费尔南德兹、列兵 L.J. 努涅兹。

第 4 团：D.A. 索里亚中校。

第 6 团：A.E. 拉马德里少尉。

第 7 团：列兵 A. 克莱格、列兵 A. 戈麦兹 – 茨舍尔、A. 佩雷兹·科梅托少校。

第 12 团：I.B. 格里提中尉、I.A. 皮亚吉中校、列兵 M.A. 普拉多。

第 25 团：C.D. 埃斯特万中尉。

第 3 炮兵团：C.A. 韦廖奇奥少校。

第 4 空中机动炮兵团：C.A. 凯贝多中校。

第 101 防空团 B 炮兵连：J. 蒙格少校。

第 601 防空团：H.L. 阿里亚斯中校。

海 军

指挥官与参谋：海军作战部长 J.J. 隆巴尔多中将、第 40 和第 79 特混编队指挥官 G.O. 阿利亚拉少将、潜艇部队参谋长 C.M. 萨拉中校。

"阿尔弗雷兹·索布拉尔"号：S. 巴赞中尉。

"伊利扎尔海军上将"号：水兵 J. 佩雷达。

"贝尔格拉诺将军"号：C. 拜兹下士、P.A. 巴赞中士、H. 邦佐上尉、G.E. 卡斯蒂里奥候补军官、J.J. 戈麦兹·梅乌涅尔中尉、J.A. 曼里克下士、N. 罗尔丹上士、J.F. 硕腾海姆少校。

"圣路易斯"号：F.M. 阿兹奎塔中校。

斯坦利岸基参谋部：M. 埃斯卡拉达下士、R. 罗德里格斯中士。

陆 战 队

4月2日福克兰登陆部队

部队指挥官：C.A. 布于瑟尔少将。

第2陆战队步兵营：H. 桑提里昂少校、A. 维恩斯塔布尔中校。

两栖突击连：G. 桑切斯·萨巴罗特斯少校。

两栖车辆营：M.D. 佛尔比斯中尉。

主要战役

第5陆战队步兵营：A. 培尼亚斯少校、J.C. 西尼下士、M.A. 巴卡上士、C.D. 瓦斯奎兹副中尉。

防空组：A. 瓦菲西奥中尉、H.E. 席尔瓦少校。

两期工程营：L.A. 蒙基尼少校。

海航指挥部

反潜特混编队指挥官（驻本土）：L.C. 瓦斯奎兹中校。

第2战斗／攻击机中队：A. 马约拉中尉。

第3战斗／攻击机中队：A.J. 菲利皮尼中尉、B.I. 罗托洛中尉。

第4攻击机中队：D.G. 曼泽利亚中尉。

反潜中队：C.E. 卡尔中尉。

商船队

"巴伊亚·布恩·苏塞索"号：船长 O.M. 聂利亚

"卡卡拉尼亚河"号：船长 E.A. 德列里西内。

斯坦利民事组织

秘书长：卡洛斯·布鲁梅尔－李维准将

财务：O.R. 奇尼上校

公共事务：M.R. 多雷戈上校

教育和公共卫生：B.M. 乌塞上尉

情报：G. 门迪维瑞准将

空军

阿根廷空军并未提供正式帮助，不过帕布洛·卡瓦利奥少校（1982 年时为上尉，战时隶属第 5 战斗机集群，曾多次驾驶"天鹰"飞机执行任务）私下里送了我他所写的《上帝与鹰》一书的英译本，书中收录了大量战时空军人员的个人陈述。卡瓦利奥还同意我随意引用这些资料，对于他的慷慨大度以及为我提供的无私帮助，在此致以最为诚挚的感谢。

个人致谢

阿根廷方面

我因为采访的缘故前往阿根廷，一个原本无亲无故、言语不通的国度，这算得上是我职业生涯中最艰难的使命之一。而最终我大获成功，这完全归功于一大群友善、热情、积极配合，给我提供诸多帮助的人们。这里面包括暂居伦敦的历史学家维吉尼亚·冈巴（Virginia Gamba），还有巴西驻伦敦大使馆负责阿根廷事务的参赞胡安·E. 弗莱明（Juan E. Fleming），他曾向我提出各种建议，并抽出时间帮我办理了签证，还将我介绍给了布宜诺斯艾利斯外交部的巴尔卡瑟（Balcarce）先生，并通过巴尔卡瑟先生获得了阿根廷陆军和海军的正式帮助。关于海军方面的采访和参观大多数是吉列莫·蒙特内格罗（Guillermo

Montenegro）上校帮的忙，陆军的采访则是奥斯卡·L. 霍夫雷准将牵头；这两位后来在我编撰本书的过程中回答了许多我所追加的问题，使我受益匪浅。另外，我对海军方面的采访还得到佩德罗·伊图拉尔德（Pedro Iturralde）（不但充当翻译，还在我访问贝尔格拉诺港的那三天全程陪同）、埃杜尔多·L. 阿里蒙达（Eduardo L. Alimonda）（埃斯波拉指挥官海军航空基地的指挥官）以及奥托·A. 克拉夫（Otto A. Krapf）（海军总参谋部顾问）等人的大力协助。

不过仅凭这些官方支持我还不能够完成写作任务，还有许许多多并非义务驱使，纯粹出于友情和善意，向我提供宝贵帮助的个人。首先需要提到的就是德威内德提一家。就在我考虑访问阿根廷时，年轻女士塞西莉亚·德威内德提（Cecilia Debenedetti）正好住在我家乡。她给了我许多有用的建议，还动员她的家里人给我腾出位于布宜诺斯艾利斯的公寓，让我能使用电话，还能搭车去城市的远郊，后来的一系列采访也是在他们家完成的，而每当我歇下手头工作，也总能在这个临时的家里感受到一种其乐融融的氛围。其次要感谢的就是这个家庭的一位朋友格拉迪斯·哈尔斯特罗姆（Gladys Halström），他志愿给我当现场翻译，我在四处的采访活动有一半左右的翻译都是靠他帮忙。这位好心人我会永远铭记在心，并在此表达深深的谢意。同时我还要感谢西里尔·瓦尔梅斯里（Cyril Walmesly）和玛丽·瓦尔梅斯里（Mary Walmesly），他们为我四处联系人，而且始终对我非常热情；安德鲁·麦克莱奥德（Andrew McLeod）帮我联系新闻机构，并提出不少建议；伊西多罗·鲁伊兹·莫雷诺（Isidoro Ruiz Moreno）博士替我搜集了很多阿根廷突击队的资料；吉列莫·亚森（Guillermo Jasson）和亚历汉德罗·斯腾格尔（Alejandro Stengl）为我找来一些退役列兵接收我的采访；最后要感谢的是阿莉西雅·格里提，她邀请我去她家，并成功劝服她那个多少有点抵触的丈夫以及两个参加过马岛战争的退伍老兵接收采访。不幸的是，西里尔·瓦尔梅斯里在我登门拜访后没过几周就去世了。

英国方面

我还要感谢国内的一批给我提供过帮助的朋友：克里斯蒂安·萨尔维森公共有限公司的迈克尔·高（Michael Gow）、皇家海军的 D.S. 勒加特（D. S.

Leggatt）上校（驻阿根廷原海军参赞，给我提供了很有价值的资料）、皇家海军和皇家空军公关部的大卫·昌德勒（David Chaundler）准将、约维尔顿的舰队航空兵博物馆的安妮·贝尔（Anne Bell）（我女儿）、波士顿的珍·托马斯（Jean Thomas）（一些生僻的西班牙语就是由她帮忙翻译的）、克里斯丁·吉尔马丁（Christine Gilmartin）、珍妮特·芒腾（Janet Mountain）、马加雷特·加德纳（Margaret Gardner），还有帮我打了两份手写稿的萨利－安·巴克色特（Sally–Ann Baxter），帮我校对的彼得·杰（Peter Jay），以及给我提供大量影印材料的波士顿 I TeC 的内尔·坎普（Neil Kemp）。最后，我还非常感激我的妻子玛丽，因为她帮我仔细地绘制了那些初级地图，并帮我整理了目录。

参考书目

大卫·布朗，The Royal Navy and the Falklands War（《皇家海军与福克兰战争》）（伦敦：列奥库珀出版社，1987 年）

R.A. 布尔登、M.I. 德雷普、D.A. 洛夫、C.R. 史密斯、D.L. 威尔顿，Falklands—The Air War（《福克兰——空中之战》）（伦敦：武器与装甲出版社，1986 年）

帕布洛·M.R. 卡瓦利奥，Dios y los Halcones（《上帝与鹰》）（布宜诺斯艾利斯：阿布里尔编辑部，1983 年）

杰弗里·艾瑟尔、阿尔弗雷·德普莱斯，Air War South Atlantic（《南大西洋空战》）（伦敦：西杰维克 & 杰克森出版社，1983 年）①

O.L. 霍夫雷、F.R. 阿加尔，La Defensa de Puerto Argentino（《马岛——阿根廷港保卫战》）（布宜诺斯艾利斯：南美出版社，1987 年）

休·麦克马内斯，Falklands Commando（《福克兰突击队》）（伦敦：金贝尔出版社，1984 年；格拉夫顿出版社，1987 年）

马丁·米德尔布鲁克，Operation Corporate（《全体行动》）（伦敦：维京出版社，1985 年；企鹅出版社，1987 年②）

伊西多拉·J. 鲁伊兹·莫雷诺，Comandos en acción（《突击行动》）（马德里：圣马丁编辑部，1987 年）

卡洛斯·M. 图罗洛，Testimonio de su Gobernador（《马岛——总督的证词》）（布宜诺斯艾利斯：南美出版社，1983 年）

---

① 原注：另有阿根廷 1987 年西语同名版。
② 原注：重新发行平装版，改名为《特混编队》。

大卫·霍布斯
（David Hobbes）著

The British Pacific Fleet: The Royal Navy's Most Powerful Strike Force

英国太平洋舰队

- 在英国皇家海军服役 33 年、舰队空军博物馆馆长笔下真实、细腻的英国太平洋舰队。
- 作者大卫·霍布斯在英国皇家海军服役了 33 年，并担任舰队空军博物馆馆长，后来成为一名海军航空记者和作家。

1944 年 8 月，英国太平洋舰队尚不存在，而 6 个月后，它已强大到能对日本发动空袭。二战结束前，它已成为皇家海军历史上不容忽视的力量，并作为专业化的队伍与美国海军一同作战。一个在反法西斯战争后接近枯竭的国家，竟能够实现这般的壮举，其创造力、外交手腕和坚持精神都发挥了重要作用。本书描述了英国太平洋舰队的诞生、扩张以及对战后世界的影响。

布鲁斯·泰勒
（Bruce Taylor）著

The Battlecruiser HMS Hood: An Illustrated Biography, 1916–1941

英国皇家海军战列巡洋舰"胡德"号图传：1916—1941

- 250 幅历史照片，20 幅大幅 3D 结构绘图，另附巨幅双面海报。
- 详实操作及结构资料，从外到内剖析"胡德"全貌。它是舰船历史的丰碑，但既有辉煌，亦有不堪。深度揭示舰上生活和舰员状况，还原真实历史。

这本大开本图册讲述了所有关于"胡德"号的故事——从搭建龙骨到被"俾斯麦"号摧毁，为读者提供进一步探索和欣赏她的机会，并以数据形式勾勒出船舶外部和内部的形象。推荐给海战爱好者、模型爱好者和历史学研究者。

H.P. 威尔莫特
（H.P.Willmott）著

The Battle of Leyte Gulf: The Last Fleet Action

莱特湾海战：史上最大规模海战，最后的巨舰对决

- 原英国桑赫斯特军事学院主任讲师 H.P. 威尔莫特扛鼎之作。
- 荣获美国军事历史学会 2006 年度"杰出图书"奖。
- 复盘巨舰大炮的绝唱、航母对决的终曲、日本帝国海军的垂死一搏。

为了叙事方便，以往关于莱特湾海战的著作，通常将萨马岛海战和恩加诺角海战这两场发生在同一个白天的战斗，作为两个相对独立的事件分开叙述，这不利于总览莱特湾海战的全局。本书摒弃了这种"取巧"的叙事线索，以时间顺序来回顾发生在 1944 年 10 月 25 日的战斗，揭示了莱特湾海战各个分战场之间牵一发而动全身的紧密联系，提供了一种前所罕见的全局视角。

除了具有宏大的格局之外，本书还不遗余力地从个人视角出发挖掘对战争的新知。作者对美日双方主要参战将领的性格特点、行为动机和心理活动进行了细致的分析和刻画。刚愎自用、骄傲自大的哈尔西，言过其实、热衷炒作的麦克阿瑟，生无可恋、从容赴死的西村祥治，谨小慎微、畏首畏尾的栗田健男，一个个生动鲜活的形象跃然纸上、呼之欲出，为这段已经定格成档案资料的历史平添了不少烟火气。

Black Shoe Carrier Admiral:Frank Jack Fletcher At Coral Sea, Midway & Guadalcanal

航母舰队司令：弗兰克·杰克·弗莱彻、美国海军与太平洋战争

○ 战争史三十年潜心力作，争议人物弗莱彻的平反书。
○ 还原太平洋战场"珊瑚海"、"中途岛"、"瓜达尔卡纳尔岛"三次大规模海战全过程，梳理太平洋战争前期美国海军领导层的内幕。
○ 作者约翰·B. 伦德斯特罗姆自 1967 年起在密尔沃基公共博物馆担任历史名誉馆长。

本书是美国太平洋战争史研究专家约翰·B. 伦德斯特罗姆经三十年潜心研究后的力作，为读者细致而生动地展现出太平洋战争前期战场的腥风血雨，且以大量翔实的资料和精到的分析为弗莱彻这个在美国饱受争议的历史人物平了反。同时细致梳理了太平洋战争前期美国海军高层的内幕，三次大规模海战的全过程，一些知名将帅的功过得失，以及美国海军在二战中的航母运用。

约翰·B. 伦德斯特罗姆
（John B.Lundstrom）著

Argentine Fight for the Falklands

马岛战争：阿根廷为福克兰群岛而战

○ 从阿根廷军队的视角，生动记录了被誉为"现代各国海军发展启示录"的马岛战争全程。
○ 作者马丁·米德尔布鲁克是少数几位获准采访曾参与马岛行动的阿根廷人员的英国历史学家。
○ 对阿根廷军队的作战组织方式、指挥层所制订的作战规划和反击行动提出了全新的见解。

本书从阿根廷视角出发，介绍了阿根廷从作出占领马岛的决策到战败的一系列有趣又惊险的事件。其内容集中在福克兰地区的重要军事活动，比如"贝尔格拉诺将军"号巡洋舰被英国核潜艇"征服者"号击沉、阿根廷"超军旗"攻击机击沉英舰"谢菲尔德"号。一方是满怀热情希望"收复"马岛的阿根廷军，另一方是军事实力和作战经验处于碾压优势的英国军队，运气对双方都起了作用，但这场博弈毫无悬念地以阿根廷的惨败落下了帷幕。

马丁·米德尔布鲁克
（Martin Middlebrook）著

Bismarck: The Final Days of Germany's Greatest Battleship

德国战列舰"俾斯麦"号覆灭记

○ 以新鲜的视角审视二战德国强大战列舰的诞生与毁灭……非常好的读物。——《战略学刊》
○ 战列舰"俾斯麦"号的沉没是二战中富有戏剧性的事件之一……这是一份详细的记述。——战争博物馆

本书从二战期间德国海军的巡洋作战入手，讲述了德国海军战略，"俾斯麦"号的建造、服役、训练、出征过程，并详细描述了"俾斯麦"号躲避英国海军搜索，在丹麦海峡击沉"胡德"号，多次遭受英国海军追击和袭击，在外海被击沉的经过。

尼克拉斯·泽特林
（Niklas Zetterling）著

A Battle History of the Imperial Japanese Navy, 1941-1945

日本帝国海军战争史：1941—1945 年

○ 一部由真军人——美退役海军军官保罗·达尔写就的太平洋战争史。
○ 资料来源日本官修战史和微缩胶卷档案，更加客观准确地还原战争经过。

　　本书从 1941 年 12 月日本联合舰队偷袭珍珠港开始，以时间顺序详细记叙了太平洋战争中的历次重大海战，如珊瑚海海战、中途岛海战、瓜岛战役等。本书的写作基于美日双方的一手资料，如日本官修战史《战史丛书》，以及美国海军历史部收集的日本海军档案缩微胶卷，辅以各参战海军编制表图、海战示意图进行深入解读，既有完整的战事进程脉络和重大战役再现，也反映出各参战海军的胜败兴衰、战术变化，以及不同将领各自的战争思想和指挥艺术。

保罗·S. 达尔
（Paul S. Dull）著

British and German Battlecruisers: Their Development and Operations

英国和德国战列巡洋舰：技术发展与作战运用

○ 全景展示战列巡洋舰技术发展黄金时期的两面旗帜——英国战列巡洋舰和德国战列巡洋舰，在发展、设计、建造、维护、实战等方面的细节。
○ 对战列巡洋舰这种独特类型的舰种进行整体的分析、评估与描述。

　　本书是一本关于英国和德国战列巡洋舰的"全景式"著作，它囊括了历史、政治、战略、经济、工业生产以及技术与实战使用等多个角度和层面，并将之整合，对战列巡洋舰这种独特类型的舰种进行整体的分析、评估与描述，明晰其发展脉络、技术特点与作战使用情况，既面面俱到又详略有度。同时附以俄国、日本、美国、法国和奥匈帝国等国的战列巡洋舰的发展情况，展示了战列巡洋舰这一舰种的发展情况与其重要性。

　　除了翔实的文字内容以外，书中还有附有大量相关资料照片，以及英德两国海军所有级别战列巡洋舰的大比例侧视与俯视图与为数不少的海战示意图等。

米凯莱·科森蒂诺
（Michele Cosentino）、
鲁杰洛·斯坦格里尼
（Ruggero Stanglini）著

British Destroyers: From Earliest Days to the Second World War

英国驱逐舰：从起步到第二次世界大战

○ 海军战略家诺曼·弗里德曼与海军插画家 A.D. 贝克三世联合打造。
○ 解读早期驱逐舰的开山之作，追寻英国驱逐舰的壮丽航程。
○ 200 余张高清历史照片、近百幅舰艇线图，动人细节纤毫毕现。

　　诺曼·弗里德曼的《英国驱逐舰：从起步到第二次世界大战》把早期水面作战舰艇的发展讲得清晰透彻，尽管头绪繁多、事件纷繁复杂，作者还是能深入浅出、言简意赅，不仅深得专业人士的青睐，就是普通的爱好者也能比较轻松地领会。本书不仅可读性强，而且深具启发性，它有助于了解水面舰艇是如何演进成现在这个样子的，也让我们更深刻地理解了为战而生的舰艇应该如何设计。总之，这本书值得认真研读。

诺曼·弗里德曼 著
（Norman Friedman）
A. D. 贝克三世 绘图
（A. D.BAKER III）

朱利安 · S. 科贝
（Julian S.Corbett）著

Maritime Operations in the Russo - Japanese War, 1904-1905

日俄海战 1904—1905（共两卷）

- 战略学家科贝特参考多方提供的丰富资料，对参战舰队进行了全新的审视，并着重研究了海上作战涉及的联合作战问题。
- 以时间为主轴，深刻分析了战争各环节的相互作用，内容翔实。
- 译者根据本书参考的主要原始资料《极密 · 明治三十七八年海战史》以及现代的俄方资料，补齐了本书再版时未能纳入的地图和态势图。

朱利安 · S. 科贝特爵士，20 世纪初伟大的海军历史学家之一，他的作品被海军历史学界奉为经典。然而，在他的著作中，有一本却从来没有面世的机会，这就是《日俄海战 1904—1905》，因为其中包含了来自日本官方报告的机密信息。学习科贝特海权理论，不仅能让我们了解强大海权国家的战略思维，还能辨清海权理论的基本主题，使中国的海权理论研究有可借鉴的学术基础。虽然英国的海上霸权已经被美国取而代之，但美国海权从很多方面继承和发展了科贝特的海权思想。如果我们检视一下今天的美国海权和海军战略，就可以看到科贝特的理论依然具有生命力，仍是分析美国海权的有用工具和方法。

大卫 · K. 布朗
（David K.Brown）著

Warship Design and Development

英国皇家海军战舰设计发展史（共五卷）

- 英国皇家海军建造兵团的副总建造师大卫 · K. 布朗所著，囊括了大量原始资料及矢量设计图。
- 大卫 · K. 布朗是一位杰出的海军舰船建造师，发表了大量军舰设计方面的文章，为英国皇家海军舰艇的设计、发展倾注了毕生心血。

这套《英国皇家海军战舰设计发展史》有五卷，分别是《铁甲舰之前，战舰设计与演变，1815—1860 年》《从"勇士"级到"无畏"级，战舰设计与演变，1860—1905 年》《大舰队，战舰设计与演变，1906—1922 年》《从"纳尔逊"级到"前卫"级，战舰设计与演变，1923—1945 年》《重建皇家海军，战舰设计，1945 年后》。该系列从 1815 年的风帆战舰说起，囊括了皇家海军历史上有代表性的舰船设计，并附有大量数据图表和设计图纸，是研究舰船发展史不可错过的经典。

亚瑟 · 雅各布 · 马德尔
（Arthur J. Marder）著

From the Dreadnought to Scapa Flow

英国皇家海军：从无畏舰到斯卡帕湾（共五卷）

- 现在已没有人如此优雅地书写历史，这非常令人遗憾，因为是马德尔在记录人类文明方面的天赋使他有能力完成如此宏大的主题。——巴里 · 高夫
- 他书写的海军史具有独特的魅力。他具有把握资源的能力，又兼以简洁地运用文字的天赋……他已无需赞美，也无需苛求。——A. J. P. 泰勒

这套《英国皇家海军：从无畏舰到斯卡帕湾》有五卷，分别是《通往战争之路：1904—1914》《从一战爆发至日德兰海战前夕：1914—1916》《日德兰海战及其之后：1916.5—12》《反潜危局：1917》《一战胜利及余波：1918.1—1919.6》。它们从费希尔及其主导的海军改制入手，介绍了1904 年至 1919 年费舍尔时代英国海军建设、改革、作战的历史，及其相关的政治、经济和国际背景。

大卫·霍布斯
（David Hobbes）著

The British Carrier Strike Fleet: After 1945

决不，决不，决不放弃：英国航母折腾史：1945 年以后

- ○ 英国舰队航空兵博物馆馆长代表作，入选华盛顿陆军 & 海军俱乐部月度书单。
- ○ 有设计细节、有技术数据、有作战经历，讲述战后英国航母"屡败屡战"的发展之路。
- ○ 揭开英国海军的"黑历史"，爆料人仰马翻的部门大乱斗和槽点满满的决策大犯浑。

　　英国海军中校大卫·霍布斯写了一本超过 600 页的大部头作品，其中包含了重要的技术细节、作战行动和参考资料，这是现代海军领域的杰作。霍布斯推翻了 1945 年以来很多关于航母的神话，他没给出所有问题的答案，一些内容还会引起巨大的争议，但本书提出了一系列的专业观点，并且论述得有理有据。此外，本书还是海军专业人员和国防采购人士的必修书。

查尔斯·A. 洛克伍德
（Charles A. Lockwood）著

Sink 'em All: Submarine Warfare in the Pacific

击沉一切：太平洋舰队潜艇部队司令对日作战回忆录

- ○ 太平洋舰队潜艇部队司令亲笔书写太平洋潜艇战中这支"沉默的舰队"经历的种种惊心动魄。
- ○ 作为部队指挥官，他了解艇长和艇员，也掌握着丰富的原始资料，记叙充满了亲切感和真实感。
- ○ 他用生动的文字将我们带入了狭窄的起居室和控制室，并将艰苦冲突中的主要角色展现在读者面前。

　　本书完整且详尽地描述了太平洋战争和潜艇战的故事。从"独狼战术"到与水面舰队的大规模联合行动，这支"沉默的舰队"战绩斐然。作者洛克伍德在书中讲述了很多潜艇指挥官在执行运输补给、人员搜救、侦察敌占岛屿、秘密渗透等任务过程中的真人真事，这些故事来自海上巡逻期间，或是艇长们自己的起居室。大量生动的细节为书中的文字加上了真实的注脚，字里行间流露出的人性和善意也令人畅快、愉悦。除此之外，作者还详细描述了当时新一代潜艇的缺陷、在作战中遭受的挫折及鱼雷的改进过程。

约翰·基根
（John Keegan）著

Battle At Sea: From Man-Of-War To Submarine

海战论：影响战争方式的战略经典

- ○ 跟随史学巨匠令人眼花缭乱的驾驭技巧，直面战争核心。
- ○ 特拉法加、日德兰、中途岛、大西洋……海上战争如何层层进化。

　　当代军事史学家约翰·基根作品。从海盗劫掠到海陆空立体协同作战，约翰·基根除了将海战的由来娓娓道出外，还集中描写了四场关键的海上冲突：特拉法加、日德兰、中途岛和大西洋之战。他带我们进入这些战斗的核心，并且梳理了从木质战舰的海上对决到潜艇的水下角逐期间长达数个世纪的战争历史。不过，作者在文中没有谈及太过具体的战争细节，而是将更多的精力放在了讲述指挥官的抉择、战时的判断、战争思维，以及战术、部署和新武器带来的改变等问题上，强调了它们为战争演变带来的影响，呈现出一个层次丰富的海洋战争世界。